学校·家庭·社会

——"三结合教育"育人之路

王希萍 / 著

天津出版传媒集团

天津人民出版社

图书在版编目（CIP）数据

学校·家庭·社会："三结合教育"育人之路 /
王希萍著 . -- 天津 : 天津人民出版社 , 2022.1
ISBN 978-7-201-18112-7

Ⅰ . ①学… Ⅱ . ①王… Ⅲ . ①小学教育－研究 Ⅳ .
① G62

中国版本图书馆 CIP 数据核字 (2021) 第 269877 号

学校·家庭·社会 ——"三结合教育"育人之路
XUEXIAO JIATING SHEHUI ——SANJIEHEJIAOYU YURENZHILU

出　　版	天津人民出版社	
出 版 人	刘　庆	
地　　址	天津市和平区西康路 35 号康岳大厦	
邮政编码	300051	
邮购电话	（022）23332469	
电子信箱	reader@tjrmcbs.com	

责任编辑	李　荣	
装帧设计	明轩文化 TEL:23674746 ·李晶晶	

印　　刷	天津新华印务有限公司	
经　　销	新华书店	
开　　本	787 毫米 × 1092 毫米　1/16	
印　　张	26.5	
插　　页	1	
字　　数	335 千字	
版次印次	2022 年 1 月第 1 版　2022 年 1 月第 1 次印刷	
定　　价	98.00 元	

序　言

　　由全国优秀教育工作者、全国劳动模范、知名基础教育专家王希萍校长著作的《学校·家庭·社会——"三结合教育"育人之路》出版发行，这对于教育事业发展是一件很有意义的事情。

　　教育是国之大计、党之大计。全面贯彻党的教育方针，坚守为党育人、为国育才，在加快推进教育现代化的新征程中，培养担当民族复兴大任的时代新人，这是习近平总书记对新时代教育事业提出的重要要求，是广大教育工作者肩负的职责使命。王希萍校长在70年的从教生涯中，始终满怀事业激情，保持着年轻人的朝气，传道授业解惑，感悟教育真谛，从认真"教书育人"到践行"育人教书"，积极探索学校、家庭、社会共同办教育的新路，以全新的教育理念和成功实践，培养了一代又一代优秀人才。

　　这本新书主题突出、内容丰富，有心得体会，有人物故事，很好诠释了三结合教育创新理念，记录了三结合教育团队的精神奉献，指导性、可读性都很强。相信该书的出版，一定会有益于教育事业改革创新，一定会对培养学生爱国情怀、社会责任感、创新精神、实践能力提供借鉴。

　　衷心祝愿王希萍校长事业之树常青，衷心祝愿三结合教育创新结出更加丰硕的成果，在天津全面建设社会主义现代化大都市新征程中展现更大作为。

　　是为序。

邢元敏

2021年11月18日

（邢元敏系天津市政协原主席、天津市关心下一代工作委员会主任、
天津市华夏未来文化艺术基金会理事长）

前　言

　　本书是我在长期的教育实践中，学习党的教育方针政策，学习相关的教育理论，实施学校、家庭、社会三结合教育所积累的心得体会的部分记录。

　　回顾自己坚守小学教育岗位从教70年，在办学实践中倡导实施"学校、家庭、社会三结合教育"42年的历程，感慨万千。是党的长期培养哺育、是我国教育事业改革发展实践的滋养、是三结合教育团队全体成员的协作扶持，是广大家长及社会有志之士的有力支持，才使我在钟爱的教育事业中作出自己应有的贡献。

　　在长期的教育实践中，我积累了许多关于如何发挥学校、家庭、社会三结合教育优势协同育人、如何办学治校、如何提高教育质量和办学水平、如何培养德智体美劳全面发展的社会主义事业建设者和接班人的实践研究体会。本书只是选取近年来撰写和记录的部分文稿。

　　党的十八大以来，习近平总书记在领导全党、全国各族人民推进党和国家事业发展的伟大实践中，立足世界发展大势和国家发展全局，着眼民族复兴大业，紧紧围绕培养什么人、怎样培养人、为谁培养人这个根本问题，牢牢把握立德树人根本任务，作出了一系列关于教育改革发展的重要论述。本书在文章的选取上，坚持以习近平新时代中国特色社会主义思想为指导，以推介与时俱进、历久弥新的三结合教育协同育人理念为核心，以实施三结合教育的基本经验、讲述三结合教育团队成员的鲜活、感人的故事为主要内容。突出体现党的十九届五中全会关于"强化协同意识"和《中共中央关于制定国民经济和社会发展第十四个五年规划和二〇三五年远景目标的建议》中明确提出的"健全学校家庭社会协同育人机制"，持续完善德智体美劳全面育人体系的理念。

　　本书分上下两编，记述了学校改革发展中的若干个"故事"。上编为"三结合教育理念领航　协同育人"，包括三结合教育的发展历程、实施"德智体美劳五育并举"和"全员、全程、全方位三全育人"的做法和体会。下编为"三结合教育团队精神　无私奉献"，选记了三结合教育委员会委员、校外辅导员的感人事迹，正是他们的一个个鲜活故事，说明了学校的发展，说明了三结合教育的进程，他们才是这所学校里的英雄与榜样。

　　三结合教育仍然在路上，让我们的三结合教育团队齐心努力，培育三结合教育之树长青。

2021年10月1日

目 录
CONTENTS

上编

三结合教育理念导航 协同育人

爱是一切教育的基础

——我的教育情怀

本文写于2021年初，从教70周年有感

　　我连续从事小学教育工作70年了，从未离开岗位。1952年暑期，应着新中国建设社会主义的热火朝天的锣鼓声，在关键的人生选择中，我走上了自己所热爱的小学教育之路。俗话说："一分热爱胜过十倍的责任心。"可以说，一切都很自然，一切都很平常。70年来，在党的培养教育下，我走过的是坚实的实践之路、探索之路、也是为党和人民教育事业投入力量的贡献之路。

　　刚参加工作时，风华正茂，我是天天被活力四射的孩子们围着转的少先队

王希萍校长担任大队辅导员试开拖拉机

王希萍校长带领学生活动

大队辅导员、总队辅导员。从那时起,我便深深地爱上教育事业,爱上我的学生们。在少先队活动中,我教学生们唱歌、跳舞,给他们讲故事。课余时间,带着孩子们进工厂,下农村,到公园划船,去马路捡拾废铁,搞大队检阅,办学习成果展览。在校园这一方天地里奏响爱国主义、集体主义教育的主旋律,使孩子们幼小的心灵牵挂着社会主义建设的每一步发展。

从1962年开始,教育行政部门先后委任我为天津市大沽路小学校长、兴安路小学校长。1976年暑期,在唐山大地震余震未平的时刻,我被调到岳阳道小学任校长。在学生家长、社会各界的大力支持和全校师生的共同努力下,克服了重重困难,重建了新的岳阳道小学。1979年在改革开放春风的吹拂下,在学习有关教育理论、分析教育现实情况的基础上,开始探索实践学校、家庭、社会三结合教育,逐步取得了显著成效,成为学校的办学特色,市区党委、政府和教育主管部门多次召开专题经验交流会、推广会。在我76岁时,领导信任委派我

20世纪80年代初，
王希萍校长陪同时任
副市长白桦视察学校

承担创办和平区第一所民办小学的重任，我的工作又进入民办教育的新领域。

14年来，我亲眼看着逸阳梅江湾国际学校从萌芽初创到创新发展，此间时刻不忘初心，砥砺前行。几十年来，无论春夏秋冬，每天我都要在早上七点多钟像迎接旭日东升一样，迎接可爱的学生们步入校门，这已经成为我教育生涯中深入骨髓的习惯。每当我低头弯腰抚摸着他们的肩头，天天听着他们朗朗的读书声和天真的嬉笑声，天天看着他们脸上绽放的幸福笑脸，看着他们举起手臂向我行队礼，高声地说："老师早晨好！"我内心的满足感油然而生。我觉得学校才是自己终生依附的家园，正是这方天地，让我的生命变得更加实在和丰足。

王希萍校长和同学们
欢迎一年级新生入学

在基础教育领域，将一辈子奉献给小学教育事业的斯霞和霍懋征两位大姐是我学习的榜样。斯霞17岁从教，执教68年，毕生从事小学教育工作，是特级教师、全国劳动模范，被誉为"中国的苏霍姆林斯基"。诗人臧克家曾为斯霞写过一首诗："一个和孩子常年在一起的人，她的心灵永远活泼像清泉；一个用心温暖别人的人，她自己的心也必然感到温暖。"霍懋征以终身从教、矢志不渝、无怨无悔的智者追求，始终坚守在小学教育第一线。她们都是"教之英""师之范"，是"杏坛泰斗，人师楷模"，她们"一生拼搏唯教育，童心母爱传精髓"，都是当代著名的教育家。她们"用爱耕耘一生"，以爱的甘泉滋润了一代又一代学子，她们同样都体现了一位教育家"坚定教育理想、坚守教师誓言、坚持教育规律、坚信教育力量"的崇高精神。从她们身上，我深切地感受到一种教育情怀。这种情怀意味着对教育的一种持久、特殊、难以割舍的感情，这种感情源自对教育发自内心的深沉的爱。

70年的教育实践，使我越发体会到：爱是一切教育的基础。爱是教育情怀的基石。这包括教育工作者对于教育的爱；校长对老师的"爱"；教师对学生的"爱"；学生之间的"爱"；学生对学校的"爱"。正如陶行知先生所说："没有爱就没有教育。"

"教育情怀"说到底就是对教育的大爱。教育情怀首先是一个人建立在家国情怀基础上的对国家和人民所表现出来深情大爱，是对国家富强，人民幸福所展现出来的理想追求，是对自己国家一种高度认同感、归属感、使命感。我们每一个教育工作者的责任和使命，就是培养有家国情怀的建设社会主义的接班人。而教育情怀的高度决定了教育成效的高度，教育工作者的价值定位决定了学生的未来价值。所以，做一名教育工作者一定要有大格局，要把家国情怀作为自己教育情怀的核心部分，让学生明白"没有国哪有家",帮助学生从小树立热爱国家、关爱家庭的志向,把他们培养成民族复兴和国家强大的责任担当者。其次是教育工作者要有良好的从业情怀。要敬业、守业、乐业。立德树人、爱岗敬业是教师的立身之本,我们的工作作风、行为准则、生活态度都会影响到每一个学生,必须做到以身作则,甘为人梯,乐于奉献。三是教育工作者必须有良好的职业道德。职业道德既是做人的基本原则,又体现了所担负的道德责任和对教育工作的本质要求。"爱"与"责任"是贯穿于其中的核心和灵魂。也就是陶行知先生教导我们的"千教万教,教人求真;千学万学,学做真人"的求真精神,也就是我们常说的要做"人类灵魂的工程师",要把塑造学生健全人格作为使命,做学生灵魂的铸造者、净化者,成为学生的"精神教练",为学生的幸福生活奠基。

作为学校的一名领导者,我觉得教育情怀的爱,还必须表现为对教师的尊重与热爱。要把教师的幸福感作为一个重要的课题加以研究。教师的脸上笑了,心里美了,他们才会以真实、优雅、有尊严的状态工作着、生活着,这样的校园,也才是有人气的,才会充满生命的气息。爱教师就要十分关注教师的生存状态,这是一所学校管理的起点。我特别强调对教师的人文关怀,不仅要看到教师的工作,更要看到教师的生活,让大家从各种烦琐的事务中解脱出来,保证工作的高效、有序。"爱"老师,首先要关注教师的成长,发展教师,成就教师,教师的成长是学校可持续性发展的源泉,没有教师的成长,就没有学校发展。

而作为一名教师,必须"爱"教育,在教育的路上,有爱心是成为合格教师的底线。教师需要相信学生,热爱学生,用高尚的家国情怀成就教育的高度。教师在教育教学实践中,要真心实意地关心爱护学生的成长进步,教师要用爱心去呵护,用爱心去启迪,用爱心去点亮每个学生的人生灯塔。爱,是一种教育的力量和手段,是打开学生心灵之门的一把钥匙。教育本来就是一个水到渠成的过程,教师应该用师爱的雨露滋润每个学生的心田,让师爱伴随每个学生成长。只有学校爱学生,老师爱学生,一切从学生的发展考虑,一切为了学生的成长服务,"学生'爱'学校"才有可能,还要教育学生,让他们爱学习、爱同学、爱朋友、爱班级,让"爱"成为班级文化的主旋律。在爱的灌注下,每一位学生都能成长。教师不仅要关爱每一个学生,让他们感受到爱、体验到爱,还要让他们懂得感恩,知道回报学校、家长和社会。

师爱是一种力量、一种品质,是教育成功的秘诀,是以一种独特的情怀创造教育的奇迹。如果没有爱,教师的工作就失去了意义和价值。一名教师,只要是具有教育情怀的,他就一定会具有教育智慧。反之,不具有教育情怀的教师,面对学生就像面对车间的机器,不会尊重和呵护,只会约束和压制,只会灌输和训练,这样就与教育的真正目的背道而驰了。对学生最深刻的爱,更多地体现在每一个平凡、看似不起眼的教育细节中,需要我们去关注。

教师是在做"心灵对接"的工作,这注定了其内涵的复杂,除了备课、上课、批改作业、辅导学生、命题试卷、组织考试等具体的教学工作,还有个别谈话、家访等工作,教室、家庭、图书馆、实验室、楼道、校园,以至社区街道和各种公共设施,都可能变成教师的工作场所,跟学生的每一次接触,都可能变成教育的内容。对学生的爱无处不在,对学生的教育也无处不在。

我认为,对教师所有的评价都应该是一个方向,那就是帮助教师成长。要激发教师针对自己工作的方方面面进行自我唤醒,自我提升。要搭建经验共享、展示才华的舞台,在教师之间的互学互助中寻求上升的路径,更要发挥三结合教育团队优势,为教师的持续成长提供指导和帮助。对学生的教育,要靠有相对完整人格和深刻心灵层次的好教师完成。那些具有宽广的胸怀，深刻的思想，并能将其传递给学生的教师，才能真正塑造学生的灵魂和人格，改变学生的一生。作为学校的领导者，做好学生心灵的养护者，让人文关怀到达教师心灵深处，就会将来自管理者的温度和关怀传递给学生，传递给家长，传递给身边每一个人，一所有人性温度的学校自然便会诞生。

最近媒体广泛宣传"工匠精神"，逸阳梅江湾国际学校在建立"劳模工作室"的基础上，2019年还被中华总工会评为了"全国示范性劳模和工匠人才创新工作室"。这也是全国唯一一所小学得到这一殊荣。在学校，我们应该怎样把握"工匠精神"的本质和要义呢？我想，"工匠精神"的本质不仅仅是敬业精神和责任感，还有干一行爱一行，在工作过程中不断探究、创新，不断体验这种探究、创新带来的价值和乐趣，这是一种与金钱、名利、仕途无关的，乐此不疲的热爱。一个人一旦能够在工作中生发出了这样的一种强烈的"爱"，基本上就点燃了一个人的内驱力，给生命个体造就了一台永动机，就能在生活中想方设法地利用各种可用的时间去学习与思考、探究和琢磨工作中的各种问题，把细节做到极致，创造不一样的业绩。

古今中外教育家们的教育思想有所不同，教育风格各有千秋，但有一点是共同的，那就是"教育必须有爱心"，离开了爱心，一切教育都无从谈起。正像苏霍姆林斯基说的那样："把整个心灵都献给孩子。"

王希萍校长获光荣在党50周年纪念章

王希萍校长参加学校第41届三结合教育联席会

　　陶行知先生曾说："人生为一大事来，做一大事去。"我想，我的人生就是为我国的小学教育这件大事而来。任何一个工作，任何一项事业，从中走出来的成功者无一不是拥有对这一事业的大爱。教育事业是培养人的事业，更需要这样的热爱、执着与淡泊，唯有如此，才能真正走进学生、走进教师、贴近教育、贴近灵魂，真正去塑造灵魂，促进生命的真正成长与发展。

一生惟教育，一世爱教育。我作为教育战线的一名"老兵"，和亲爱的学生们共同学习、生活了69个春秋。我钟爱教育，挚爱学生，热爱校园里的一切。学生在校6年，我们的任务就是要为可爱的学

1989年时任天津市市长聂璧初同志
为王希萍校长获"天津市劳动模范"颁奖

生们一生的幸福和发展精心谋划，为他们成为堪当民族复兴大任的接班人奠基。只要党需要我，人民需要我，学生需要我，我的余年，仍将属于人民教育事业，属于我最喜爱的学生们。

1986年王希萍校长参加天津市首届家庭教育年会（第二排右3）

三结合教育的内涵与价值

本文写于2012年，发表在《三结合教育实践与研究》期刊2013年
第一期创刊号

　　在办学实践中，自1979年开始实施"学校、家庭、社会三结合教育"的实践探索。33年来，伴随着改革开放，特别是教育改革与发展的步伐，我校的三结合教育也经历了初创、实践、探索、创新和逐步完善的动态发展过程，现已形成了较为成熟的办学模式。这种办学模式把原来分别属于不同范畴的学校教育、家庭教育、社会教育，视为密切相关的三种教育要素，并以一种崭新的结构关系"以学校教育为主导，以家庭教育为基础，以社会教育为依托"，将这一结构系统整合为"目标一致，内容衔接，功能互补，和谐互动"的"三结合教育"，使小学生的校内外活动处于一种和谐的教育氛围中，为小学生的健康成长创设出适合的教育条件，产生出这三种教育单独存在时都不具备的新的育人功能。这是对教育理念、教育制度和教育实践的一种创新。

2021年王希萍校长慰问天津市老领导、
三结合教育委员会顾问、百岁老人吴振同志

1998年时任天津市委副书记、市长李盛霖同志、
天津市副市长曲维芝同志与王希萍校长合影。

33年来，在党的教育方针指引下，在市教育主管部门的关怀下，在和平区教育局党政机关领导下，在社会各界的支持帮助下，通过对三结合教育理论与实践不间断地探索，学校的办学规模不断扩大，办学条件逐步完善，教育质量持续提高，使学校的办学品质和社会声誉发生了翻天覆地的变化同时，还促进了家庭教育和社区教育的发展。学校先后被评为全国儿童少年工作先进集体、全国青少年科技活动先进集体、全国中小学德育工作先进集体、全国教育系统先进集体、全国文明单位、全国优秀家长学校、全国家庭教育工作先进集体、全国五一劳动奖状获得者等23项国家级荣誉称号。先后获得天津市普教系统先进集体、社区教育先进学校、基础教育课程改革实验先进集体等95项市级荣誉称号。学校的三结合教育委员会曾被天津市政府授予特等劳动模范集体称号，并被全国总工会授予全国创新示范岗荣誉称号。当前，学校是天津市教育科学研究院实验基地、全国中小学整体改革专业委员会实验基地、教育部现代教育技术实验基地、中央教科所"现代学校制度建设"直属实验校。

在30多年的改革实践中，我们深切地感到，三结合教育既是适应我国经济社会发展以及教育改革发展的产物，又是在改革实践中不断创新的结果。学校将三结合教育视为办学之魂，既坚定不移、持之以恒地坚持实施，又把它当作一个不断创新、不断完善的发展过程，在改革实践中不断拓展三结合教育的内涵，不断拓宽三结合教育的功能，不断创新三结合教育的机制，历经三十多年的实践和积淀，三结合教育已成为学校鲜明的办学特色。

许多关心学校发展的同行，以及一些来访的兄弟学校经常向我们提出一些问题，归纳起来主要是：学校倡导和坚持实施学校、家庭、社会三结合教育基于什么样的理念？实施三结合教育有哪些实践效果和价值？三结合教育长盛不衰、充满活力的原因是什么？这些既是我们不断反思的问题，也是我们进一步深入探讨的重要课题。

一、三结合教育的核心理念

实践是理论的本源，理论是实践的产物。在教育改革实践中，我们深刻地认识到，教育本来是源于生活、源于家庭、源于社会的，只有将三方面教育力量有机地整合为教育的合力，才能有效地促进学生健康发展，提高教育的效益，实现党的教育方针所要求的育人目的。

归结起来，我校倡导和坚持的三结合教育的理念是使三方面教育力量"合力育人"，所追求的教育境界是使三方面教育力量"和谐互动"。

（一）三结合教育的根本指导思想是"合力育人"

人成长的实质，是作为生物体的自然人实现社会化的过程。从这个意义上说，教育就是促进人社会化的过程。人的社会化进程，是受家庭、学校、社会诸多因素影响、制约的。人若从小的时候就受到家庭、学校、社会各方面教育"目标一致、内容衔接、功能互补、和谐互动"的良好影响，孩子的各种潜能和禀赋才能得到充分的开发和发展，才能在未来走向社会时更好地适应社会的需求，进而促进社会的发展。

家庭教育是儿童少年社会化的起点，更因孩子和父母有着特殊的血缘亲情关系，家庭教育对学生特别是小学生的影响，是其他任何一种教育都不能替代的。人一生的发展都将带有家庭教育的烙印。

学校教育是影响学生社会化的关键要素。它是社会中唯一按照国家意志，遵循教育规律和人在不同年龄阶段的发展规律，有组织、有目标地对学生的成长和发展实施系统的影响和干预的教育力量，它对促进学生形成高尚的品德、健康的情感，掌握一定的知识和技能，具有自立于社会的能力，起着主导性作用。

社会是人生存、生活和发展的具体空间，社会对家庭和学校教育都有很大影响，特别是对人的影响更是无处不在，无时不存的。但是，这种教育影响作用往往是在耳濡目染、毫无思想准备下，潜移默化发生的。在社会对人的影响因素中，既有先进的教育因素，也有腐朽的；既有积极的教育因素，也有消极的。所以，学校教育要下力量组织和整合社会中先进的、积极的教育因素。

三结合教育将学校、家庭、社会教育视为一个统一的教育整体中的三个要素，构建了三维一体化的结构。从学校、家庭、社会这三个维度以及它们的关联的角度去理解教育，构成一个立体化的、全方位的、多层次、多角度的大教育体系，从整体上为学生营造出适合他们成长需要的教育条件和环境，促进人的社会化。

我们所实行的三结合教育绝不是三个方面教育的简单相加，而是依据系统论中的"组合质变"原理，使三种教育要素在新的结构关系中，产生出任何单一教育因素都不具备的新的教育功能，发挥"1+1+1>3"的合力效应。

33年的实践充分证明，学校教育、家庭教育、社会教育的协调一致、相互配合和交互作用，有利于实现整个教育在纵向的时空和横向的内容上紧密衔接，有利于实现整个教育在方向上的高度一致，有利于实现各种教育间的互补作用。

合力效应是三结合教育的优势所在和重要的特点之一。坚持学校、家庭、社会三结合教育，就能形成最佳的教育合力，就能发挥教育的整体功能。

（二）三结合教育追求的教育境界是"和谐互动"

学校、家庭、社会这三类不同领域的教育各有特色，三者主导性的教育目标、内容、途径、方式、手段和方法是不同的，三者的教育功能是不能互相代替的。但是，这三方面教育在实践上是有交叉的，它们之间的交互作用即可倍增教育的正能量，也可销蚀教育的正面影响。

在三结合教育中，因为学校教育是唯一按照国家意志，有组织、有计划、有目的地对学生进行教育的一方，我们将学校教育置于"龙头"的地位，依据《教育法》关于"学校、教师可以对学生家长提供家庭教育指导"的规定，发挥其对家庭教育的引领与导向作用；以《教育法》规定的"企事业组织、社会团体及其他社会组织和个人，可以通过适当方式，支持学校的建设，参与学校的管理"为依据，按照儿童少年发展的需要，将社会上先进的、积极的教育要素组织和引进学校文化建设中来，使学校教育在三方面教育力量的整合过程中承担起主导性作用。同时，学校坚持积极、主动为家庭和社区的文明建设服务，提供智力支持、注重回报社会。

为使三方面教育力量"和谐互动"，我校在实践中推出8项措施：1.采用引人入胜的多种形式，宣传党和国家的教育方针和实施素质教育的要求，使家庭和社会两方教育在培育儿童少年的目标上，与学校教育取得一致的认识，这是三方教育力量整合的思想基础；2.学校、家庭、社会明确在教育未成年人成长、促进未成年人发展中各自应承担的任务，发挥各自的特色，体现以学校教育为主导，以家庭教育为基础，以社会教育为依托；3.学校以提供优质的教育为家长和社会服务，家庭、社会从多方面支持学校的发展；4.学校、家庭、社会在教育资源上应该是共享的，包括物质资源、信息资源、人力资源和精神资源等；5.学校与家庭、教师与家长、家长与家长之间有顺畅的沟通渠道，关系融洽；6.学校教师在为家长、社会服务的同时，虚心向家长和社会学习，实现自身的专业发展；7.学校有责任指导家庭教育，通过家长学校、家校互访、出版《家长与孩子》小报及期刊等形式，促进家庭教育科学化，在提高学生全面素质的同时，提高家长的教育能力；8.家长和社区对学校教育有更多的知情权和参与权，不断健全家长、社区参与学校管理的组织体制，学校有对家长、社区关于教育改革的意见和建议及时作出反馈的机制。

二、实施三结合教育的价值

33年实施三结合教育的历程，使学校的办学条件和办学品质发生了翻天覆地的变化，教育质量持续提高，既促进了学生的发展，也促进了教师的专业发展，还促进了家长和社区的发展。同时，长期的实践探索，使三结合教育逐步形成了比较完善的理论体系和系统有效的实践策略，为全面贯彻党的教育方针、全面实施素质教育探索了重要途径。

1999年11月15日，天津市教育局和和平区政府联合召开了推广三结合教育经验大会，大会做出的《关于在全市中小学推广岳阳道小学学校、家庭、社会三结合教育实施素质教育经验的决定》指出："实践证明，学校、家庭、社会三结合教育有利于充分利用社会教育资源，实现教育的社会化；有利于促进学生全面和谐发展，全面提高素质；有利于学校提高管理水平和教育质量；有利于实现教育和社会主义精神文明建设协调发展，是落实素质教育的有效途径。"

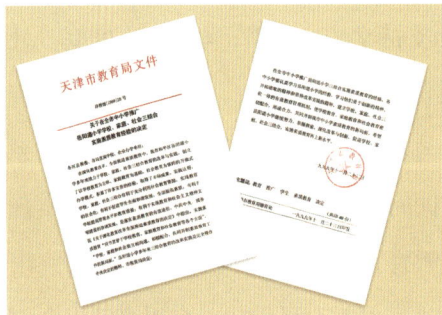

1999年11月天津市教育局下发《关于在全市中小学推广岳阳道小学学校、家庭、社会 三结合实施素质教育 经验的决定》

《人民教育》杂志1999年11期
期刊纪实报导《共同托起明天的太阳》
李盛林副市长作批示

在新的形势下，坚持实施三结合教育，具有重要的理论意义和实践价值。主要表现在：

（一）三结合教育是现代教育理念的具体体现

我校在实施学校、家庭、社会三结合教育实践中，始终坚持以党的教育方针和中央关于教育改革与发展的重要决策为依据，始终坚持把学生的发展、教师的发展、学校的发展和社区的发展作为三结合教育的价值取向，始终坚持全面实施素质教育，按教育规律和儿童少年身心发展规律办事，努力建设人民满意的学校。三结合教育是在基础教育领域践行科学发展观，更好地为社会和家庭提供优质教育的具体体现。联合国教科文组织在多项报告中都强调指出，要求"社会更多地参与学校和学校更多地参与社会，学校通过与社区各种机构建立广泛友好的联系"。我校实施的三结合教育，也适应了国际教育改革的大趋势。

（二）三结合教育是促进教育和谐发展、科学发展的重要保障

实践说明，教育寄托着亿万家庭对美好生活的期盼，是民生的头等大事，对实现我们建成小康社会的奋斗目标、建设富强民主文明和谐的社会主义现代化国家具有决定意义。没有和谐的教育，也就难以实现社会的和谐。学校、家庭、社会三方教育的"和谐互动"，必然成为构建和谐社会的教育之路，从而为国民教育体系和终身教育体系的构建做出贡献。

（三）三结合教育模式的核心是实现合力育人的目标

三结合教育按照素质教育着力提高学生的学习能力、实践能力与创新能力的要求，充分发挥学校的"龙头"作用，协调家庭教育与社会教育的力量，为学生创建了一系列贴近生活、贴近实际、贴近学生的实践活动，促进了学生综合素质的和谐发展。实践证明，把学校、家庭、社会三方面教育协

同整合起来，取长补短，和谐互动，充分发挥它们各自的特色和多渠道影响叠加的合力，才能取得最佳的整体教育效应。

（四）三结合教育是一种开放的教育，促进了学校的开放和发展

三结合教育的形成和发展并不断完善的关键，在于实现了学校、家庭、社会教育的"互动效应"。学校、家庭、社会三方教育的和谐衔接，学校教育资源向社区辐射，为社区和家庭提供了优质教育，促进了社区的和谐发展，促进了家庭教育科学化水平的提高，在学校、家庭、社区和谐互动中促进了社会主义文明建设和生态文明建设。

（五）三结合教育是实现学校现代化的重要途径

实施三结合教育促进了学校与家庭、社会互动机制的完善，为现代学校制度建设打下了重要基础。在新的教育价值理念下，追求学校教育现代化是当前国际教育发展的趋势，并对学校现代化提出了新的要求。诸如学生、教师和学校发展的主动性、可持续性、生态性、全面性、和谐性，以及学校文化的人本性、创新性、特色性等，其核心是实现以人的发展为中心的价值观念的转变。我校创造性地构起的实施三结合教育的制度与机制，为落实《国家中长期教育改革和发展规划纲要》提出的"建设依法办学、自主管理、民主监督、社会参与的现代学校制度"要求，提供了一个成功的案例。

坚持实施三结合教育，其影响是深远的，并将随着实践和研究的深入，其价值定会更加凸显。

三、实施三结合教育的基本经验

33年实施三结合教育，一直保持长盛不衰、充满活力，最基本的经验

是：理念支撑是根本，制度运行是保证，队伍建设是关键，真情执着是纽带，教育科研是先导。

（一）理念支撑是根本

我校实施三结合教育所以能长盛不衰，越来越显示出旺盛的生命力，首先是由于从一开始就有一个明确的教育理念支撑，那就是"合力育人"的思想。党的教育方针告诉我们，办教育的最终目的只能是"育人"。我们亲历的教育实践和国内外教育改革的总趋势告诉我们，实现"育人"的目标必须靠学校、家庭、社会的"合力"。"一切为了学生，为了一切学生，为了学生的一切"是实施三结合教育的出发点和落脚点。不断的实践与反思是我们对这一理念逐步深化，经历了由认识肤浅到认识深刻，由认识片面到认识全面，由认识现象到认识本质的过程。我们深切地感到，实施三结合教育绝不是为了向社会索取，而是要真心实意地依靠社会各方面力量共同实现育人的目标，为每个学生提供适合的教育；实施三结合教育绝不是单纯为了便于组织一些校外活动，而是要贯穿于学校教育的全过程和学校的各项工作中，切实提高教育教学质量；实施三结合教育绝不是改变一种教育方法，而是创新一种办学思想和办学模式，为家长和社区参与学校管理，实现现代学校制度的建设；实施三结合教育绝不是一阵子的事，而是以更宽广的教育视野，执着追求崭新的教育目标。正是在三结合教育理念的支撑下，我们才赢得了社会的信任、关心和支持，创造出一片教育的新天地。

（二）机制运行是保证

"四位一体"，是对我校三结合教育管理体制和运行机制的概括。所谓"四位一体"，是指学校实行校长、党支部、三结合教育委员会和教代会共同参与学校管理活动的体制，形成了校长负责、党支部保证监督、三结合教育委员会协调、教代会民主管理的多元参与的良性循环运行机制。

把三结合教育委员会作为现代学校管理体制改革的一种新的组织形式，是对学校管理体制改革的一种创新，它是社会、家庭、学校三种教育要素实现和谐互动机制的有效组织机构，是使三结合教育处于持续的、有序的、有效的运动状态的重要保证，是改变传统学校科层管理弊端，创建新型学校，进而建立现代学校制度的重要保证。

三结合教育委员会成员由学校聘请社会各行各业有关人士、先进模范人物、专家学者、社区单位、街道居民组织的代表以及校级家长委员会委员组成，常务委员会是三结合教育委员会的常设领导机构，在学校设有专用办公室。目前我校三结合教育委员会成员已由开始时的12人发展到309人。三结合教育委员会下设：校外辅导员、家长委员会、社区实践基地和6个职能部，即革命传统教育部、思想品德教育部、科技劳动教育部、文体艺术教育部、家庭教育部、教育科研部。根据三结合教育委员会章程，其成员享有知情权、参与权、建议权、评议权和监督权。三结合教育委员会的功能包括：对学生教育的合力功能；对教育资源的整合功能；对学校管理的监督功能；对教师成长的助推功能；对双向服务、和谐互动的保障功能。

为了保证三结合教育委员会各项职能的有效运行，学校建立了有关制度。如：

1.学校领导定期向三结合教育委员会通报工作制度。学校每出台一项重要改革措施或方案，都要向三结合教育委员会常委会通报，并认真听取意见。这样使学校在建立自我激励、自我约束、自我发展的机制中，更及时地得到社会各方面的指导和监督，促进了学校科学管理、民主管理机制的畅通，强化了学校管理指挥系统。

2.学校开放日制度。请家长和三结合教育委员会委员到学校与孩子一起听课、参加主题班会、观摩学生活动、了解学校、了解教师、了解孩子，增进家长与学校的感情，同时通过展示学校的教育教学成果、开展家教咨询活动，有针对性地征求家长对学校工作的意见，回答家长普遍关心的问题，使家长了解学校和班级所面临的实际情况和困难，共同探讨教育改革问题，形成共识，从而促进了学校教育和家庭教育在目标、内容、步调上的和谐。

3.家校合作制度。我校多年来已形成了畅通的家校合作渠道，主要有：（1）班校两级家长委员会发挥了各自职能。（2）实行了家长学校制度化、规范化建设，家长学校在普及家庭教育科学知识方面发挥了重要的引导作用。（3）学校三结合教育委员会的"家庭教育部"成为各级家长委员会的核心，对家庭教育发挥了指导作用。（4）坚持"开放日"活动，使家长充分行使对学校的知情权。（5）举办家教咨询和专题研讨活动。（6）办好《家长与孩子》小报及《三结合教育实践与研究》期刊，有效地密切了学校、家长、教师与学生的关系。（7）通过"学生成长记录袋""丰收集""联系卡"以及向家长发放教师工作情况问卷调查表等制度，实现了家长参与对学生和教师评价的常态化。（8）各种形式的家校日常联系制度，如校长及教师随时热情接待家长来访，包括"面访""电访""信访"以及"网络互访"。（9）教师发

1995年召开第16届联席会

2013年召开第33届联席会聘请教育专家，成立天津市三结合教育研究所

挥主导作用，主动了解家长的需要和能力，主动为家庭教育提供一定的指导，学校为教师提供家校合作的时空和一定的物质保证。

4.三结合教育委员会联席会议制度。三结合教育委员会联席会议每年举行一次，至今已举行了33届。每次联席会议都确定一个突出的主题，由三结合教育委员会主持进行。每次参加会议的除了三结合教育委员会委员外，还有社区代表、家长代表、教师代表以及市委、市政府领导及市区教育主管部门领导。每届联席会议都起到了总结工作、研讨问题、推进三结合教育深入发展的作用。

5.社会实践基地制度。通过三结合教育委员会充分挖掘和利用社会教育资源，拓展了学生教育活动的空间。多年来，我校在社会各界的支持下，建起了功能配套的学工、学农、学军以及社会考察、社会服务、艺术活动、公益劳动、社会实践等相对稳定的系列社会活动实践基地七十多个。包括工厂企业、文化科技单位、市级爱国主义教育基地、军民共建单位、街道办事处、学校周边15条红领巾胡同等，这些基地成为对学生进行素质教育的重要场所，它们延伸了学校教育空间，为实施素质教育提供了重要的物质环境。

（三）队伍建设是关键

对于我校来说，是三结合教育促进了教师队伍专业成长，是三结合教育造就了一支师德高尚、业务精良、富有创新精神和创新能力的高素质教师队伍。在教育工作中，我校把教师队伍专业化发展作为推行素质教育的关键，作为学校科学发展的关键。我们坚持办学以人才为本，以教师为主体，坚持全心全意依靠教师，充分发挥教师的主人翁作用；坚持全心全意发展教师队伍，统筹好教师队伍建设与办学硬件建设的关系，努力建设一支忠诚事业、教书育人、甘于奉献的教师队伍。在教师队伍建设中，一是突出师德教育，发挥三结合教育委员会委员们的示范培育作用；二是拜三结合教育委员会的专家为师，从多方面发挥专业引领作用；三是充分发挥三结合教育组织对教师成长的监督与激励作用；四是三结合教育为实施校本培训提供了极为有利的条件，搭建了广阔的平台。三结合教育委员会委员对学校教育的参与，充实和拓宽了学校教育资源，形成了学校专职教师与社会兼职教师融为一体、适应素质教育要求的新型教师群体结构，增强了学校总体教育能力。许多三结合教育委员会的委员，直接承担着学生活动课以及校外实践活动的组织与辅导任务。同时，学校组织青年教师拜三结合教育委员会委员为师，为有关专家确定培养的教师对象，进行长期系统的对口培养，走出一条争取社会参与提高教师全面素质、促进教师专业化成长的有效途径。

（四）真情执着是纽带

在33年的实践探索中，也曾遇到过许多困难，正是由于学校领导班子自觉真诚地依靠社会力量和广大家长形成了育人的合力，才克服了前进道路上的沟沟坎坎，赢得了社会的信任、关心和热情支持。在三结合教育委员会中流传着一句几乎相同的话,那就是"以真情换真情"。著名导演郑天庸,从1983年由部队转业回到天津把孩子转到我校上学开始,就担任三结合教育委员会委员,一干就是30年。多年来,无论演出或排戏多么忙,只要学校一声召唤,一定全力以赴,到校奉献。三结合教育委员会的委员们对学校的一片深情,也深深打动师生。学校的领导班子成员都说:"凡是给学校做过贡献的人,我们永远不会忘记,永远感谢他们。大家问我们为什么三结合教育坚持33年长盛不衰,不外乎就是我们遵循了'真情+服务=生命力'的公式"。

(五)教育科研是先导

教育科研是教育实践的先导。在长期的三结合教育实践中,我校一直得到中国教育学会及市区教育科研部门和教研部门的悉心指导,围绕着"三结合教育"这一主题,以科研课题的研究活动为载体,在改革实践中奋力探索三结合教育理念的实践形式。从"七五""八五""九五""十五"到"十一五""十二五"期间,紧紧围绕三结合教育实践中的突出问题,连续承担并完成了多项市级、国家级教育科研课题。每一项研究成果的形成,都使我们对三结合教育的认识有了一次新的提升。随着时代的发展,我们坚持与时俱进,不断挖掘、丰富和创新三结合教育内涵,充分发挥三结合教育的优势,办出有自己特色的优质学校。

33年的三结合教育实践,是一个不断"发现问题、提出问题、研究问题、解决问题"的探索过程,坚持立足于校本,要求教师必须在研究状态下工作,每一位教师到要成为研究者。通过教育科研,教师们的教育观念更新了,教育理论水平提高了,教育研究能力增强了,一批研究型教师在教育教学的研究过程中成长起来,同时,形成了一大批教育科研成果。

党的十八大提出"两个一百年"的宏伟目标,为我们展现了实现中华民族伟大复兴"中国梦"的美好蓝图。为了确保到2020年实现全面建成小康社会的目标，对教育提出了更高的要求。我们决心在以习近平同志为核心的党中央领导下，为实现"中国梦、教育梦、我的梦"，继续深化三结合教育，全力提高教育质量和办学水平，努力实现学校教育现代化，办人民满意的教育。

王希萍校长参加教师庆三八妇女节、迎新年特色活动

"三结合教育好"

——读顾明远先生一席话的联想

本文写于2021年6月

在《中国教育报》2021年06月27日第4版，读到顾明远先生最新发表的关于必须重视家庭教育的文章，号召各位学生家长趁这个假期，"不妨一起来学习'现代家政学'"。文章明确指出："近些年来，特别是习近平总书记提到家庭教育的重要性之后，大家开始对家庭教育重视起来。我认为，要把家庭教育搞好，还需要把整个家庭建设好，需要学学现代家政学。现代家政学是社会教育中开辟的新领域，是建设现代家庭的系列知识体系，包含了家庭教育学、家庭经济学、家庭社会学、家庭卫生学、家庭美学、婴幼儿和青少年心理与教育等内容，对优化家庭、丰富社会教育内容，提高家庭文化精神生活质量，推动社会主义精神文明建设，有着积极深远的意义。随着人民群众的家庭物质水平普遍提高，必然在精神生活上提出更高更广泛的要求，迫切希望提高家庭生活的质量，追求更加幸福美满的家庭生活。由此，社会向教育工作者提出了开展现代家政学教育的要求。要把家庭教育搞好，需要把整个家庭建设好，要有意识地思考家庭内部及家庭和社会的关系，以科学的方式安排家庭伦理和情感生活，这就需要学学现代家政学。"文章强调："学校教育如果不与家庭教育相结合，将一事无成。"读后颇受启发，并引发一些联想。

顾明远先生是中国教育学会名誉会长、北京师范大学资深教授，与逸阳梅江湾国际学校多年来有着密切联系。并于2014年4月18日专程到津，为天津市三结合教育研究所举办的"培育和践行社会主义核心价值观，学校、家庭、社会携手奠基未来"研讨会作了"学习贯彻党的十八届三中全会精神，深化教育领域综合改革"的专题报告。报告根据党的全会精神，全面深入地阐述了深化教育领域综合改革的意义和具体要求，报告指出："我们要用大教育观来发展教育，实施三结合教育有丰富的充分的资源，三结合教育是我们的发展方向，我们不能把教育局限在自己内部，要充分利用各方面的资源。学校、家庭、社会教育三结合不是理论问题，而是实践问题。要真正把三结合教育做得更出色，更多的是我们必须坚持去做，去实践。"报告受到全市广大教育工作者的热情欢迎和高度重视。

"三结合教育好"是顾明远先生为天津市三结合教育研究所主办的《三结合教育实践与研究》2014年第一期所撰写的专稿标题。文中指出："从大教育观、终身教育的观念来说，有学校教育、家庭教育、社会教育三种教育形态。三者是互相联系的。家庭教育是第一所'学校'，父母是第一任老师。儿童呱呱坠地就向父母学习，家庭里有良好的家风，孩子养成的良好习惯，会影响到孩子的一生。等孩子进入学校学习，学校就成了孩子学习的主要场所。但家庭教育仍然在起作用，因为家庭有血缘的纽带，家庭教育是别的教育形态代替不了的。在学校学习期间，学生就要逐渐接触社会，参加一些社会活动。等到孩子从学校毕业，走向社会，就接受社会教育。为了使一个人终身学习，不断地接受社会教育，学生在学校里就要培养他们终身学习的意识和能力。因此，学校教育、家庭教育、社会教育紧密相连，形成一个人的学习系统。"

顾明远先生深刻地指出："从学校教育而言，一是学校教育只是大教育的一种形态，必须和家庭教育、社会教育联系起来；二是家庭教育、社会教育为学校提供丰富的教育资源，学校教育要善于利用它们的资源为学生发展服务。总之，学校要与家庭、社会沟通、合作，形成合力来培养我们的孩子。据了解，有些学校实行开门办学，家长事先预约可以到学校听课、与老师对话，甚至可以参加学校的行政会议，学校的一些改革就得到家长的理解和支持。逸阳梅江湾国际学校进行的学校、家庭、社会三结合教育的实践和研究，经过多年实践，取得丰硕的成果。现在一直继承和发扬这种传统，成为一所名校的特色，可喜可贺。天津为此成立了三结合教育研究所，在全市推广。这是非常有意义的工作。祝愿他们在教育改革中取得新成果。"

我在长期的办学实践中，自1979年开始实施"学校、家庭、社会三结合教育"，经过四十多年的探索、创新、充实、完善，越来越深刻地认识到：实施三结合教育是现代大教育观念的具体体现；是全面贯彻党的教育方针、特别是贯彻落实新时代党的教育方针提出的"教育必须为社会主义现代化建设服务、为人民服务，必须与生产劳动和社会实践相结合，培养德智体美劳全面发展的社会主义建设者和接班人"要求的重要保证；是落实立德树人根本任务，构建学校、家庭、社会协同育人体系，把教育的三种形态——学校教育、家庭教育、社会教育结合起来，相向和谐而行，形成强大合力，努力办好人民满意教育，各自发挥自身功能，建设好"有着共同目标、完成互补任务、追求合作共赢、实现共同发展"教育共同体的本质要求。

党的十八大以来，以习近平同志为核心的党中央高度重视家庭文明建设，积极回应人民群众对家庭建设的新期盼、新需求，推动社会主义核心价值观在家庭落地生根，推动形成社会主义家庭文明新风尚。习近平同志围绕注重家庭、注重家教、注重家风建设发表的一系列重要论述，立意高远，内涵丰富，思想深刻，对于动员社会各界广泛参与家庭文明建设，努力使千千万万个家庭成为国家发展、民族进步、社会和谐的重要基点，把实现个人梦、家庭梦融入国家梦、民族梦之中，汇聚起全面建设社会主义现代化国家、实现中华民族伟大复兴中国梦的磅礴力量，具有十分重要的意义。

顾明远先生在最近论述"学好现代家政学"的文章中指出："随着人民群众的家庭物质水平普遍提高，必然在精神生活上提出更高更广泛的要求，迫切希望提高家庭生活的质量，追求更加幸福美满的家庭生活。我们越来越感到教育的社会功能是多方面的，为政治服务，为经济建设服务，还有文化

学校建立天津市射击后备人才训练基地

新时代楷模、全国劳动模范张黎明来校作先进事迹报告

的功能，要为文明建设服务，为提高民族的文化素质、思想素质服务。教育不仅给人们知识和谋生的技术，而且要教给人们做人的道理。""社会是一个有机体，家庭则是社会的细胞。有了细胞的健康，才会有整个有机体的健康。建设社会主义精神文明，治理社会环境，必须抓好家庭环境的建设。现代教育观念是一种大教育观念，它不仅局限于学校教育，而且扩大到社会教育和家庭教育。"

实践充分证明了顾明远先生的科学论断：三结合教育好。学校教育如果不与家庭教育相结合，如果不与社会教育相结合，将一事无成。

王希萍校长接待顾明远先生来校活动

实施三结合教育永远在路上

——纪念天津市逸阳梅江湾国际学校建校10周年

本文写于2017年，编在《奋进的十年》一书中

习近平总书记在党的十九大报告中指出："建设教育强国是中华民族伟大复兴的基础工程，必须把教育事业放在优先位置，加快教育现代化，办好人民满意的教育。要全面贯彻党的教育方针，落实立德树人根本任务，发展素质教育，推进教育公平，培养德智体美全面发展的社会主义建设者和接班人。""努力让每个孩子都能享有公平而有质量的教育。"

"基础教育是全社会的事业，需要学校、家庭、社会密切配合。学校要担负主体责任，对学生负责，对学生家庭负责。家长要尊重学校教育安排，尊敬老师创造发挥，配合学校搞好孩子的学习教育，同时要培育良好家风，给孩子以示范引导。各相关单位特别是宣传、文化、科技、体育机构要积极为学生了解社会、参与实践、锻炼提高提供条件。"①

习近平总书记的重要指示为新时代我国教育事业改革发展指明了方向，指出了教育特别是基础教育的特殊重要性和学校、家庭、社会三结合教育在基础教育阶段的重要作用。

我从事小学教育工作65年，一直工作在基础教育的奠基部位。在我76岁时，上级领导信任，委派我承担起创办和平区唯一一所民办小学的重任，进

---

① 2016年9月9日，习近平总书记在北京市八一学校考察时的重要讲话。

入民办教育的新领域。2017年9月，是逸阳梅江湾国际学校建校10周年。10年来，我看着学校从萌芽初创到成长创新的发展过程，时刻不忘初心，砥砺前行。一生的实践，使我习惯于在每天早晨迎接可爱的学生们进入校门，我低头弯腰抚摸着他们的肩头，天天听着他们朗朗的读书声和天真的嬉笑声，天天看着他们脸上绽放的幸福笑脸，内心的满足感油然而生。不知不觉间，当早年从学校毕业的学生回校时，不少人已成为国家的栋梁之材，面对他们高高的个子，我必须抬头仰视，举手迎接他们为拥抱我而伸出的双臂。我觉得学校才是自己终生依附的家园，正是这方天地，让我的生命充满朝气。

逸阳梅江湾国际学校是在和平区人民政府、区教育局支持下于2007年9月经天津市教委批准创建的一所全日制民办小学。目前，学校有76个教学班，3100名学生，教职工203人，其中自聘人员119人，占教职工总数的61%。任课教师187人，100%具有大学本科或以上学历，并取得了教师资格证书，其中具有硕士研究生学位的18人；在任课教师中，具有中学高级教师职称13人，小学高级教师95人。学校现有两座独立使用的校舍，分别是常德道30号和毗邻的常德道58号，建筑总面积14,902平方米，教学用房12,838平方米，教室82间。学校拥有现代化办公设备，教学仪器配备齐全，体育、音乐、美术、舞蹈、劳技、科技等专用教室设置达到标准要求。学校有专用的报告厅、图书室、阅览室，藏书量9万余册。

10年来，学校认真贯彻党的教育方针和《民办教育促进法》的有关要求，特别是党的十八大以来，在习近平新时代中国特色社会主义思想指引下，在上级教育主管部门的领导支持下，秉承我在岳阳道小学任职期间提出并坚持三十多年的学校、家庭、社会三结合教育理念，深化教育教学改革，使教育质量不断提高，办学水平不断提升，跻身于天津市民办学校先进单位的行列。

天津市逸阳梅江湾国际学校常德道30号校区

天津市逸阳梅江湾国际学校常德道58号校区

一、在精心探索中前行

我国《民办教育促进法》规定："民办教育事业属于公益性事业，是社会主义教育事业的组成部分。国家对民办教育实行积极鼓励、大力支持、正确引导、依法管理的方针。"如何办好民办小学，对我来说是一个新的课题，必须通过实践深入探索。在民办小学如何进一步实施好三结合教育，继续走好三结合教育之路，也同样需要认真探索。

我刚参加工作是从做少先队大队辅导员开始的，实践使我更加热爱教育工作，并深爱着身边的学生们。在我多年与学生们近距离接触、带领学生们走向社会的过程中，逐步认识到，没有对学生的爱就没有教育，和天真活泼的孩子们在一起才有乐趣。后来做了校长，更多的是从如何办好一所学校，如何提高教育质量，如何提高办学水平等方面来思考问题。改革开放以后，教育面临着许多新的问题，而有些问题只靠学校单方面是难以解决的，必须依靠广大的学生家长、依靠整个社会的广泛支持和相互配合共同解决。同时，教育是一项创造性活动，教育孩子成长，不能仅让学生掌握书本上的知识，必须努力使学生在德智体美等各方面得到全面发展，并按照儿童少年的成长规律，让他们从小接触社会，了解社会，参与社会实践。只有学校、家庭、社会三支力量相互配合，才能使学生获得全面发展。根据党的教育方针，1979年，我明确地提出要在办学中实施学校、家庭、社会教育三结合。从此，走上了一条三结合教育探索之路。

经过多年的实践探索，通过学习、研究先进的教育理论，组织各种类型的专题研讨活动，特别是认真听取三结合教育委员会委员们的意见，使我们形成共识：三结合教育是教育和社会发展到当今信息时代的必然选择，也是教育现代化、民主化、科学化的必然要求。进一步明确了实施三结合教育的指导思想、根本目的、组织体制、运行机制，并不断积累了实施三结合教育的基本经验。大家坚定地认为，实施三结合教育的最终目的是什么？归结为一点，就是为了育人，为了人的发展。学校的一切活动，最核心的价值取向就是育人。教育决定着人类的今天，也决定着人类的未来。孩子是祖国的未来，为了孩子的一切就是为了祖国的未来。特别是小学教育，小学生正处于人生的启蒙与成长阶段，有什么样的教育，对学生的未来就会产生什么样的影响，学生的思想道德和文化素质如何，直接关系到中华民族的整体素质，关系到国家的前途和民族的命运。给孩子们从小夯实做人的基础，是社会主义教育事业发展必须解决的大问题，是我们从事小学教育的管理者和教师、每一位学生的家长以及社会各界关心教育的人们都必须认真对待的大问题。

坚持实施三结合教育的根本指导思想或者说核心理念就是"合力育人"，就是将学校、家庭、社会作为一个统一教育整体中的三个要素，构建起三维一体化的结构，三方面和谐互动，从整体上为学生营造出适合他们成长需要的教育条件和环境，促进学生的全面发展。

设备齐全的多功能报告厅

具有现代化设备的科学教室

对于这一核心理念，无论是公办学校还是在民办学校，都必须认真实施。民办学校与公办学校相比较，教育目标是完全一致的，但是学校性质发生了变化，因此也存在一些不同于公办学校的情况。

首先，学生家长和社会对民办学校教育质量的期望值更高，对学校的设施设备和办学水平要求更严格。学生家长和社会对民办学校优质教育的更高期盼，希望把逸阳梅江湾国际学校办成一流民办学校，这就是我们的办学目标，也为我们不断提高办学质量和水平提供了更大的动力。中共中央、国务院颁布的《国家中长期教育改革和发展规划纲要（2010—2020年）》，对民办教育改革发展提出了新的要求，贯彻落实中央教育改革的战略部署，努力办好民办学校，对于全面促进教育事业发展、深化教育领域综合改革、构建公办、民办教育共同发展的办学格局，加快推进教育现代化，满足人民群众日益增长的多样化教育需求和经济社会发展需要，具有重要而深远的意义。

天津市逸阳梅江湾国际学校常德道58号校区的操场

其次，我国的相关法律法规赋予民办学校所具有的自主性和灵活性，更好地适应了人民群众接受多种教育选择的需求，为民办学校创造符合我国国情的教改新经验提供了空间。

第三，广大学生家长总体上道德素养和文化水平较高，对子女期望值很高，对学校教育教学的改革举措和质量有较高的关注度，对学校各方面工作能给予支持。支持学校实施的"三结合教育"，重视家校合作。学生在家里有较好的学习条件，多数家长能在多方面关心指导子女的健康成长，家庭教育的方法基本上是积极有效的。所有学生家庭都可利用网络与学校联系和供孩子学习，网络的信息传输功能，使家校互动有了许多新的举措，校讯通、微信群、微博、手机客户端、学校公众号等方式，进一步加强了家校的沟通与合作。但也有一些学生家长，特别是一些业务繁忙的家长，认为选择了优质教育的民办学校就可以把教育孩子的任务完全推给学校，而忽视了家庭教育对孩子健康成长的重要性。

第四，教师队伍总体上比较年轻，35岁以下教师占教师总数的70%，自聘教师占有一定比例，教师学历层次较高，教育改革的愿望比较强烈，接受新事物比较快。对实施三结合教育的理念、举措还有待于在实践中逐步确立和细化。

面临这些具体情况，学校在制定发展规划、确立改革措施，特别是在如何深化三结合教育方面都精心策划，扎实工作。在继续实施三结合教育的过程中，既一以贯之地坚持三结合教育"合力育人，和谐互动"的核心理念，又根据民办学校的办学性质特点，从办学理念、管理机制、育人形式、教学模式、师资队伍建设、校园文化以及教育科研等方面不断创新，赋予新的内涵，一步一个脚印地探索前行。

二、在努力创新中发展

创新是引领三结合教育发展的第一动力，不断创新才能发展，只有把三结合教育的发展基点放在创新上才能保持三结合教育的生命力。如何把三结合教育融入更多创新的元素？这是我经常思考的问题。30多年的三结合教育实践所以能长盛不衰，正是不断创新，深化教育教学改革，着力提高教育教学质量，与时俱进的结果。必须用创新发展理念引领三结合教育创新发展，不断推进理念、制度、体制、运行机制、教育教学工作、教师培养、家校合作等各方面的创新。逸阳梅江湾国际学校建校10年来，实施三结合教育没有停步，坚持创新走三结合教育之路，归结起来，主要在以下8个方面实现了创新。

一是理念的创新。

30多年的三结合教育实践，使我们深切地感到，走三结合教育之路是现代教育理念的具体体现。坚持不懈地实施三结合教育，必须从我国的具体国情和教育发展与改革的实际情况出发，适应国际教育改革的大趋势，始终坚持以党的教育方针和关于教育改革和发展的重要决策为依据，坚持以社会主义核心价值观为指导，更新教育观念，扎实推进素质教育，牢牢把握教育为人民服务、为社会主义现代化建设服务的正确方向。学校认真执行国家课程计划，自觉执行教育的法律、法规、政策和各种规定，按照教育规律和儿童少年身心发展规律办事，把学生的发展、教师的发展、学校的发展和社区的发展作为最根本的价值取向。

发展理念是发展行动的先导。在党的十八届五中全会上，习近平总书记系统论述了创新、协调、绿色、开放、共享"五大发展理念"。学校领导班子认真学习习近平总书记的指示精神，深知进一步深化实施三结合教育必须坚持这五大发展理念。只有真正遵照习近平总书记所要求的"崇尚创新、注重协调、倡导绿色、厚植开放、推进共享"，发展三结合教育的行动就有了遵循、有了目标、有了方向。

二是管理机制的创新。

根据新修订的《民办教育促进法》关于"民办学校应当设立学校理事会、董事会或者其他形式的决策机构并建立相应的监督机制"的规定，学校设立了理事会，理事长为法定代表人，理事会成员都具有多年教育教学经验。按照规定，校长负责学校的教育教学和行政管理工作，执行学校理事会的决定，实施发展规划，拟订年度工作计划、财务预算和学校规章制度等。学校还依法通过以教师为主体的教职工代表大会制度，保障教职工参与民主管理和监督。同时，进一步健全了三结合教育委员会。创建了在理事会决策下、党支部领导、校长负责、三结合教育委员会协调、教代会民主管理、劳模创新工作室引领的"六位一体"管理机制，为学校的可持续发展提供了坚强有力的支撑。学校定期召开理事会，做出相应决议；严格执行教师代表大会民主管理的制度，根据工作需要制定有关管理制度、章程和发展规划，明确法人职责、校长负责制以及安全管理等制度，使学校各项工作做到有法可依，有章可循。在管理方面，按照"精干、多能、高效"的原则配备管理干部，形成了一支政治素质过硬、工作能力精良、作风勤奋廉洁、群众满意称赞的班子队伍。体现了集体合作、民主监督、责任担当的管理新模式，激发了广大教师职工的主人翁精神。在创新实践中注意做到明确目标，细化分工，事事有人抓，件件能落实。

根据新修订的《民办教育促进法》关于"进一步加强民办学校党的建设"的规定，要求"民办学校中的中国共产党基层组织按照党章开展党的活动，发挥党组织的政治核心作用，确保民办学校始终坚持社会主义办学方向。"学校党支部认真开展"两学一做"学习教育活动，组织党员学习党章党规和习近平新时代中国特色社会主义思想，请德高望重的老党员为党员讲授党课，引导党员在教书育人岗位上踏实工作，增强每个党员的"四个意识"，为广大教师树立标杆，当好表率，在学校各项活动中发挥先锋模范作用，党支部充分发挥"政治核心领导"和"保证监督"作用。

在这一管理机制下，调整充实了三结合教育委员会。现有包括社会各界人士参加的三结合教育委员会委员共300余人，三结合教育委员会设置的革命传统教育部、思想品德教育部、科技劳动教育部、文化艺术教育部、家庭教育部、教育科研部和家长委员会进一步明确各自职能，社会各界、学生家长从多方面为学校的发展献计献策，进一步发挥了三结合教育委员会委员们的"整合教育资源、合力教育学生、监督教育管理、助推教师成长，保证和谐互动"的功能。2012年，在市教委的关心支持下，经市民政局批准建立的天津市三结合教育研究所，下设课题研究、期刊编辑和宣传培训三个职能部，为进一步深化三结合教育实践与研究，搭建了很好的平台。

2015年，天津市总工会通过评选，在逸阳梅江湾国际学校建立了以王希萍校长领衔的"劳模创新工作室",并成为全市十佳劳模创新工作室之一。2017年11月,经天津市总工会推荐,中华全国总工会批准命名"王希萍创新工作室"为"全国示范性劳模和工匠人才创新工作室"。"工作室"的建立,对于我本人来说,激励我进一步"一次当劳模,一生做表率",要永远做"改革领跑者,创新带头人"。对于学校来说,"工作室"将作为引领学校发展,更好地践行"办好人民满意的教育"的要求,践行社会主义核心价值观,成为提高办学水平,凝聚培养教育人才,促进学校民主决策的平台。我决心遵照习近平总书记关于发扬"新时代的劳模精神"的教导,始终不渝地发扬"爱岗敬业、争创一流、艰苦奋斗、勇于创新,淡泊名利、甘于奉献"的精神,以对职业、对社会、对国家的道德感、责任感和使命感,用真情凝聚人心,用实干激励人心,用先进思想鼓舞人心,努力服务于社会、服务于人民,在奉献中实现自己的人生价值。

孔祥瑞代表市总工会颁发王希萍校长领衔的
"全国示范性劳模和工匠人才创新工作室"奖牌

三是坚持"立德树人"，在育人模式上的创新。

习近平总书记强调指出，"中小学生是青少年的主体，是国家的未来和希望。中小学生要立志成才，必须勤奋学习、提高综合素质，努力做到修身立德、志存高远，勤学上进、追求卓越，强健体魄、健康身心，锤炼意志、砥砺坚韧。同学们都要自觉加强道德养成，从小就让社会主义核心价值观的种子在心中生根发芽，把国家、人民、民族装在心中，注重养成健康、乐观、向上的品格；都要乐于学习、勤于学习、善于学习，在求知境界上越来越高；都要把身心健康牢牢抓在手上，养成良好的生活习惯，经常参加劳动和体育锻炼，通过多种方式怡情养性；都要敢于面对各种困难和挫折，自觉培养不畏艰难、顽强奋进的意志品质。同学们敞开胸怀拥抱自然，点点滴滴播撒阳光，经年累月铸就美好，努力做一个心灵纯洁、人格健全、品德高尚的人，努力做一个有文化修养、有人文关怀、有责任担当的人。"①

国家《"十三五"教育发展规划》提出，"坚持立德树人。把立德树人作为教育的根本任务，培养德智体美劳全面发展的社会主义建设者和接班人。要遵循教书育人规律、遵循学生成长规律，以学生为主体，以教师为主导，创新育人模式，培育和践行社会主义核心价值观，不断提高学生思想水平、政治觉悟、道德品质、文化素养，让学生成为德才兼备、全面发展的人才。"

为落实"立德树人"的根本任务，学校充分发挥三结合教育的优势，积极开展培育和践行社会主义核心价值观的教育活动，把增强学生的社会责任感、创新精神和实践能力作为重点任务贯彻到教育全过程。进一步协调处理好三结合教育发展中的重大关系，促进学校教育、家庭教育、社会教育三方面在培育社会主义核心价值观方面的协调配合；促进核心价值观教育、知识教育、体育、美育等方面的协调发展，提升学生的全面素养。

---

① 2016年9月9日，习近平总书记在北京市八一学校考察时的重要讲话。

2014年4月，天津市三结合教育研究所专门主办了"培育和践行社会主义核心价值观，学校、家庭、社会携手奠基未来"专题研讨会，就在少年儿童中培育和践行社会主义核心价值观的认识、做法进行了深入的研讨。北京师范大学资深教授、中国

北京师范大学资深教授、
著名教育专家顾明远先生来我校做专题报告

教育学会名誉会长顾明远到会作了专题报告，师生代表、三结合教育委员会委员、学生家长、专家学者作了发言。通过研讨进一步明确了必须把社会主义核心价值观融入学校工作的各个方面，做到内化于心，外化于行。

教育部印发的《关于全面深化课程改革落实立德树人根本任务的意见》中，提出了培养学生"核心素养"的要求。"核心素养"深入回答了"立什么德，树什么人"的问题。这与长期推进的素质教育基本含义是相同的，都是要求我们办教育最关键的是关注学生的发展，形成理想的、高水平的素质或素养。为了实现这一目标，学校把培育和践行社会主义核心价值观与各方面工作有机融合，加强课程融入、制度融入、实践融入、环境融入和家庭融入，采取了一系列有效措施。

学校持续开展"传递文明礼仪，争做有道德小公民"活动，将教育部重新修订颁发的《小学生守则》《小学生日常行为规范》编写成《文明礼仪40条》《金星班评比条件》等制度，细化成具体可操作的班规、班级公约、班级行动口号，使活动常态化。激励每个学生"立志向、有梦想、守规范、践

三爱",朝着"四好少年"的目标迈进。持续进行"爱学习、爱劳动、爱祖国"的三爱教育,强化实践体检,教师和校外辅导员密切配合,精心设计活动课程和素质拓展课程,尽可能体现课程内容的时代性、主体性、自主性、创造性和趣味性。进行"人人践三爱、班班创金星"评比,每周颁发金星,每月进行流动红旗竞赛。各年级还设立了学生的品德操行评定册,各班级设立了"四好少年"评比栏、光荣台。2017年五一劳动节前夕,学校邀请校外辅导员、园艺大师、菊花状元、全国劳动模范叶家良对学生进行"热爱劳动、热爱劳动人民、热爱劳动成果"的教育,他的讲课生动形象,学生们非常喜欢也更受益。

在学校建立的60多个教育实践基地中,教师和校外辅导员带领学生有计划地开展丰富多彩的实践活动,在社会大课堂中学会做人。在建党95周年之际,和平区关工委成员和学生们共同举行开学第一次升旗仪式,并做"听党话、做党的好孩子"的专题讲座。结合长征胜利80周年,学校邀请抗战时期的红小鬼、天津人民艺术剧院的老艺术家刘鹏担当开学后第一位升旗手,并为师生讲开学第一课,使学生受到生动形象的革命传统教育。

一年一度的百灵鸟歌会是学生们快乐的节

革命老前辈刘鹏爷爷参加新学期升旗仪式

2016年，学校召开"承载传统美德 唱响锦绣中华"为主题的百灵鸟歌会

日，学生们以雄壮优雅的歌曲、优美动听的童声"承载传统美德，唱响锦绣中华"，用歌声唱出对伟大祖国的热爱，唱出心中的榜样，把社会主义核心价值观融入生动丰富的演唱之中，内化为学生的精神追求，展示了中华少年的风采和学校艺术教育的成果。

学生的体育、文艺活动丰富多彩。学校依靠社会力量，与市体育局、和平区运动学校共同建立了包括体操、射击、击剑等特色项目的市级优秀体育人才培训基地。2016年，在天津市中小学生网球比赛中获得小学组女子团体第一名，在和平区中小学田径运动会上获团体总分第四名，学校足球队多名学生入选和平区足球队。同年，全校有近500名学生参加各种类型的文艺展演，在合唱、校园时尚舞、键盘合奏中获得和平区文艺展演一等奖，在和平区第29届校园美展中获一等奖，和平区首届中小学生经典诵读大赛一等奖，由教师辅导创作的画作《我们的节日》入选第二届京津冀非遗联展。2017年

诵读《七律.长征》

舞台剧《红岩》

群口快板书《读红书》

读书节上,三结合教育委员会委员、
著名广播员林东老师现场指导

表演《读书破万卷》

2010年12月,王希萍校长在第27届校园读书节闭幕式上讲话

8月7日，全国国际象棋协会等多家单位在深圳举办的"国际象棋与教育"校长论坛会上，我校被命名为国家级"国际象棋特色学校"。

在校园文化建设中，落实教育部关于《完善中华优秀传统文化教育指导纲要》精神，开展"学国学 诵经典 做中华文化传人"的读书活动，把打造"书香校园"读书活动与培育和践行社会主义核心价值观教育、继承弘扬中华优秀传统文化相结合。重点开展了"读经典悟道，行文明礼仪"活动，通过"一读·两做·三过节"途径进行弘扬优秀传统文化教育。一读：即读经典《解读弟子规》。根据各年级学生年龄特点，列出每学期必读的篇目，开展日常学习教育及读书节活动。两做：即做好晨读和完成国学作业，悟道、立人。每周在家中力所能及地帮父母做一两件事，作为操行评定的一项内容。三过节：即持续开展"我们的节日"活动，让学生通过春节、清明、五一、端午、七一、八一、国庆等节日明理励志，在体验中华民族节日的过程中，积累传统文化知识，增强民族自豪感。

四是教师队伍建设的创新。

作为民办学校，我们更加重视教师队伍建设特别是青年教师的培养。学校遵照习近平总书记关于"教师要做学生锤炼品格的引路人、学习知识的引路人、创新思维的引路人、奉献祖国的引路人"[①]的要求，着重从师德师风方面提出严格要求，引导教师树立坚定的理想信念，自觉地坚持对社会主义核心价值观的认同，并使之成为自己教育行为的基本遵循，同时强调以"立德树人"为目标，突出"师德为先，能力为重"，强化自身的道德修养，处处以身作则，率先垂范，为学生树立人格标杆和道德典范。学校要求教师秉持严格的师道，坚守崇高的师德，每一位教师都要有当好人民教师的责任感和荣誉感，忠诚于党的教育事业，树立高尚的道德情操和

---

① 2016年9月9日，习近平总书记在北京市八一学校考察时的重要讲话。

精神追求，自尊自励，刻苦钻研，坚持以学生为本、以言传道、以行垂范，用真理、真言、真行教化学生，用真情、真心、真诚感化学生，努力成为受学生爱戴、让人民满意的好教师。学校邀请全国道德模范、天津师范大学退休干部王辅成为教师们做关于树立正确的人生观、价值观、世界观的专题报告，引导教师做到"学为人师，行为世范"。学校根据教师职业道德规范的要求，建立和完善了有关的规章制度，特别是有关教师职业道德行为的管理和评价制度，激发教师热爱工作、无私奉献的责任感，为教师积极营造和逐步优化教育生涯的环境，使每位教师在良好的校风中，做到精神上的熏陶和行为上的规制，在教育工作实践中成长、成熟，做社会主义核心价值观的带头践行者和传播者。

学校进一步完善教师学习制度，加大学习力度，促进教师专业成长。请天津师范大学教授、天津教科院研究员、文化和科技领域的专家为教师进行教育教学改革的专题讲座、现代教育技术的专题培训、教育科研的专题辅导，提高教师的专业化水平，着力提升教师的课程开发力、教学实施力、教育科研力。学校购置大量教师专业书籍，向教师推荐经典书目。教师们利用课余时间读专著，记笔记，利用集中学习时间，组织教师观看名师课堂实录、教学讲座，学习先进的教学理念。在青年教师的培养工作中，加大培训力度，根据制定的教师培训五年规划、年度计划以及个人专业成长计划，严要求，抓落实，促转变，看进步。与此同时，学校还重视对班主任队伍和自聘教师的培养，对他们在师德、教育教学、岗位责任等方面进行培训。各年级组也积极发挥团队优势，在年级组长、学科组长的帮助下，精心备课，准备教具、课件，每天"徒弟"听一节"师傅"的引领课，"师傅"听一节"徒弟"的常态课，"师傅"们认认真真地教，"徒弟"们踏踏实实地学，使一批年轻教师较快地适应了学校的生活，胜任了承担的工作，以饱满的精神状态投入教育教学工作之中。仅

2016年以来一年多，有41位教师的论文在全国、市级获奖，其中《立足小学语文教材，践行立德树人教育》在《天津教育》发表，《在数学教学中促进学生主动思考的实践研究》在《天津教研》发表，获得好评。广大教师表示，一定要遵照习近平总书记所要求的，做"有理想信念、有道德情操、有扎实学识、有仁爱之心"的好老师，做学生健康成长的指导者和引路人。"①

五是深化教学领域改革，在课堂教学模式上的创新。

深化教学领域的改革，创新课堂教学是学校长期的工作重心。在深化教学领域改革方面，学校强调必须进一步加强学科教学的育人功能，全面落实以学生的学习为本的教育理念，将教育教学的行为统一到育人目标上来。学生是学习的主体、主角，教师是学生学习的指导者、点拨者。要求教师在课堂上主要是教会学生学习，学生的主要使命则是学会学习和自主学习。同时，在发挥各学科独特育人功能的基础上，要求充分发挥学科间综合育人功能，将相关学科的教育内容有机整合，提高学生综合分析问题、解决问题能力。要求充分利用现代信息技术手段，改进教学方式，从教授模式走向导学模式，从教材走向学材，从教案走向学案，建立"课前预习、课中导学、课后延学"的学本课堂教学模式。同时，充分发挥三结合教育实践基地的育人养成功能，探索把课堂教学与社区服务、社会实践相结合的途径和方法，切实加强教学的实践环节，强化教学的实践育人功能，培养学生乐学、勤学、善学、互学的学风。要求各科教师对学生德智体美劳全面发展总体要求和社会主义核心价值观的有关内容具体化、细化，转化为具体的品格和能力要求，进而融合到各学科，体现在学生身上的综合素质提升，把课堂教学作为培养学生核心素养的主渠道。

在2016年结束的第四届"和平杯"教学比赛中，学校取得了第一名的成

---

① 习近平2014年教师节视察北京师范大学重要讲话。

绩以及全国和谐杯"说课标说教材"大赛团体金牌。这是继2013年第一次比赛获得小学组集体一等奖、2014年复赛中获得小学组"看教研"和"看作业"两项比赛集体第一名和2015年决赛中有6人在"看课堂"中获得个人成绩第一名、在"看教研"比赛中3个学科获得集体成绩第一名、在"看作业"比赛中6个学科获得集体第一名、精品微课获得集体一等奖的基础上，又一次取得的好成绩。

在2016年全国第四届微课大赛中，有43名教师分别获得一、二、三等奖，学校被评为优秀组织奖。2016年5月在福州举行的第九届全国中小学创新课堂教学实践观摩活动中，10名教师获得一等奖，是参赛学校获奖一等奖最多的学校，引起了同行的广泛关注。两位教师还代表天津赛区到现场进行课堂教学展示。在"一师一优课、一课一名师"评选活动中9位教师获部级优秀课奖，16位教师获得天津市优秀课奖。17位教师在全国第13届优质课评选中分别获一、二、三等奖。2位教师获第二届全国小学数学录像课比赛一等奖。教师们自己创编剧本，自导自演的英语剧《骄傲的狮子》在"希望中国"青少年英语戏剧大赛视频比赛中获得一等奖。还获得了和平区第三届"和平杯"常态课教学竞赛一等奖、和平杯教师专业技能大赛团体一等奖，在SPBCN中国英文拼字大赛中摘得天津赛区冠亚军，并且出版了校本开发课程资源《逸阳英语》，受到学生们的喜爱。

2016年，《天津日报》《天津教育报》《渤海早报》《每日新报》以及新华、新民、和讯、网易、搜狐、凤凰、腾讯、北方、中国农业信息等网络媒体发表了学校教师撰写的文章以及教学改革的报道近百篇，如《在学科教学中培养学生的核心素养》《培育更多新型人才，办好人民满意教育》《劳动模范送技能到课堂》《逸阳梅江湾国际学校弘扬工匠精神培养创新实践能力》等，产生了一定的社会影响。随着课程改革不断深入，学校建立了创课教室，为学生提供了多种校本课程，如剪纸、美丽的五大道、逸阳英语等，逐步形成校本课程体系。

三结合教育委员会的专家们分别带来了依法执教、翻转课堂、先学后教、在线学习，教育科研、信息技术等一系列培训，给教师们带来了全新的理念，传递教育改革前沿信息，促进教师向着"会学习、会思考、会教授"的一专多能方向迈进。互联网和教育形态相结合，产生了许多新的理念，改变了传统的课堂形态。课堂教学模式的创新，调动了学生自主探究的学习热情，为学生创设了有利于发展的开放式教学情境，在各科教学中倡导"学思做创"和"自主、合作、探究"的学习方式，通过教学时空的拓展变换，教学评价方法的多元化，为学生营造一种开放的学习空间。

在各项竞赛课取得优秀成绩的同时，学校十分注意教师常态课的质量，认为常态课的好坏，是决定每位教师教学质量好坏的关键。学校多次派出骨干教师赴北京、上海、广州、成都、内蒙古等地学习先进的教学经验，他们将新的理念和经验带回到学校，辐射到全体教师。学校还邀请天津市教育科学研究院研究员、天津师范大学教授和市、区教研室教研员为教师们进行辅导讲座，讲解如何撰写微课题、论文的方法，在专家的辅导下，健全了"教研室——学校——教研组长——教师"四级教研工作管理模式。

六是在加强家校合作，构建"家校社学习共同体"方面的创新。

习近平总书记指出："家庭是社会的基本细胞，是人生的第一所学校。不论时代发生多大变化，不论生活格局发生多大变化，我们都要重视家庭建设，注重家庭、注重家教、注重家风。"[1]2016年12月12日，习近平总书记在接见全国文明家庭代表时，再次重申家庭和家庭教育的重要性，指出："家庭是社会的细胞。家庭和睦则社会安定，家庭幸福则社会祥和，家庭文明则社会文

---

[1] 习近平在2015年春节团拜会上的讲话。

明。我们要认识到,千家万户都好,国家才能好,民族才能好。"

遵照习近平总书记的指示精神,学校高度重视学生的家庭教育,认真贯彻全国妇联、教育部等九部委《关于指导推进家庭教育的五年规划》要求,准确把握家庭教育核心内容,针对民办学校学生家庭的新特点,积极发挥学校对家庭教育的指导作用,不断提高家庭教育的水平。2017年1月举行的三结合教育联席会,以"创新三结合教育,家校共育未来"为主题,对提升家庭教育科学化水平,构建"家校社学习共同体"进行了深入研讨,对6个年级64个班级的312名优秀家长进行了表彰。

10年来,学校坚持举办家长学校、健全学校、年级和班级家委会、实施家长开放日、开展家庭教育论坛、家长咨询、总结传播优良的家教经验、表彰优秀家长等制度。作为民办学校,随着办学性质的转变,家庭将越来越多地进行教育上的选择与参与,加强家校合作,构建和完善"家庭学校社会学习共同体",是办好优质教育的必然要求,也是实现"立德树

三结合教育联席会上,向受表彰的"好家长"颁发证书

教育专家王毓珣在家长学校授课

人"根本任务的必然选择。所谓"家庭学校社会学习共同体",其本质就是要实现学校、家庭、社会三方面合力育人,重视协调和整合影响学生发展的各种力量,协调好校内和校外的关系制度安排。在构建"家校社学习共同体"中,由于学校、家庭、社会三方面在对学生教育中所承担的角色不同,我们遵循的基本原则是:"目标一致,功能互补,内容衔接,和谐互动"。认为教育目标的一致性是构建"家校社学习共同体"的动力,教育功能的互补性是构建"家校社学习共同体"的基础,教育内容的衔接性是构建"家校社学习共同体"的链条,教育方式的互动性是构建"家校社学习共同体"的保证。

我们曾访问过境外一些国家和地区的小学教育,印象最深的就是:凡是与家庭、社区保持密切联系的学校,其学生的表现均优于其他学校。也就是说,学校与家庭、社会合作较多的学校,学生在各方面表现得出色。我们也发现,与学校保持经常联系的父母,其孩子的成绩一般高于那些具有相似能力和家庭背景的孩子，而缺乏与学校合作的家庭的孩子，或几乎没有进行家校合作学校的学生，表现则一般。良好的家校合作能密切师生和亲子之间的关系，从而强化教师与学生家长的权威形象和对学生的影响力。

学校把建设优良家风作为家长学校的重要教学内容，请三结合教育委员会委员、著名作家、中央党校国学主讲人张建云向全校学生家长开设"家风大讲堂"系列讲座。张建云以自己的经历，引导广大学生家长学国学、传承中华民族传统美德，不断提高家长自身素质，以身作则、言传身教，教育孩子学会感恩，诚实为人、踏实做事。通过家长学校的系列授课，不少学生家长说：过去认为逸阳梅江湾国际学校是民办名校，孩子进入了这所学校，就把孩子完全托付给学校了，家长就可以省心了。通过家长学校学习，我们深刻地感到自己责任的重大，培养教育子女是一个不能重复的系统工程，家长必须跟着孩子一起成长，努力做一个合格的家长，为孩子树立良好的榜样，使孩子的身心得到健康的发展。

随着家庭教育观念的转变，家庭教育水平的提升，广大学生家长积极探索既符合孩子成长规律，又适应时代发展要求的家教方法。传承中华美德，树立家风家规；发挥自身优势，形成榜样示范；主动配合学校，丰富实践活动。广大家长逐步认识到，培养孩子只单纯掌握文化知识，是不能成为一个全面发展的人，决定孩子一生的不单是学习成绩，而是健全的人格素养，人品才是人生最硬的底牌。家长们把"立德树人"作为家庭教育的永恒主题，注重培养孩子的健康人格，从小播种"爱"的种子，有感恩之心，在家庭各种活动中培育和践行社会主义核心价值观。如许多家长带领孩子参与"关注自闭症儿童，让世界亮起来——微信留言献爱心"活动，并利用假期带领孩子走向社会，走进敬老院、儿童福利院，开展"苗苗义工"活动，热心公益，服务社会。再如，学校着力倡导书香家庭建设与亲子共读。希望每个学生家庭都能建立"家庭图书角"，使家庭读书与家风传递同行。广大家长积极行动，购书、藏书，在家里为孩子配置了小书柜，开展亲子课外阅读，家长们每天尽量抽出一些时间与孩子共同阅读，分享名家经典，不但丰富了孩子的课外知识，还培养了孩子良好的品德。在学校开放日，请父母进课堂，家长们和孩子一起上课，一起参加班会，与教师座谈、咨询。在"学国学，诵经典，做中华文化传人"读书节闭幕式上，在家长们的大力支持下，编导、排练课本剧，准备服装、道具，表演时的换场等，都能看到学生家长在台上、台下奔忙着。

办好家长学校是深化家校合作的重要前提。学校为了对家长做好指导服务，搭台子、请能人。学校请天津医科大学心理教研室教授、国学专家来校为学生家长做关于心理健康、家风建设等方面的讲座。每年新一年级的适应教育，开设系列家长学校课程《我们的学校》《家校合作中父母的角色定位》《与孩子一起成长》，介绍学校的办学理念，办学特色。通过和平区法院未成年青少年庭庭长缴治民的讲课，家长们明确了自己在家庭教育中的主体责任，应依法履行的家庭教育职责。天津社科院、家庭教育研究专家关颖研究员、天津医大刘惠军教授向家长们讲解了孩子不同年龄段的表现和成长特点，引导家长准确把握家庭教育的规律性。网络通信的普及，为家校联系沟通提供了更大的方便，校讯通、微信群、学校公众号等成为家校沟通的新载体。

建设好家长委员会，充分发挥家长委员会的作用，是实现家校合作、和谐互动的组织保证。学校建有班级、年级、校级三级家长委员会，家委会的管理纳入学校日常管理。目前二至六年级60个教学班，共有委员300人，他们是学校三结合教育委员会中重要的组成部分，是家校合作的桥梁纽带。他们代表全体家长实施办学知情权、教育决策咨询权、参与活动权、校务监管权，将广大学生家长参与学校管理，有效地落到实处，为学校实行民主开放办学，创建了坚实的组织保证。每学期开学初，学校召开校级家委会，讨论修订学校工作计划；分别召开班级家委会，讨论制定班级工作计划。每月月末周二召开的班级家委会议，家委根据学校的重点工作，主动热情地为班级出谋划策，充分发挥家委在家校合作中的作用，已成为每位班主任承担的工作职责，也是对每位班主任专业技能考核的重要内容。

七是在教育科研方面的创新。

10年来，学校坚持实践与理论相结合的原则，认真学习党和国家关于教育发展与改革的一系列方针政策。特别是党的十八大以来，以习近平同志为核心的党中央提出了一系列关于发展和改革教育事业的新思想、新策略、新举措，我和学校的干部教师一同认真学习，深入领会，并与学校的实际工作相结合，与深化三结合教育的实践与研究相结合，对三结合教育的理论与实践进行了许多新的探索。学校承担的"十二五"期间市级重点课题"三结合教育与学校现代化的研究"成果被评为市级"十二五"期间教育科研优秀成果。

2013年，王希萍校长从教60周年，
天津市三结合教育研究所成立，市领导王成怀、潘义清等参加揭牌仪式

10年来，在"合力育人"理念支撑下，三结合教育的实践与研究成果是丰硕的。2013年，经天津市民政局批准成立的"天津市三结合教育研究所"，作为天津市基础教育中唯一的社会研究机构，附设在我校，为深化三结合教育的实践与研究，搭建了新的平台。近年来的成果更体现在由三结合教育研究所主办的《三结合教育实践与研究》（季刊）杂志中。杂志发表的诸多文章，

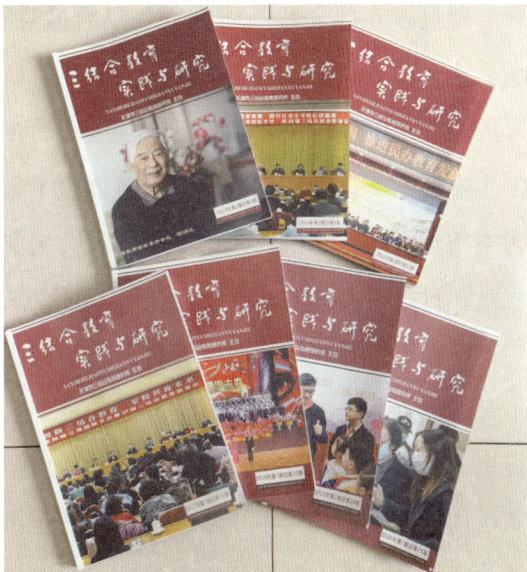

已出版的《三结合教育实践与研究》期刊（季刊），至今总共出版35期

系统阐述了三结合教育的内涵与价值，回答了三结合教育最本质和核心的问题；进一步阐明了在实施三结合教育的形势下，如何积极推进学校管理的转型，构建学校、家庭、社会三结合教育和谐互动的运行机制，回答了人们最为关心的怎样按照三结合教育的核心理念建立和谐互动的运行机制问题；阐释了如何构建在三结合教育理念指导下的"家校社教育共同体"，回答了三结合教育中家校社合作共育所遵循的理念、原则、内容、载体和渠道。已出版的35期杂志，合计发表文章700余篇，共170万字。曾三次发表了我国资深教育家、顾明远教授的文章。还发表了王成怀、钱其璇、邢元敏、王鸿江、何国模、潘义清、李润兰、徐广宇、荆洪阳、李剑萍、何穆彬、余强基、靳润成、赵福楼、纪德奎等领导同志的刊首语，田本娜、肖凤翔、关颖、王毓珣、庞学光、王辅成、陈雨亭等教授的文章以及叶家良、关山、李莉、刘鹏、张志宽、郭晓东、徐明、吉瑞芝、吴季麟、郑吉安、孔祥瑞、徐文华等三结合教育委员会委员的事迹文章。

　　经过多年的实践与研究，三结合教育已经形成一个较为完整的理论体系。由天津人民出版社出版、天津教科院研究人员与学校的干部教师共同撰写的系统地阐释三结合教育的专著《王希萍与三结合教育》具体地体现了从学生发展到学校发展的成就，同时体现了较为系统的理论成果。包括以学生为本的教育观、立德树人的发展观、突出实践体验的学习观、三维立体的课程观、自树树人的教师观、开放民主的管理观等。

　　学校坚持开展校本研究，以课题研究为龙头，逐步形成了由学校领导、干部、教师人人参与教育科学研究的良好氛围，实现了教学、科研一体化，促进了一支能适应现代化教育要求的反思型、科研型、学习型、智慧型教师队伍的形成。2016年下半年，学校举行了市教育科研规划领导小组办公室批准立项的"十三五"期间重点课题《基于三结合教育，创建民办校品牌的研究》和《发挥三结合教育优势，发展小学生核心素养的研究》等三个研究项目的开题会以及天津市教育科学研究院和和平区"十三五"的课题立项开题会，以天津市教科院党委书记荣长海研究员为组长的评审小组专家们对课题立项予以充分肯定。

聘请专家对教学成果给予指导

八是在校园文化建设方面的创新。

努力营造平安和谐校园，搞好学校文化建设是学校长期的重要任务。从发展深化三结合教育的视角看，校园的环境建设对应着用绿色发展理念引领生命教育与生态教育。"绿色"是永续发展的必要条件和人民对美好生活追求的重要体现。目前学校的两处校区，地处天津著名的"五大道"核心部位，由优美典雅富含文化底蕴的环境所包围，都是根据小学教育的特点，在教育主管部门和社会各界的支持下全面改造和新建的。位于常德道58号的新教学楼，于2015年9月1日投入使用，建筑面积11000平方米，成为"五大道"上又一道靓丽的风景线。新校舍环境优雅美丽，建有地下风雨操场、多功能厅、图书馆、阅览室、心语室、各类专用教室、创客空间以及教工之家等，为学生全面素质的提高提供了优质的教育资源。

美丽的校园

学校高度重视由学校建筑和空间构成的学校环境对生活于其中的师生所具有的重要影响力，要求使学校的每一个角落都体现育人价值，体现办学者的育人思想、办学理念，成为环境育人的"立体教科书"，陶冶情操，启迪智慧，充分尊重儿童的特点，使美化生态的

多姿的喷泉

校园充满童真童趣，让孩子们每天生活学习在舒心、健康、有文化品位的学校空间和环境中，产生一种发自内心的愉悦感，激发热爱校园、阳光尚美的正能量，促进学生核心素养和正确价值观的形成。

三、在突出特色中成长

作为一所民办小学，没有特色就难以立足。办好一所全新的学校，必须坚持"人无我有，人有我优，人优我强，人强我特"。逸阳梅江湾国际学校的最大特色就是在三结合教育理念支撑下的

坐落在校园中的古代计时仪日晷

开放性和国际性，并具体地体现在学校教育教学工作的各个方面。

10年来，学校有计划地组织学生到境外友好学校"研学"已成为一种传统。本来，"游学"作为一种古老的学习方式，早在公元前春秋时期，我国的孔子就携学生周游列国，古希腊哲学家、教育家柏拉图也曾游历地中海沿岸各地。在历史的长河中，"游学"折射出其作为东西方教育共有传统的温润光泽。在当今全球化的背景下，"游学"不仅有了更大的可能，而且成为现代教育之必需。

社会发展的新趋势充分表明，学生们的将来必定要面向各种国家的不同文化背景并和他们在一起工作和生活。因此，作为一所"国际学校"，必须坚持把走出去了解整个世界作为学生们的必修课，为学生真正认识这个世界奠定基础，促进学生的全面成长。我们把"游学"引申为"研学"，进一步突出了"研学"的教育功能，把"研学"规定为"活动课程"，把"了解世

王希萍校长带队赴美友好校交流

学生赴德国境外研学

赴法国境外研学

界，促进成长"作为赴境外研学的首项任务，逐步形成"研学"的一整套规范、制度、程序。近7年来，学校曾组织学生到美洲、大洋洲、欧洲的8个国家开展研学活动23次，参加活动的师生2800人次；接待了德国慕尼黑贝克学校等9所境外学校师生到学校访问，与美国、德国等5所学校签约建立了友好校关系。

为了组织好每次的研学活动，学校的一贯做法是"行万里路前要读书，行万里路中要思索，行万里路后要回顾。"我记得庄子的一句话："天下大事，必作于细。"为保证每一次研学活动中每一个学生的安全，学校都做到精准安排。每一次完整的研学活动必须包括"计划、培训、实施、总结"四大重要板块。2017年的赴美研学方案，从起草到完成，共进行了百余次修改，并召开多次家长沟通会，充分听取学生家长意见，取得学生家长的支持。请市、区外事部门的领导到校指导。每次到一个陌生国家之前，都要对师生进行一定的培训，其中包括明确此次"研学"的目的要求、介绍该国国情、语言、文化、目的地的区情以及摄影技巧等。同时制定各项安全预案，落实过程管理措施。到陌生的国家之后，学生们开始验证之前获悉的资料是否和眼前的一切吻合，开始在陌生的城里使用那些自己熟悉的工具开始行走，开始和当地人和事之间有了碰撞和交流，开始需要借助当地人的帮助来完成一件件事先策划好的任务。

7年来的研学活动，越来越使师生和学生家长感到收获丰厚。在研学中，学习他国的语言只是作为一种工具，比它更重要的是学习陌生的文化与历史，他国的人文与生活。到国外研学，学生们几乎每天都在和陌生人打交道，都在熟悉各种的第一次。所以，无论是师生一起品尝其他国家的食物，熟悉交通路线和公共标志，欣赏形式各异的建筑，体会种类不同的宗教现象，体验和陌生人的相处，适应各种气候状况，甚至是那里的空气中弥漫的不同味道。每到一个陌生的地方，总会听到学生们这样的话："这个和我们那里不一样，这个一样。"也总会比较什么地方好，什么地方不好。学生们在这样的比较中睁大了自己的眼睛，扩张了自己的触觉，也拓展了自己的胸怀。当他们看到的世界大了，才能更加宽容，才能更加坦荡。实际上，接受彼此的不同，尊重相互的差异已经成为"了解世界"的重点。

在陌生的城市，除了按计划访问学校，和外国小朋友一起上课、游戏，还尽可能地让学生能融入真实的社会。只有让他们充分自由地接触这个社会，在交流的过程中充分调动自己的沟通能力，加强团队合作，才能真正提高自己。学生们完成了旅程，也把对陌生国度的思考一并带了回来。除了留在脑子里的回忆，还有日记、明信片、照片，还有各种类型的小组讨论记录，这些都会让一次"研学"的收获变得更加厚重。

每一次到陌生城市或者国家，带队教师都从学习和成长入手，引导学生们"了解世界，认识自己"，激发学生们作为新时代中国学子的自豪感、自信感，帮助学生们在大脑里构建自己的思考模式。不仅是学生，教师们通过每次"研学"也在成长，每一次都看到了更加清晰的自己，既看到西方国家当今教育发展的现状，也更加深刻地感受到我国教育发展的优势和教育改革的成果，必须扬长避短，更加努力提高教育质量，探索适合中国国情的儿童教育之路。

我们曾听到一些人说：孩子太小了，让他们在十来岁出国能记住什么？实践说明，这对于孩子的成长绝对意义非凡。学生们在不同的环境中看到、听到、感受到的一样和不一样，能在陌生喧闹的人群中鼓起勇气去听、去看、去感受，本身就是一种成长。一个人生活的广度决定他的优秀程度。从小开始的一种旅程是扩展生活广度的起点和基础。

如在2017年3月30日至4月20日，学校组织四年级的150名学生到美国进行21天的研学，其间，访问了3所小学，学生们和美国的小朋友一起学习、做游戏，身临其境地感受到了美国小学生积极活跃的课堂氛围，充分体会到了美国小朋友的开朗热情性格。许多学生在参观完斯坦福大学、加州大学等高等学校后，都在心中蕴蓄着为祖国的更加富强而努力学习进而攀登科学高峰的梦想。有的学生说："21天的美国研学之旅，让我领略了美国的自然风光，感受了异国的风土人情，增长了见识，丰富了阅历，提升了自我，特别是在人际交往和生活能力两方面获得了提高。过去我和家人一起旅行时，所有日用品都是父母给我收拾，自己从来没有动手收拾过，甚至因为粗心还在旅行中丢过帽子之类的一些东西，这次研学活动中每到一地都是自己打开行李箱摆放各种日用品，主动换掉脏衣服，也没有遗忘过任何东西。"另一位学生说："对于10岁的我来说，第一次离开爸爸妈妈独立生活那么多天，更加使我懂得了亲情和感恩。不但提高了自己的自理能力，还增强了我与同学之间的友情，培养了团结协作精神。"2017年暑期，学校还组织了两批150名学生分别赴德、法两国和英国研学夏令营活动，参观了德国慕尼黑贝克小学、法国的凡尔赛宫、英国的牛津大学等处，回校后以饱满的热情投入新学年的学习。

一位曾赴欧洲研学的学生家长说："10岁的孩子第一次离开家赴欧洲研学，作为家长一开始真有些不舍和担心，但每天从孩子和老师发回的微信中看到他们丰富多彩的交流活动和各种参观游览，和国外多所学校的学生们一起上课、游戏、交流，还看到他们走进几所大学，一睹名校风采，置身于高科技殿堂，激发科学探索的热情，拜访世界著名文化遗产，体验西方文化的魅力。特别是看到我的孩子代表学校在德国慕尼黑达豪小学的联谊活动中演出了传统京剧《白帝城》，并当场把古装京剧行头'帽子'赠送给该校校长，这位校长兴奋不已，主动把'帽子'戴在自己头上。我觉得到境外研学是学校教育的延伸，它就像一把金钥匙，开启了孩子们的心灵。为孩子播下了一颗认识世界的种子，必将对他们未来的成长打下一个很好的基础，发挥重要的作用。"

作为一所民办学校，培养学生从小爱学习、爱劳动、爱祖国，胸怀祖国，放眼世界，打好具有国际视野的基础，开放性成为学校在三结合教育理念指导下的重要办学特色。10年来，通过开展对外研学活动开阔了孩子的眼界，了解了世界，培养了团队精神，增强了民族自豪感，提高了学生自理自治能力。学校用开放发展理念引领，有计划地开展国际研学，扩大了教育资源的供给，让国际优秀教育资源在中国汇聚，成为中国的智力资源之一。

四、在坚持共享中完善

新发展理念指出，坚持共享发展就是坚持"发展为了人民、发展依靠人民、发展成果由人民共享，使全体人民在共建共享发展中有更多获得感"。深化实施三结合教育同样是这样，绝不是只聚焦于家长、社区帮助学校的功能，出发点和落脚点都在"育人"，也就是以优质的教育成果办人民满意的教育，真正把三结合教育发展成果惠及学生、教师、家长和社会，使教育改革的成果与师生共享，与学生家长共享，与社会共享，实现多方共赢。

实施三结合教育以来的三十多年实践，特别是近10年来逸阳梅江湾国际学校坚持实施三结合教育的新成果、新经验，都充分说明，在基础教育阶段，实施三结合教育是一条符合教育规律的科学的正确的道路，是按照党的教育方针形成的办学优势和办学特色，它已经成为学校的办学之魂，最重要的是它符合习近平总书记提出的发展新理念，强调实现创新发展、协调发展、绿色发展、开放发展、共享发展。

建校10年，也是全面深化三结合教育取得新成果的10年。学校在上级领导的关心、指导、帮助下，坚持全面贯彻党的教育方针，　实行以"学校教育为主导，以家庭教育为基础，以社会教育为依托"的"目标一致，内容衔接，功能互补，和谐互动"的多元参与互动办学模式，形成了"合力育人，和谐互动"的有效体制，这种全面实施素质教育的有效的开放式办学模式，促进了学生全员、全面、生动活泼地主动和谐发展，促进了家庭教育科学化水平的提高，促进了教师的专业发展和学校可持续发展，取得了丰硕的成果。

10年来，学校获得的许多荣誉称号，激励我们进一步奋力前行。继2007年获得"天津市五一劳动奖状先进集体"称号、2008获得"和平区五一劳动奖状先进集体"称号并被评为天津市青少年科学素质教育先进学校之后，2012年4

月学校被评为"天津市先进民办学校"。10年来，曾被评为全国少儿美术教育先进单位、全国英语作文教学先进单位、全国读书活动示范校、中国写作协会中小学写作教学专业委员会实验校、全国青少年五好小公民"美丽中国　我的中国梦"主题教育活动示范学校、天津市科普先进校、天津市中小学"学雷锋树美德做新人"优秀集体、和平区三八红旗集体、和平区中小学德育工作先进学校、和平区艺术教育先进学校、和平区科技活动示范学校、和平区体育卫生与艺术优秀学校、和平区教育信息化工作先进集体等。在多项国家、市、区级的竞赛活动中，学校曾获得"星星火炬步步高"全国英语少儿大赛天津赛区、中央电视台英语风采大赛演讲比赛天津赛区、中国电视教育优秀课例评选、全国教育电视优秀课评选、全国《仓颉杯》第二届师生书法大赛、全国中小学生绘画书法作品比赛、全国科普日活动、全国微课程（体系化）大赛、教育部举办的"少年传承中华美德——墨香书法展"、和平区学校艺术展演、和平区青少年急救知识竞赛、和平区中小学生读书系列活动、和平区红十字会防灾避险知识竞赛、天津市第二届少年儿童学国学、诵经典才艺展示活动、天津市中小学生读书系列活动等的优秀组织奖。

实施三结合教育，受益的首先是学生，但不仅仅是学生，还包括学生家长、教师、学校和社区的其他相关人员，三结合教育的一切成果都是"多方共赢"的，主要表现在以下几个方面：

深化实施三结合教育，首先是促进了学生的全面成长。"人民满意的教育"最根本的表现为学生的全面发展，教育成果最终体现在培养出的学生总体素质如何。10年来，发挥三结合教育的"合力育人"优势，努力把学生培养成为"爱祖国，有理想；基础牢，眼界广；重实践，善思考；体质好，崇尚美"的好少年。学校充分发挥三结合教育委员会中的老同志、部队官兵、专家学者、艺术工作者、社区工作者等的榜样示范作用，熏陶感染学生。如为了引导

在王希萍劳模创新工作室的组织下劳模走进学校，传授劳动技艺

学生学习劳动模范的"工匠精神"，学校与市区总工会劳模协会联合举办了"迎六一，劳动模范教授劳动技能大讲堂"活动。劳动模范们到学生身边声情并茂地讲述自己爱岗敬业的事迹。天津市劳动模范，天津缘乐斋食品有限公司总经理曹凤林还为学生们赠送了有"六一快乐，健康成长"裱花字样的巨型蛋糕，并带领团队在现场设立24个操作台，向学生们传授蛋糕裱花技能。高年级学生还将亲手制作的蛋糕送到一、二年级小同学的手中，活动现场洋溢着团结友爱和谐的气氛。丰富多彩的三结合教育基地的实践活动，引导学生学会感恩、学会孝敬、学会关爱、学会奉献，促进身心健康发展。2016年，有一名学生被评为天津市优秀少先队员、天津市美德少年、和平区十佳少先队员，7名学生获"践行雷锋精神，我是向上向善青少年"荣誉称号。还有的学生被授予"津彩美德少年""津彩智慧少年""津彩创新少年""津彩文明少年"称号。在各项比赛中，有5名学生在第12届"希望杯"全国作文大赛中分别获得一、二、三等奖；3名学生获陈省身杯数学邀请赛一、二等奖；2人获得全国趣味数学比赛二、三等奖；2人获得天津市少儿珠心算一、三等奖；在全国"英语拼词"大赛（天津赛区）比赛中，获得五、六年级组的冠军和亚军，三、四年级组的亚军，学校获得天津市团体赛季军。

深化实施三结合教育，提高了家庭教育的科学化水平，增强了家庭的教育功能，促进了新型家庭、家教和家风建设。"人民满意的教育"很重要的一点表现为广大学生家长对学校提高教育教学质量的认可度，表现为对孩子各方面素质提升的赞赏，许多家长在看到孩子的成长和发展时纷纷表示"内心感到无比欣慰。"在实施三结合教育中，学校重视家庭教育的作用，主要是根据《教育法》的要求，学校发挥主导作用，对家庭教育进行指导，帮助父母提升家庭教育水平，尊重家庭教育的规律与特点，尊重家庭的传统与个性，尊重父母的主体地位与责任，尊重儿童的权利。家校合作让亲子之间因为共同成长而愉悦，家庭生活因此而幸福完整。三结合教育的开放性也意味着学生家庭之间的互相交往，让具有优良教育经验的家庭变成更多家庭的典范。三结合教育的各项实践活动，推进了学生家长不断学习先进的教育理论，吸取成功的教育经验，思考教育内容、形式、方法的改进。父母与孩子在成长的过程中完全是互动的关系，父母的成长带动了孩子的成长，孩子的成长也促进了父母的成长。许多事例说明，三结合教育给父母们提供了一个重要的学习机会和成长平台。学生家长以正确教育理念为引导，提升教育水平，必然有效避免一些不恰当的教育行为对孩子的误导，避免因极端行为给孩子带来的伤害，从而带动家庭建设朝着健康的方向发展，形成良好的家庭人际关系和家庭风气，构建有利于孩子成长、全家幸福的家庭，提高了父母对学校和教育的满意度，形成一种强大的教育正能量。对于许多家庭来说，教育意味着未来，对孩子的教育成功，意味着父母掌握了自己的未来，意味着整个家庭的成功和希望，从这个意义上看，提供优质的教育，培养高素质的学生，同时也是给家庭这一社会细胞，提供了足够的希望。

深化实施三结合教育，促进了师德、师风、师能水平的提高，使广大教师有更多的成就感。对于教师来说，三结合教育使自己更加全面、客观地认识学生，家校共育赢得父母的支持，能让日常教学工作之中增添了许多动力，少了许多阻力，教师从学生家长和社会各界人士身上获得了丰富的教育资源，有些三结合教育委员会中的教育专家就直接成为年轻教师的"师傅"，建立常态化的师徒关系，从而使教师的本职教育生活更加幸福完整。

深化实施三结合教育，是社区各种相关人员学习与成长的过程。学校、家庭和社区彼此敞开大门，尤其是作为合作主导方的学校，要向家庭和社区开放，吸纳更多的社会力量参与教育。无论是各类公益机构的支持，还是各种教育项目的合作，都是促进教育的有生力量。实施三结合教育涉及政府机关、社会团体及社区服务机构（如图书馆、博物馆、少年宫等）的支持与协调，这也是一种相互学习、相互受益的过程。在教育孩子的过程中与孩子共同成长，合作共育、合力育人的特点，也是最理想的境界。学校、家庭、社会以孩子为纽带，通过构建"学习共同体"合作共育紧密地联系在一起，就能够为构建和谐社会奠定坚实的基础。

深化实施三结合教育，有利于拓展教育教学资源，有力地提升教育教学质量。现代教育理念和实践告诉我们，办学不仅要关注学校内部的运作过程，而且必须重视学校与家庭、社会的互动过程。学生家长的职业、兴趣、知识、阅历、技能和方法都各不相同，可以有效弥补学校教育资源的不足。社会上丰富的教育资源，更直接充实教师的课堂教学。由三结合教育委员会成员组成的兼职教师队伍，扩大了教育资源。在三结合教育的实践过程中，学校充分利用家庭和社会的教育资源，使学生接受的教育更完整。

深化实施三结合教育，推进了学校管理的民主决策，强化了学校的自我管理，提高了学校管理科学化的水平。三结合教育委员会作用的充分发挥，使学校管理的每一个环节都能做到与学生家长、与社区发展以及时、准确、完整的信息沟通作为基础，及时调整学校的工作，使学校更好地为学生服务、为学生家长服务、为社区服务，更好地落实《国家中长期教育改革和发展规划纲要》提出的"建设依法办学、自主管理、民主监督、社会参与的现代学校制度"的要求。

多年的办学实践和探索研究，我们深深地体会到，在当前全面深化教育改革的新形势下，在基础教育阶段实施学校、家庭、社会三结合教育仍然还在路上，而且为了实现党的教育方针所规定的任务，基础教育实施三结合教育始终在路上，永远在路上。2017年9月，学校建校10周年，决心站在新的起点上，进入新的发展阶段，进一步书写深化三结合教育的新篇章。

具有重要历史意义的党的十九大，提出了新时代坚持和发展中国特色社会主义的基本方略，确定了决胜全面建成小康社会、开启全面建设社会主义现代化国家新征程的目标，描绘了绚丽的蓝图，对新时代推进中国特色社会主义伟大事业和党的建设新的伟大工程作出了全面部署，开启了加快教育现代化、建设教育强国的新征程。新时代需要有新作为，全校干部教师决心深刻学习领会习近平新时代中国特色社会主义思想的丰富内涵、精神实质、重大意义和历史地位，不忘初心，牢记使命，把深入学习贯彻习近平新时代中国特色社会主义思想与办好人民满意的教育的实践结合起来，深化教育教学改革，加快学校现代化，坚忍不拔，锲而不舍，努力提高办学水平，把"办好人民满意的教育"再跃上一个新高度，为夺取新时代中国特色社会主义伟大胜利、实现"两个一百年"奋斗目标和中华民族伟大复兴的中国梦做出我们的贡献。

天津市教育科学研究院教育战略研究室
原主任张秀岩研究员为教师们进行三结合教育专题讲座

社会主义核心价值观是学校文化建设的灵魂

本文写于2015年，培养践行社会主义核心价值观

习近平总书记明确指出："社会主义核心价值观是当代中国精神的集中体现，凝聚着全体人民共同的价值追求。培育和践行社会主义核心价值观，是推进中国特色社会主义伟大事业、实现中华民族伟大复兴中国梦的战略任务。"①党的十八大以来，习近平总书记对培育和践行社会主义核心价值观进行了系统、丰富和深刻的论述，并着眼于培养担当民族复兴大业的时代新人，提出了一系列明确要求。

富强、民主、文明、和谐，自由、平等、公正、法治，爱国、敬业、诚信、友善，把涉及国家、社会、公民的价值要求融为一体，既体现了社会主义的本质要求，继承了中华民族优秀传统文化，也吸收了人类文明的有益成果，体现了时代精神。中央要求，培育和践行社会主义核心价值观要从小抓起，从学校抓起，必须融入国民教育全过程，落实到教育教学和管理服务各环节，做到进教材，进课堂，进头脑，形成课堂教学、社会实践、校园文化多位一体的育人平台，不断完善中华优秀传统文化教育，形成爱学习、爱劳动、爱祖国活动的有效形式和长效机制，努力培养德智体美劳全面发展的社会主义建设者和接班人。

在基础教育领域，积极培育和践行社会主义核心价值观，更是一项"为未来奠基"的伟大事业，对于促进人的全面发展，深化教育综合改革，办好

---

① 党的十九大报告。

人民满意的教育，具有重要现实意义和深远历史意义。

下面，就培育和践行社会主义核心价值观与全面推进学校文化建设的关系提出几点认识。

一、学校文化是以社会主义核心价值观为主导的学校精神、风气、制度、行为和环境等要素的集合体

学校的各方面工作都反映着一种文化。学校文化不仅指通常所说的"校园文化"，还应包括学校的精神力文化、执行力文化和形象力文化等全方位的内涵，是一个整体的概念。学校文化是以社会主义核心价值观为主导的学校精神、风气、制度、行为和环境等要素的集合体，是学校在长期办学实践中教育观念、办学品位和办学特色追求的积累与总和。

优秀的学校文化是经过长期积累，一点点融入师生的意识和行为中的，它深刻地影响着和左右着学校的发展，影响一代又一代人的成长。因此，学校文化建设是学校科学发展的根本，是学校持续发展的基石，社会主义核心价值观是决定学校文化建设的性质和方向的最深层次要素，是学校文化建设的灵魂和指南。

应该说，每所学校通过长期的办学实践都有自己的学校文化特色。我在办学实践中历来重视学校文化建设，自1979年倡导并实行的 "学校、家庭、社会三结合教育"，就是从教育改革发展的实际出发，经40多年的实践探索，逐步形成的学校文化特色。我在岳阳道小学任职期间，于2009年11月曾编辑出版了《岳阳道小学学校文化建设纲要》，《纲要》是对多年来进行学校文化建设的概括和提炼。最近，进一步浏览，感到书中的观点仍具有指导作用。

学校文化建设包括精神文化、制度文化、行为文化、物质与环境文化等

多个方面，在教育教学方面，又可包括课程文化、教师文化、教研文化、学生文化、班级文化、校园文化以及与学校有关的其他子文化。学校文化建设与管理应当重视校园文化建设，但是又不能仅仅停留在校园文化建设的水平，而要追求更深层面的文化建设。学校文化管理要以文化这种管理资源去影响、引导教职工、学生和学校的发展。因此，必须自觉进行建设以社会主义核心价值观为灵魂的高品位学校文化。也就是说，要通过继承、创新和整合，使体现社会主义核心价值观要求的学校文化成为学校的强势文化、主导文化。

进行学校文化建设，概括起来，应着力从精神力文化、执行力文化和形象力文化三个方面增强学校核心发展力。

一是精神力文化系统。这是学校文化建设的根本，是学校生存发展的精神支柱，是学校办学的方向盘。因而在精神力文化建设方面，首要的是学校价值观的培育，并在这一准则的指导下形成学校全体成员的行为、心理取向和精神风貌，建立浓郁而有特色的学校精神文化体系。包括办学的核心理念、办学宗旨、校训、校风、教风、学风等。比如逸阳梅江湾国际学校办学的核心理念是"学校、家庭、社会合力育人，和谐互动"。办学宗旨是以"大教育理论"和"终身教育理论"为指导，坚持以学校教育为主导，以家庭教育为基础，以社会教育为依托的学校、家庭、社会三结合教育，学校一以贯之地关注四方面的发展，即学校的科学发展，教师的专业发展，学生的终身发展，社区的和谐发展。遵循"团结、勤奋、求实、创新"的校训；倡导"民主、和谐、文明、健体"的校风；坚持"敬业，爱生，严谨，奉献"的教风；培养"勤学、乐学、善学、互学"的学风。

二是执行力文化系统，即学校的制度文化。这是现代学校文化的内在机制，是现代学校文化建设的保障系统。多年来，学校通过制度文化建设，逐步形成比较完善的执行力文化系统。在突出精神文化建设的同时,重视规章制度体系建设,进行了一系列探索,形成了一套相对完整的制度,把它作为学校管理科学化、规范化、民主化、公开化、长效化培育和践行社会主义核心价值观的重要途径和举措。

三是形象力文化系统,主要是指校园环境的潜移默化的作用。学校环境是学校形象的外部显现,是物化的文化,体现着导向型、科学性、全面性、激励性,它渗透着办学思想、规范和价值观。即按照社会主义核心价值观的要求,创设优化的校园环境。精心设计,让校园的每一个地方会讲话;精心筛选,让每一项内容都育人,使校园环境建设达到净化、绿化、美化、教育化。

学校文化是社会主义核心价值观的具体化,优秀的学校文化是一面旗帜,体现着学校教育的价值追求。逸阳梅江湾国际学校建校以来,延续高举三结合教育文化的旗帜,学校获得了可喜的发展。学校长期坚持的学校、家庭、社会三结合教育文化特色,成为有力推进学校科学发展的宝贵资源,让人人都能找到文化引领的落脚点,处处彰显三结合教育文化的品牌特色。坚持以立德树人为根本任务,以提高教育质量为主线,促进基础教育科学发展,努力办好人民满意的教育。

二、把社会主义核心价值观融入学校文化建设的各个方面,必须做到内化于心,外化于行

习近平总书记指出:要"使社会主义核心价值观内化为人们的精神追求,外化为人们的自觉行动。"习总书记的指示精神为我们提出了把社会主义核心价值观"融入"学校各个领域的标准和方向。我们在把社会主义核心价值观"融入"学校文化建设的各项工作中,必须做到"内化于心,外化于行"。

"内化于心"就是使社会主义核心价值观作用于人的大脑。这就需要

首先做到对社会主义核心价值观的认知、认同，形成信念，成为师生的内心良知、精神追求和价值判断，成为引领学校文化建设的灵魂。社会主义核心价值观进课堂、进教材，关键是进学生头脑，要通过适合学生年龄特点的方式，生动活泼地阐释社会主义核心价值观的内涵，既要让学生了解国家层面确立的价值目标："富强、民主、文明、和谐"，了解社会层面定位的价值取向："自由、平等、公正、法治"，特别是对属于个人层面的"爱国、敬业、诚信、友善"价值准则的养成要求，必须内化于心，增强认同感和归属感。

"外化于行"就是以社会主义核心价值观作为一切行动的准则。要把社会主义核心价值观从根源上和本质上对人的行为产生的一种影响，转化为自觉行动，融入教师的教育教学工作与学生的学习活动之中，使之成为师生日常工作学习生活的基本遵循。"外化于行"既强调行动自觉，又要按照社会主义核心价值观的基本要求，健全学校的各项制度，规范人的外部行为，特别是健全师德规范、学生守则等行为准则，要建立和规范学校礼仪制度，进行中华优秀传统的礼貌、礼节、礼仪的"三礼"教育，传播主流价值，规范自身行为。

教师是教育的根本，是学校向学生进行社会主义核心价值观教育的主体。必须以社会主义核心价值观为引领，大力弘扬高尚师德，坚持师德为上，引导教师立德树人，自树树人，为人师表，不断提升人格修养和学识修养，努力建设一支师德高尚、业务精湛、结构合理、充满活力的教师队伍。要坚持实施师德师风建设工程，完善教师职业道德规范，将师德表现作为教师考核、聘任和评价的首要内容，形成师德师风建设长效机制。引导广大教师自觉增强教书育人的荣誉感和责任感，学为人师、行为世范，做学生健康成长的指导者和引路人。

要使社会主义核心价值观成为全校师生的共同信念，特别是成为行动准则，真正做到"内化于心，外化于行"，绝不是一蹴而就的事，需要学校文化的各子系统全面发力。注意防止出现以下几方面的情况：

一要防止把社会主义核心价值观教育看作只是德育的任务，或者只是德育课程的任务，其他方面则重视不够的现象。

二要防止学校各方面工作在开展社会主义核心价值观教育活动中相互脱节，缺乏统一安排、统筹协调。

三要防止追求活动形式的新颖多样，忽视润物细无声的细致工作。对小学生来说，培育社会主义核心价值观贵在做到"懂、实、近、细"四个字。"懂"就是要学生知道核心价值观是什么，用通俗的语言阐释核心价值观的深刻内涵；"实"就是实实在在，自觉践行，强调从自我做起，从基本规范做起，知道一点做一点，逐步养成习惯；"近"就是从身边小事做起，树立身边应该学习的小榜样，由近及远；"细"就是要从细微处入手，由易到难，勿以善小而不为，勿以恶小而为之。正如《弟子规》中所说的："事虽小，勿擅为；物虽小，勿私藏"。

四要防止只注重说教，忽视实践养成，忽视行为转化。社会主义核心价值观既是精神支柱，又是行动导向。对小学生来说，培育和践行社会主义核心价值观，方式方法很多，而绝不是空洞的说教，不是停滞在口头上，而是很细致、很具体的，又是很生动、很形象的。必须重视加强学生的实践环节，要有落脚点。作为一个人的思想基础和行为指南，人的价值观的形成，非一朝一夕之力，是长期积累、沉淀、升华的过程。在行动中始终遵循核心价值观，比接受、形成价值观更为重要，也更加艰巨。现实生活中，既不乏因缺乏正确的价值观而没有走上正道的例子，也有本来正道直行，却因种种干扰、诱惑而使价值观发生偏移，从而在行为上偏离正轨的情形。因此，培育和践行社会主义核心价值观，必须做到知行统一，需要坚持不懈，久久为功。

三、培育和践行社会主义核心价值观要以完备的学校文化系统建设做保证

培育和践行社会主义核心价值观是一项复杂的社会系统工程，必须与各方面工作有机融合、协调发展。从精神的特有属性和内在规律来看，价值观的形成都是所包含的精神价值与承载这些精神价值的物质基础和传播形态之间的统一。因此，必须不断拓展和完善培育和践行社会主义核心价值观的路径体系，以完备的学校文化系统建设做保证，全方位地加强学校文化建设。

根据基础教育的育人模式，把培育和践行社会主义核心价值观融入学校工作的各个领域，全方位加强学校文化建设，归结起来主要有以下五大路径。

一是加强课程融入。充分发挥课堂主渠道作用，把培育社会主义核心价值观融入教育教学全过程，根据学生的成长特点和认知规律，加强各年级、各学科统筹，努力挖掘学科德育内容，依据课程标准、教学内容和学生的实际情况，设定德育目标，设计相应的教学活动。要深化教学方式改革，努力实现增效减负。要积极开发地方课程和校本课程，充分发挥学校的地域优势和人才优势，从知识与技能、过程与方法、情感态度与价值观等方面进行发掘和细化。

二是加强制度融入。把培育和践行社会主义核心价值观与教育教学管理工作融为一体，强化各项制度建设，规范办学行为，特别是要建立健全师德建设的长效机制，倡导在校训、校风精神指导下建立适合学生年龄特点各具特色的班规。要进一步改革学生品德和学业评价制度，通过多元性、过程性、发展性、导向性和激励性的评价，提升学生思想道德水平。

三是加强实践融入。完善实践教育教学体系，统筹课堂、校园、社团、家庭、社会等实践环节，开发实践课程和活动课程，发挥学校在实践养成方面的主渠道作用，同时给学生留下了解社会、深入思考、动手实践的时间。要加强实践育人基地建设，充分利用学校的各类实践基地以及市、区文化中心、青少年活动中心等各类校外活动场所，科学设计和安排课内外、校内外活动，组织学生参加力所能及、形式多样的志愿者服务和爱心公益活动、益德益智的小发明活动。以清明、"五一"、"六一"、"七一"、"十一"、春节等节庆日为契机，发挥民族传统节日的思想熏陶和文化教育功能，在学生中开展经常性、普及性的以培育和践行社会主义核心价值观为主要内容的主题活动，使之制度化、规范化、长效化。要深化学雷锋志愿服务活动，采取措施推动学雷锋活动常态化，把学雷锋志愿服务活动做到社区、做进家庭，引导广大学生在服务他人、奉献社会中升华对社会主义核心价值观的体验感受和认知理解，增强学生社会责任感。

四是加强环境融入。营造和谐健康的校园文化氛围，创建生态校园、文明校园、书香校园，利用纪念日、重大时事等契机，有针对性地、丰富多彩、生动活泼地开展专题教育，利用当地历史文化、革命传统等资源，不断拓展校园文化建设的渠道和空间，将体现核心价值的良好校风、班风、学风融入校园文化建设全过程。要充分发挥校园网络的引导作用，适应互联网快速发展的形势，扎实推进社会主义核心价值观教育进网络工作，有针对性开展线上线下相结合的多种形式教育活动。

五是加强家教融入。进一步完善家校合作机制，发挥家教在培育社会主义核心价值观的基础作用。家庭在中国社会具有重要的地位与作用，在文化传承与道德教育、人格培养方面更是担负着重要的责任。家风、家规是核心价值观的具体化、微观化。家教不仅是以言教训，而且是家长以身作则，身教重于言教，成人率先垂范。要不断完善家庭教育与学校教育、社会教育的合作关系，从而以长效机制推动家风、家规建设，以良好的家风家教弘扬社会主义核心价值观。反映在家庭教育中，要努力营造孝老爱亲的环境，助人为乐、甘于奉献的情操、实事求是的作风，立志成才的精神。儿童少年在家庭里受到良好的家风、家规的影响，有了好品质，就具有了较高的文明素质，自然就会在社会生活中乐善合群，以自由、平等、诚信、友善的态度去对待别人，才会自觉遵守社会的法治和正义。

学校长期坚持实施的学校、家庭、社会三结合教育文化在培育和践行社会主义核心价值观方面具有强大的优势。多年来，创建了比较完善的三结合德育体系，有三百多名校外辅导员、几十处校外实践基地，不断创新德育课教学，在各门课程中推动社会主义核心价值观进教材、进课堂、进学生头脑。完善学校、家庭、社会三结合的教育网络，引导广大家庭和社会各方面主动配合学校教育，以良好的家庭氛围和社会风气巩固学校教育成果，形成家庭、社会与学校携手育人的强大合力。我们将进一步探索用社会主义核心价值观推进现代学校文化的完善，实现培育和践行社会主义核心价值观的经常化、长效化，使社会主义核心价值观焕发出强大的感召力、凝聚力、驱动力，形成全校师生共同的理想信念、强大的精神力量、基本的道德规范，以社会主义核心价值观为灵魂，让三结合教育文化的旗帜永远高高飘扬。

五育并举 合力育人

——坚持40年实施三结合教育的基本经验

本文写于2019年，曾在天津市中小学推广"三结合教育"
40周年经验座谈会上作交流发言

2019年是中华人民共和国成立70周年，是全面建成小康社会、实现第一个百年奋斗目标的关键之年，是深入贯彻落实2018年全国教育大会精神和实现《中国教育现代化（2035）》宏伟目标的开局之年。2019年，也是我踏上教育工作岗位并在小学连续工作的67周年，在办学实践中坚持实施"学校、家庭、社会三结合教育"的40周年。

2019年，市委教育工委、市教委、市关心下一代工作委员会、和平区委、和平区政府、
和平区教育局隆重召开，天津市中小学推广"三结合教育"40周年经验座谈会

在这重要的历史节点，在新时代新的起点上，在实施三结合教育40周年之际，为了更好地继往开来，继续奋力前行，我们要以习近平新时代中国特色社会主义思想为指引，认真回顾实施三结合教育40年的历程，总结取得的成果和基本经验，进一步深入学习贯彻党的教育方针和政策，为推进三结合教育深入发展和创新完善提供精神动力。我们要在党的领导下，奋发进取，在新时代进一步把三结合教育更好地推向前进，办好更高质量的人民满意的教育，学校、家庭、社会合力培养德智体美劳全面发展的社会主义事业建设者和接班人。

中共市委常委、教育工委书记于立军出席并讲话

天津市关心下一代工作委员会主任邢元敏出席，时任副市长曹小红主持会议

一、坚持实施三结合教育40年的奋斗历程

中华人民共和国成立的70周年，成就辉煌，使我国人民从站起来到富起来、强起来。特别是改革开放41年来，我们党团结带领全国各族人民披荆斩棘、砥砺前行，创造了人类社会发展史上惊天动地的发展奇迹，绘就了一幅史无前例、波澜壮阔的历史画卷，整个国家在经济、社会等各方面发生了巨变。中国教育在不断改革创新中，也发生了历史性的变革和发展。在办学实践中，倡导实施"学校、家庭、社会三结合教育"，正是伴随着我国改革开放的步伐开始前行并深入展开的。坚持实施三结合教育40周年，同样收获很多。

天津市关工委副主任苟利军讲话

天津市逸阳梅江湾国际学校理事长王希萍

时任和平区人民政府副区长孟冬梅发言

天津市逸阳梅江湾国际学校校长杨乃容发言

天津市教育科学研究院研究员王毓珣教授发言

40年，在历史长河中只不过是短暂的一瞬，而对推行三结合教育的具体实施者来说，坚持40年不断前行，却是漫长的艰辛奋斗过程，必须保持一种"坚定信念，不忘初心，锲而不舍，砥砺前行"的精神才可能坚持下来。

回顾40年实施三结合教育的历程我深切地感到，在基础教育阶段走三结合教育之路，是贯彻党的教育方针，实践"立德树人"根本任务的一条必由之路。通过认真学习党和国家的教育方针政策，学习相关的教育理论和长期的教育实践，我们更深刻地体会到实施三结合教育的正确性，感受到实施三结合教育的重要性，逐步认识到实施三结合教育的规律性，从而更坚定了实施三结合教育的"历史耐力"和"战略定力"。

1978年12月18日召开的党的十一届三中全会，实现了中华人民共和国成立以来党的历史上具有深远意义的伟大转折，开启了改革开放和社会主义现代化的伟大征程。习近平总书记在庆祝改革开放40周年大会上的讲话中指出："改革开放是我们党的一次伟大觉醒，正是这个伟大觉醒孕育了我们党从理论到实践的伟大创造。改革开放是中国人民和中华民族发展史上一次伟大革命，正是这个伟大革命推动了中国特色社会主义事业的伟大飞跃！"改革开放牵动着经济社会各个领域的改革发展，也迎来了教育改革的春天。

在改革开放初期，面对教育领域存在的若干弊端，面对在办学实践中诸多问题，如教育脱离社会、脱离实际，教育质量不高，教育管理制度不健全，社会道德面貌存在的问题影响青少年的身心健康，严重地阻碍着青少年学生的全面发展。而教育领域存在的问题如果只靠学校单方面努力是难以解决的，必须依靠广大的学生家长、依靠整个社会的广泛支持和相互配合来共同解决。只有学校、家庭、社会三支力量相互配合，才能使学生获得全面发展。在改革开放新形势的催动下，根据党的教育方针，于1979年末，我明确地提出要在办学中实施"学校教育、家庭教育、社会教育三结合"，并成立了由对口支援学校的企事业单位、社区组织、学生家长代表组成的"学校、家庭、社会三结合教育委员会"，拟定了《三结合教育委员会章程》，开始了实施三结合教育的实践探索。

回顾坚持实施三结合教育40年的历程，是伴随着我国改革开放，特别是教育改革与发展步伐与时俱进的过程。在这个过程中，总体上可以分为两个大的阶段。第一个阶段是从1979年在岳阳道小学任职期间，正式提出实施三结合教育到不断实践、探索、改进和逐步完善的28年；第二个阶段是从2007年创建逸阳梅江湾国际学校至今，在民办学校创新发展三结合教育的12年。

在第一个阶段，头十年主要是组建和逐步壮大了三结合教育队伍，制定组织制度，根据党的教育方针和教育改革的有关规定，有计划地开展三结合教育的实践活动。1989年，较全面地总结了学校10年来实施三结合教育的基本做法和体会，并根据国家教委的安排，承担了在中国教育卫星电视台进行"三结合教育管理经验"的专题讲座任务，三结合教育经验得到了社会和同行的认可。

到20世纪90年代，三结合教育进入了逐步深化发展阶段。1991年，天津市教育科学规划指导小组办公室正式批准，将岳阳道小学所进行的"学校、家庭、社会教育一体化体制研究"列为"八五"期间天津市教育科学重点研究课题，使三结合教育从主要是加强学生德育转向"如何促进全面实施素质教育"的探索，从主要是依靠社会各方面力量支持教育，转向对"建构学校、家庭、社会教育一体化体制"的研究探索，使三结合教育在起步阶段的基础上迈向了逐步深化的发展阶段。1994年，完成了天津市教育科学"八五"规划重点课题"学校、家庭、社会教育一体化体制的研究"，由天津人民出版社出版了《为了明天——岳阳道小学三结合教育的理论与实践》一书，书中对三结合教育的由来与发展、三结合教育的理论构想、三结合教育与学校整体改革、社会参与办学、促进家庭教育科学化、建立学校、家庭、社会教育一体化的新体制等几个方面进行了概括。

随着教育改革的深化，在世纪交替的重要时刻，进一步思考以"大教育"的视野，迎接21世纪的挑战，如何构建适应新形势需要的"21世纪大教育"，推进学校、家庭、社会三结合教育深入发展。1999年6月，党中央、国务院召开全国教育工作会议，根据《中共中央国务院关于深化教育改革全面推进素质教育的决定》精神，努力提高学校管理的科学性、开放性、整体性和效益性，对三结合教育进一步完善，实施全面素质教育，为学生的全面和谐发展创造良好的学校、家庭、社会环境，努力培养一支符合时代要求的政治、业务素质较高、结构合理的现代教师队伍。1999年，完成了天津市教

1999年11月15日天津市教育局、和平区人民政府联合召开推广三结合教育经验大会，庆祝三结合教育实施20周年

育科学"九五"规划重点
课题"面向21世纪大教育
整体改革的研究",总结
提出了"积极构建全面实
施素质教育的多元参与互
动教育模式"的研究报
告。这一研究成果,进一
步深化了对三结合教育的

时任中共市委常委、市教卫工委书记邢元敏讲话

理性认识,完善了多元参与互动教育模式,基本构建了"目标一致,内容衔
接,功能互补,和谐互动"的运行框架,推进了办学水平的全面提高。在实
践研究的基础上,出版了《托起明天的太阳》一书,书中收录了师生、家长
和社会各界人士在三结合教育实践中的感人故事。《人民教育》杂志1999年
第11期刊登了题为《共同托起明天的太阳——天津市岳阳道小学学校、家
庭、社会三结合实施素质教育》的长篇纪实报道。1999年11月15日,天津市
教育局和和平区政府在天津大礼堂联合召开推广岳阳道小学三结合教育经验
大会,并下发了《关于在全市中小学推广岳阳道小学学校、家庭、社会三结
合实施素质教育经验的决定》。《决定》号召:"要在全市中小学推广岳阳
道小学三结合实施素质教育的经验,学习他们勇于创新的精神,开拓进取的
精神和坚持改革实践的精神,建立学校、家庭、社会三位一体的有效管理机
制,使学校教育、家庭教育和社会教育密切配合,形成合力,共同开创我市
中小学素质教育的新局面。"经过20年的努力,三结合教育在实践和理论上
都有新的提升,而且在天津市教育行政部门的推动下,进一步得到了推广。

进入21世纪,根据中央关于进行教育创新的指示精神,从2002年暑期开
始,岳阳道小学作为基础教育课程改革实验区的基层试点学校,把搞好课程改

革作为学校实施素质教育，深化教育改革的核心内容。教师们在多年来进行教育改革取得一定成绩的基础上，积极进行新课程改革实验。在实践中，充分发挥三结合教育的优势，组织教师系统学习新课程理念，聚焦课堂教学，积极探索新的教学方式，指导学生变革学习方式，积极开展校本教研，推进高效教学，使课堂教学面貌发生了许多新的变化，教育教学质量和效益不断得到新的提高。2004年2月中共中央国务院发布了《关于进一步加强和改进未成年人思想道德建设的若干意见》，为中小学进一步加强和改进德育工作指明了方向。《若干意见》指出："要建立健全学校、家庭、社会相结合的未成年人思想道德教育体系，使学校教育、家庭教育和社会教育相互配合，相互促进。"同年5月21日，中共中央政治局常委李长春到岳阳道小学视察，听取了师生的汇报，仔细观看了学生们在学校进行的各项活动。李长春在视察中进一步指出："学校、家庭、社会是进行未成年人思想道德建设的三个重要环节，岳阳道小学的实践证明，只有建立和巩固以学校为龙头，学校、社区、家庭三结合的教育网络，动员和组织全社会的力量积极参与，才能把未成年人思想道德建设真正落到实处，抓出成效。"同年6月，由中共中央宣传部、全国文明委主办的未成年人思想道德建设经验交流会在天津召开，与会的中宣部和全国文明委的领导到岳阳道小学视察，再一次强调建立健全学校、家庭、社会三位一体未成年人思想道德建设网络，对推进青少年思想道德建设具有十分重要的作用，各地要积极借鉴这一成功经验。

从2003年下半年开始，岳阳道小学校作为全国教育科学"十五"规划重点课题《基础教育阶段现代学校制度建设的理论与实践研究——社区、家庭、学校互动机制的探索》子课题承担单位，被确定为总课题组第一批六所直属"现代学校制度建设实验校"之一。根据总课题组和和平区现代

微信扫码看视频

三结合教育
40年纪实

学校制度建设实验研究课题组的安排要求，学校在进一步总结三结合教育已经形成的经验基础上，进一步重点开展了"构建与师生和谐共进的三结合教育文化"研究，新的课题研究，为建立现代学校制度的探索研究提供了重要的实践依据。2005年6月，由天津教育科学研究院院长张武升等主编的《王希萍与三结合教育》一书由天津人民出版社出版，该书系统总结了岳阳道小学实施三结合教育实践探索和理论研究的成果，对三结合教育思想进行了比较全面的概括，标志着三结合教育经过近30年的与时俱进连续不断的实践、研究，已经从经验升华为科学，反映了三结合教育的系统理论性、显著实践性和反复验证性，使三结合教育的丰富经验和理论体系得以在更广泛的范围传播。

　　2010年初，为庆祝实施三结合教育30周年，我进一步系统总结了实施三结合教育的经验，并出版了纪念专集。30年来，适应形势发展，在办学实践中坚持实施三结合教育，进行了多方面的实践行动及研究探索。归纳起来主要是：明确最核心的理念——学校、家庭、社会合力育人、和谐互动；抓住最突出的重心——未成年人思想道德建设；聚焦最关键的领域——课程与课堂；变革最基本的环节——教与学；握紧最重要的部位——教师专业发展；做实最基本的工作——健全制度机制建设；弘扬最高远的境界——积淀学校文化。在内涵发展中，坚持做到"重德育，强队伍，优课堂，建文化，创特色"，岳阳道小学先后获得全国儿童少年工作先进集体、全国中小

王希萍与三结合教育
——一切为了未成年人的健康成长
张武升　虎学光　刘天锁　主编

2005年6月天津教育科学研究院与学校合作由天津人民出版社出版著作《王希萍与三结合教育》

2009年天津市教委、和平区人民政府共同主办庆祝三结合教育实施30周年大会

时任中共天津市委常委、教育工委书记苟利军出席大会并讲话

学德育工作先进集体、全国教育系统先进集体、全国五一劳动奖章获得者、全国家庭教育工作先进集体、全国优秀家长学校等23项国家级荣誉称号和95项省市级荣誉称号。并成为多家教育科学研究部门和学术团体的实验基地。

第二个阶段，是从2007年至今，三结合教育在民办教育领域进一步深入实施并从多方面予以创新。

在2007年5月，经天津市教育委员会批准，在和平区建立了一所全日制民办小学——天津市逸阳梅江湾国际学校，组织信任，委派我承担举办和平区唯一一个民办小学，经理事会推荐由我担任学校理事会理事长，在办学实践中我仍继续坚持实施三结合教育，使三结合教育进入根据民办学校的特点创新发展的新阶段。

民办教育是我国教育事业发展的一个组成部分。《国家中长期改革和发展规划纲要》第十四章第四十三条写道："大力支持民办教育。民办教育是教育事业发展的重要增长点和促进教育改革的重要力量。"我国《民办教育促进法》规定："民办教育事业属于公益性事业，是社会主义教育事业的组成部分。国家对民办教育实行积极鼓励、大力支持、正确引导、依法管理的方针。"努力办好民办学校，对于全面促进教育事业发展、深化教育领域综合改革、构建公办、民办教育共同发展的办学格局，加快推进教育现代化，满足人民群众日益增长的多样化教育需求和经济社会发展需要，具有重要而深远的意义。但是，如何办好民办小学，对于我和学校的干部教师来说是一个新的课题，必须通过实践深入探索；在民办小学如何进一步实施好三结合教育，继续走好三结合教育之路，进一步实现三结合教育的创新，也同样需要认真探索。

三结合教育团队认真学习《民办教育促进法》和中共中央、国务院颁布的《国家中长期教育改革和发展规划纲要（2010—2020年）》中对民办教育改革发展提出的新要求，大家认识到，举办民办学校最根本的目的就是为了满足人民群众日益增长的多样化教育需求和经济社会发展的需要，满足人民群众对更高质量教育的需求，更好地实现"立德树人"的根本任务。长期坚持实施三结合教育所形成的根本指导思想和核心理念——"合力育人，和谐互动"，无论是在公办学校还是在民办学校是完全一致的。但是，民办学校在学校性质、运行机制等方面发生了不同于公办学校的新情况。一是学生家长和社会对民办学校教育质量的期望值更高，对学校的设施设备和办学水平要求更严格。二是我国的相关法律法规赋予民办学校所具有的自主性和灵活性，更好地适应了人民群众接受多种教育选择的需求，为民办学校创造符合我国国情的教改新经验提供了更大空间。三是民办学校广大学生家长总体上道德素养和文化水平较高，对学校教育教学的改革举措和质量有较高的关注度，对学校各方面工作能给予支持，支持学校实施的"三结合教育"，重视家校合作。四是民办学校教师队伍总体上比较年轻，自聘教师占有一定比例，教师学历层次较高，教育改革的愿望比较强烈，接受新事物比较快。对实施三结合教育的理念、举措还有待于在实践中逐步确立和细化。

面对这些具体情况，学校在制定发展规划、确立改革措施，特别是在如何深化三结合教育方面都精心策划，扎实工作，把提高教育质量作为学校发展的根本生命线，充分利用民办学校的灵活机制，努力办出特色。在继续实施三结合教育的过程中，既一以贯之地坚持三结合教育"合力育人，和谐互动"的核心理念，又根据民办学校的办学性质特点，以新发展理念引领三结合教育创新发展，不断推进理念、制度、体制、运行机制、教育教学工作、教师培养、家校合作、校园文化以及教育科研等各方面的不断创新，赋予新的内涵，融入更多创新的元素，一步一个脚印地探索前行。

逸阳梅江湾国际学校建校12年来，实施三结合教育没有停步，坚持走三结合教育创新之路。归结起来，主要在以下几个方面实现了创新。

1.理念的创新。

多年的三结合教育实践说明，走三结合教育之路是现代教育理念的具体体现。坚持不懈地实施三结合教育，必须从我国的具体国情和教育发展与改革的实际情况出发，适应国际教育改革的大趋势，始终坚持以党的教育方针和关于教育改革和发展的重要决策为依据，坚持以社会主义核心价值观为指导，更新教育观念，扎实推进素质教育，牢牢把握教育为人民服务、为社会主义现代化建设服务的正确方向。

在党的十八届五中全会上，习近平总书记系统论述了创新、协调、绿色、开放、共享"五大发展理念"。坚持新发展理念，是新时代坚持和发展中国特色社会主义的基本方略之一，坚持新发展理念，实现更高质量、更有效率、更加公平、更可持续的发展，有利于解决发展不平衡不充分问题，满足人民日益增长的美好生活需要，是解决我国新时代社会主要矛盾的必由之路。"创新、协调、绿色、开放、共享"的发展理念，是管全局、管根本、管长远的导向，具有战略性、纲领性、引领性。新发展理念，深刻揭示了实现更高质量、更有效率、更加公平、更可持续发展的根本要义，是关系我国发展全局的一场深刻变革。新发展理念不仅指引国家的经济发展，同时应成为其他各个领域的普遍实践。

习近平总书记提出的新发展理念，回应了一系列重大问题，体现了目标导向和问题导向。创新、协调、绿色、开放、共享的"五大发展理念"是实现既定发展目标，解决发展难题，厚植发展优势的理论指南，为我们指明了在基础教育阶段实施三结合教育的发展思路、发展方向和发展着力点，我们不仅要从多视角深入理解、准确把握其科学内涵和实践要求，还要进一步增强以新发展理念指导三结合教育实践的自觉性和坚定性。进一步深化实施三结合教育必须坚持这五大发展理念。只有真正遵照习近平总书记所要求的"崇尚创新、注重协调、倡导绿色、厚植开放、推进共享",发展三结合教育的行动就有了遵循、有了目标、有了方向。

2.管理机制的创新。

根据新修订的《民办教育促进法》关于"民办学校应当设立学校理事会、董事会或者其他形式的决策机构并建立相应的监督机制"的规定,学校设立了理事会,理事长为法定代表人。按照规定,校长负责学校的教育教学和行政管理工作,执行学校理事会的决定,实施发展规划,拟订年度工作计划、财务预算和学校规章制度等。学校还依法通过以教师为主体的教职工代表大会制度,保障教职工参与民主管理和监督。同时,进一步健全了三结合教育委员会,吸收热心于民办教育的各界人士充实了三结合教育委员会委员队伍。创建了在理事会决策、党支部促导、校长负责、三结合教育委员会协调、教代会民主管理、劳模创新工作室引领的"六位一体"管理机制,为学校的可持续发展提供了坚强有力的支撑。

根据新修订的《民办教育促进法》关于"进一步加强民办学校党的建设"的规定,要求"民办学校中的中国共产党基层组织按照党章开展党的活动,发挥党组织的政治核心作用,确保民办学校始终坚持社会主义办学方向。"在上级党委领导下,学校党支部有计划地开展党的活动并切实抓好党的政治建设、思想建设、队伍建设、作风建设、组织建设、纪律建设和制度建设。要求党员以"政治方向对头、政治原则坚定、政治路线正确"来统一意志、凝聚力量,坚定理想信念,坚守共产党人的精神追求,坚守对马克思主义、对社会主义和共产主义的信念,党支部认真贯彻落实党的路线方针政策和决策部署,充分发挥政治核心和战斗堡垒作用,更好地保证监督党的教育方针的贯彻落实,保证教育、教学、科研、管理各项任务的完成。2019年

9月6日成立了学校党总支委员会，党总支要求全体党员以此为契机，进一步发挥先锋模范作用，坚持做到一名党员一面旗帜，凝心聚力，为办好人民满意的教育做出更大的贡献。

在这一管理机制下，调整充实了三结合教育委员会。现有包括社会各界人士参加的三结合教育委员会委员共300余人，三结合教育委员会设置的革命传统教育部、思想品德教育部、科技劳动教育部、文化艺术教育部、家庭教育部、教育科研部和家长委员会进一步明确各自职能，社会各界、学生家长从多方面为学校的发展献计献策，进一步发挥了三结合教育委员会委员们的"整合教育资源、合力教育学生、监督教育管理、助推教师成长，保证和谐互动"的功能。

2015年，天津市总工会通过评选，在逸阳梅江湾国际学校建立了"劳模创新工作室"，并成为全市十佳劳模创新工作室之一。2017年11月，经天津市总工会推荐，中华全国总工会批准命名为"全国示范性劳模和工匠人才创新工作室"。工作室的建立，成为引领学校发展，践行社会主义核心价值观，提高办学水平，办好人民满意的教育，凝聚培养教育人才，促进学校民主决策的平台。对我个人来说，将决心遵照习近平总书记关于发扬"新时代的劳模精神"的教导，始终不渝地发扬"爱岗敬业、争创一流，艰苦奋斗、勇于创新，淡泊名利、甘于奉献"的精神，以对职业、对社会、对国家的道德感、责任感和使命感，用真情凝聚人心，用实干激励人心，用先进思想鼓舞人心，努力服务于社会、服务于人民，在奉献中实现自己的人生价值。

3.落实"立德树人"根本任务，在育人模式上的创新。

国家《"十三五"教育发展规划》提出，"坚持立德树人。把立德树人作为教育的根本任务。为落实"立德树人"的根本任务，学校充分发挥三结合教育的优势，积极开展培育和践行社会主义核心价值观的教育活动，进一步协调处理好三结合教育发展中的重大关系，促进学校教育、家庭教育、社会教育三方面在培育社会主义核心价值观方面的协调配合；促进核心价值观教育、知识教育、体育、美育、劳动教育等方面的协调发展，提升学生的全面素养。2014年4月，天津市三结合教育研究所专门主办了"培育和践行社会主义核心价值观，学校、家庭、社会携手奠基未来"专题研讨会，就在少年儿童中培育和践行社会主义核心价值观的认识、做法进行了深入的研讨。北京师范大学资深教授、中国教育学会名誉会长顾明远到会作了专题报告，师生代表、三结合教育委员会委员、学生家长、专家学者作了发言。通过研讨进一步明确了必须把社会主义核心价值观融入学校工作的各个方面，做到内化于心，外化于行。

教育部印发的《关于全面深化课程改革落实立德树人根本任务的意见》中，提出了培养学生"核心素养"的要求。"核心素养"深入回答了"立什么德，树什么人"的问题。这与长期推进的素质教育基本理念是相同的，都是要求我们办教育最关键的是关注学生的发展，形成理想的、高水平的素质或素养。为了实现这一目标，学校把培育和践行社会主义核心价值观与各方面工作有机融合，加强课程融入、制度融入、实践融入、环境融入和家庭融入，采取了一系列有效措施。学校持续开展"传递文明礼仪，争做有道德小公民"活动，持续进行"爱学习、爱劳动、爱祖国"的三爱教育，强化实践体检，教师和校外辅导员密切配合，精心设计活动课程和素质拓展课程，尽可能体现课程内容的时代性、主体性、自主性、创造性和趣味性。学校邀请校外辅导员、园艺大师、菊花状元、全国劳动模范叶家良对学生进行"热爱劳动、热爱劳动人民、热爱劳动成果"的教育。邀请新时代楷模孔祥瑞、国家改革先锋奖章获得者、创新型一线劳动者的优秀代表张黎明、全国劳动模范、全国五一劳动奖章获得者、优秀共产党员、党的十八大、十九大代表徐文华到校宣讲先进事迹，对学生进行热爱劳动、爱国奋斗的教育。他们的讲课生动形象，学生们非常喜欢，也更受益。在校外建立的40多个教育实践基地中，教师和校外辅导员带领学生有计划地开展丰富多彩的实践活动，在社会大课堂中，使学生受到生动形象的革命传统教育。

一年一度的"百灵鸟歌会"是学生们快乐的节日，学生们以雄壮优雅的歌曲、优美动听的童声"承载传统美德，唱响锦绣中华"，用歌声唱出对伟大祖国的热爱，唱出心中的榜样，把社会主义核心价值观融入生动丰富的演唱之中，内化为学生的精神追求，展示了中华少年的风采和学校艺术教育的成果。

学生的体育、文艺活动丰富多彩。学校依靠社会力量，与市体育局、和平区运动学校共同建立了包括体操、射击、击剑等特色项目的市级优秀体育人才培训基地。2018年，在和平区中小学田径运动会上获团体总分第一名。每一学年全校都有近500名学生参加各种类型的文艺展演，曾在合唱、校园时尚舞、键盘合奏中获得和平区文艺展演一等奖，在和平区第29届校园美展中获一等奖，和平区首届中小学生经典诵读大赛一等奖，由教师辅导创作的画作《我们的节日》入选第二届京津冀非遗联展。2017年8月7日，全国国际象棋协会等多家单位在深圳举办的"国际象棋与教育"校长论坛会上，学校被命名为国家级"国际象棋特色学校"。

著名播音艺术家关山，
进行"弘扬优秀文化　传承红色基因"开学第一课

在校园文化建设中，学校落实教育部关于《完善中华优秀传统文化教育指导纲要》精神，开展"学国学　诵经典　做中华文化传人"的读书活动，请著名播音艺术家关山进行"弘扬优秀文化，传承红色基因"的开学第一课，把打造"书香校园"读书活动与培育和践行社会主义核心价值观教育、继承弘扬中华优秀传统文化相结合。重点开展了"读经典悟道，行文明礼仪"活动，通过读经典、做好晨读和完成国学作业、在家中力所能及地帮父母做一两件事、持续开展"我们的节日"等活动，弘扬优秀传统文化教育，明理励志，积累传统文化知识，增强民族自豪感。

4.教师队伍建设的创新。

根据民办学校教师队伍的特点，学校更加重视教师队伍建设特别是青年教师的培养。习近平总书记在2018年全国教育大会上强调，"教师是人类灵魂的工程师，是人类文明的传承者，承载着传播知识、传播思想、传播真理，塑造灵魂、塑造生命、塑造新人的时代重任。"中共中央、国务院《关于全面深化新时代教师队伍建设改革的意见》中指出："兴国必先强师。"遵照习近平总书记关于"教师要做学生锤炼品格的引路人、学习知识的引路人、创新思维的引路人、奉献祖国的引路人"的要求，着重从师德师风方面提出严格要求，引导教师树立坚定的理想信念，自觉地坚持对社会主义核心价值观的认同，并使之成为自己教育行为的基本遵循，同时强调以"立德树人"为目标，突出"师德为先，能力为重"，强化自身的道德修养，处处以身作则，率先垂范，为学生树立人格标杆和道德典范。学校要求教师秉持严格的师道，坚守崇高的师德，每一位教师都要忠诚于党的教育事业，树立高尚的道德情操和精神追求，自尊自励，刻苦钻研，用真理、真言、真行教化学生，用真情、真心、真诚感化学生，努力成为受学生爱戴、让人民满意的好教师。学校邀请全国道德模范、天津师范大学退休干部王辅成为教师们做关于树立正确的人生观、价值观、世界观的专题报告，引导教师做到"学为人师，行为世范"。学校根据教师职业道德规范的要求，建立和完善了有关的规章制度，特别是有关教师职业道德行为的管理和评价制度，激发教师热爱工作、无私奉献的责任感，为教师积极营造和逐步优化教育生涯的环境，使每位教师在良好的校风中，做到精神上的熏陶和行为上的规制，在教育工作实践中成长、成熟，做社会主义核心价值观的带头践行者和传播者。

学校进一步完善教师学习制度，加大学习力度，促进教师专业成长。请天津师范大学教授、天津教科院研究员、文化和科技领域的专家为教师进行教育教学改革的专题讲座、现代教育技术的专题培训、教育科研的专题辅导，提高教师的专业化水平，着力提升教师的课程开发力、教学实施力、教育科研力。在青年教师的培养工作中，加大培训力度，根据制定的教师培训五年规划、年度计划以及个人专业成长计划，严要求，抓落实，促转变，看进步。与此同时，学校还重视对班主任队伍和自聘教师的培养，对他们在师德、教育教学、岗位责任等方面进行培训。2018年，组织227名青年教师到境外或国内各地进行专业培训。各年级组也积极发挥团队优势，在年级组长、学科组长的帮助下，一批年轻教师较快地适应了学校的生活，胜任了承担的工作，以饱满的精神状态投入到教育教学工作之中。近三年来，有50位教师的论文在全国、市级获奖，在各级各类比赛课、论坛赛、微课、白板课中有400多节课获奖。

5.深化教学领域改革，在课堂教学模式上的创新。

深化教学领域的改革，创新课堂教学是学校长期的工作重心。在深化教学领域改革方面，学校强调必须进一步加强学科教学的育人功能，全面落实以学生的学习为本的教育理念，将教育教学的行为统一到育人目标上来。要求教师在课堂上主要是教会学生学习，学生的主要使命则是学会学习和自主学习。同时，在发挥各学科独特育人功能的基础上，要求充分发挥学科间综合育人功能，将相关学科的教育内容有机整合，提高学生综合分析问题、解决问题能力。要求充分利用现代信息技术手段，改进教学方式，从教授模式走向导学模式，从教材走向学材，从教案走向学案，建立"课前预习、课中导学、课后延学"的学本课堂教学模式。同时，充分发挥三结合教育实践基地的育人养成功能，探索把课堂教学与社区服务、社会实践相结合的途径和方法，切实加强教学的实践环节，强化教学的实践育人功能，培养学生乐学、勤学、善学、互学的学风。要求各科教师对学生德智体美劳全面发展总体要求和社会主义核心价值观的有关内容具体化、细化，转化为具体的品格和能力要求，进而融合到各学科，体现在学生身上的综合素质提升，把课堂教学作为培养学生核心素养的主渠道。

随着课程改革不断深入，学校建立了创课教室，为学生提供了多种校本课程，如剪纸、美丽的五大道、逸阳英语等，逐步形成校本课程体系。三结合教育委员会的专家们分别带来了依法执教、翻转课堂、先学后教、在线学习、教育科研、信息技术等一系列培训，给教师们带来了全新的理念，传递教育改革前沿信息，促进教师向着"会学习、会思考、会教授"的一专多能方向迈进。课堂教学模式的创新，调动了学生自主探究式学习，为学生创设了有利于发展的开放式教学情境，在各科教学中倡导"学思做创"和"自主、合作、探究"的学习方式，通过教学时空的拓展变换，教学评价方法的多元化，为学生营造一种开放的学习空间。在教师们参加全国以及市区级各项教学竞赛中取得多项优秀成绩的同时，学校十分注意教师常态课的教学质量，认为常态课质量的优劣，是决定每位教师总体教学质量的关键。学校多次派出骨干教师赴北京、上海、广州、成都、内蒙古等地学习先进的教学经验，他们将新的理念和经验带回到学校，辐射到全体教师。学校还邀请天津市教育科学研究院研究员、天津师范大学教授和市、区教研室教研员为教师们进行辅导讲座，讲解如何撰写微课题、论文的方法，在专家的辅导下，健全了"教研室——学校——教研组长——教师"四级教研工作管理模式。

6.在加强家校合作方面的创新。

习近平总书记指出："家庭是社会的基本细胞，是人生的第一所学校。不论时代发生多大变化，不论生活格局发生多大变化，我们都要重视家庭建设，注重家庭、注重家教、注重家风。"①2016年12月12日，习近平总书记在接见全国文明家庭代表时，再次重申家庭和家庭教育的重要性，指出："家庭是社会的细胞。家庭和睦则社会安定，家庭幸福则社会祥和，家庭文明则社会文明。我们要认识到，千家万户都好，国家才能好，民族才能好。"遵照习近平总书记的指示精神，学校高度重视学生的家庭教育，认真贯彻全国妇联、教育部等九部委《关于指导推进家庭教育的五年规划》要求，准确把握家庭教育核心内容，针对民小学校学生家庭的新特点，积极发挥学校对家庭教育的指导作用，不断提高家庭教育的水平。2017年1月举行的三结合教育联席会，以"创新三结合教育，家校共育未来"为主题，对如何提升家庭教育科学化水平进行了深入研讨，对6个年级64个班级的312名优秀家长进行了表彰。建校12年来，学校坚持举办家长学校、健全学校、年级和班级家委会、实施家长开放日、开展家庭教育论坛、家长咨询、总结传播优良的家教经验、表彰优秀家长等制度。作为民办学校，随着办学性质的转变，家庭将越来越多地进行教育上的选择与参与，加强家校合作，实现学校、家庭、社会三方面合力育人，重视协调和整合影响学生发展的各种力量，协调好校内和校外的关系制度安排，构建"学校、家庭、社会教育共同体"，将成为办好优质教育的必然要

---

① 习近平总书记在2015年春节团拜会上的讲话。

求，也是实现"立德树人"根本任务的必然选择。

学校把建设优良家风作为家长学校的重要教学内容，请三结合教育委员会委员开设"家风大讲堂"系列讲座。引导广大学生家长传承中华民族传统美德，不断提高家长自身素质，以身作则、言传身教。通过家长学校的系列授课，广大家长逐步认识到，培养孩子只单纯掌握文化知识，是不能成为一个全面发展的人，决定孩子一生的不单是学习成绩，而是健全的人格素养，人品才是人生最硬的底牌。家长们把"立德树人"作为家庭教育的永恒主题，注重培养孩子的健康人格，从小播种"爱"的种子，有感恩之心，在家庭各种活动中培育和践行社会主义核心价值观。一些学生家长说：我们深刻地感到自己责任的重大，培养教育子女是一个不能重复的系统工程，家长必须跟着孩子一起成长，努力做一个合格的家长，为孩子树立良好的榜样，使孩子的身心得到健康的发展。

随着家庭教育观念的转变，家庭教育水平的提升，广大学生家长积极探索既符合孩子成长规律，又适应时代发展要求的家教方法。许多家长带领孩子参与"关注自闭症儿童，让世界亮起来"活动，利用假期带领孩子走向社会，走进敬老院、儿童福利院，开展"苗苗义工"活动，热心公益，服务社会。在学校关于"书香家庭建设与亲子共读"的倡导下，每个学生家庭都建立了"家庭图书角"，使家庭读书与家风传递同行。在学校开放日，请学生家长进课堂，和孩子一起上课，一起参加班会，与教师座谈、咨询。

办好家长学校是深化家校合作的重要前提。学校为了对家长做好指导服务，请家庭教育专家为家长学校开展系列讲座。每年新一年级的适应教育，开设系列家长学校课程《我们的学校》《家校合作中父母的角色定位》《与孩子一起成长》，介绍学校的办学理念，办学特色。向家长们讲解孩子不同年龄段的表现和成长特点，引导家长准确把握家庭教育的规律性。网络通信的普及，为家校联系沟通提供了更大的方便，校讯通、微信群、学校公众号等成为家校沟通的新载体。

建设好家长委员会，充分发挥家长委员会的作用，是实现家校合作、和谐互动的组织保证。学校建有班级、年级、校级三级家长委员会，家委会的管理纳入学校日常管理。家委会成为学校三结合教育委员会中重要的组成部分，是家校合作的桥梁纽带。家委们代表全体家长实施办学知情权、教育决策咨询权、参与活动权、校务监管权，将广大学生家长参与学校管理，有效地落到实处，为学校实行民主开放办学，创建了坚实的组织保证。每学期开学初，学校召开校级家委会，讨论修订学校工作计划；分别召开班级家委会，讨论制定班级工作计划。每月月末周二召开的班级家委会议，家委们根据学校的重点工作，主动热情地为班级出谋划策，充分发挥家委在家校合作中的作用，已成为每位班主任承担的工作职责，也是对每位班主任专业技能考核的重要内容。

7.在教育科研方面的创新。

建校12年来，在"合力育人"理念支撑下，三结合教育的实践与研究成果是丰硕的。学校坚持实践与理论相结合的原则，对三结合教育的理论与实践进行了许多新的探索，学校承担的"十三五"期间市级重点课题"三结合教育与学校现代化的研究"成果被评为市级"十三五"期间教育科研优秀成果。

2012年，在市教委的关心支持下，经天津市民政局批准成立的"天津市三结合教育研究所"，作为天津市基础教育中唯一的社会研究机构，附设在逸阳梅江湾国际学校，下设课题研究、期刊编辑和宣传培训三个职能部，为进一步深化三结合教育实践与研究，搭建了新的平台。近年来的成果更体现在由三结合教育研究所主办的《三结合教育实践与研究（季刊）》杂志中。杂志发表的诸多文章，系统阐述了三结合教育的内涵与价值，回答了三结合教育最本质和核心的问题；进一步阐明了在实施三结合教育的形势下，如何积极推进学校管理的转型，构建学校、家庭、社会三结合教育和谐互动的运行机制，回答了人们最为关心的怎样按照三结合教育的核心理念建立和谐互动的运行机制问题；阐释了三结合教育中"家校社合作共育"所遵循的理念、原则、内容、载体和渠道。已出版的25期杂志，合计发表文章500余篇，共150万字。曾三次发表了我国资深教育家顾明远教授的文章。还发表了天津市老领导、三结合教育委员会委员中的专家学者和先进模范人物的多篇文章。

学校坚持开展校本研究，以课题研究为龙头，逐步形成了由学校领导、干部、教师人人参与教育科学研究的良好氛围，实现了教学、科研一体化，促进了一支能适应现代化教育要求的反思型、科研型、学习型、智慧型教师队伍的形成。经天津市教育科研规划领导小组办公室批准立项的"十三五"期间重点课题《基于三结合教育，创建民办校品牌的研究》和《发挥三结合教育优势，发展小学生核心素养的研究》等项目研究已取得中期研究成果。

经过多年的实践与研究，三结合教育已经形成一个较为完整的理论体系。由天津人民出版社出版、天津教科院研究人员与学校的干部教师共同撰写的系统地阐释三结合教育的专著《王希萍与三结合教育》具体地体现了从学生发展到学校发展的成就，同时体现了较为系统的理论成果。包括以学生为本的教育观、立德树人的发展观、突出实践体验的学习观、三维立体的课程观、自树树人的教师观、开放民主的管理观等。2019年由天津教育出版社出版、天津教科院研究人员与学校干部教师合写的《三结合教育理论与实践——王希萍教育思想研究》，进一步深化了三结合教育理论与实践研究。

8.在校园文化建设方面的创新。

努力营造平安和谐校园，搞好学校文化建设是学校长期的重要任务。从发展深化三结合教育的视角看，校园的环境建设对应着用绿色发展理念引领生命教育与生态教育。"绿色"是永续发展的必要条件和人民对美好生活追求的重要体现。目前逸阳梅江湾国际学校的两处校区，地处天津著名的"五大道"核心部位，由优美典雅富含文化底蕴的环境所包围，都是根据小学教育的特点，在教育主管部门和社会各界的支持下全面改造和新建的。位于常德道58号的新教学楼，于2015年9月1日投入使用，建筑面积11000平方米，成为"五大道"上又一道靓丽的风景线。新校舍环境优雅美丽，建有地下风雨操场、多功能厅、图书馆、阅览室、心语室、各类专用教室、创客空间以及教工之家等，为学生全面素质的提高提供了优质的教育资源。学校高度重视由学校建筑和空间构成的学校环境对生活于其中的师生所具有的重要影响力，要求使学校的每一个角落都体现育人价值，体现办学者的育人思想、办学理念，成为环境育人的"立体教科书"，陶冶情操，启迪智慧，充分尊重儿童的特点，使美化生态的校园充满童真童趣，让孩子们每天生活学习在舒心、健康、有文化品位的学校空间和环境中，产生一种发自内心的愉悦感，激发热爱校园、阳光尚美的正能量，促进学生核心素养和正确价值观的形成。

9.在突出开放性、国际性办学特色上的创新。

作为一所民办学校，没有特色就难以立足。办好一所全新的学校，必须坚持"人无我有，人有我优，人优我强，人强我特"。逸阳梅江湾国际学校的最大特色就是在三结合教育理念支撑下的开放性和国际性，并具体地体现在学校教育教学工作的各个方面，其中突出体现为"师生境外研学"。

10多年来，学校有计划地组织学生到境外友好学校"研学"已成为一种传统。社会发展的新趋势充分表明，学生们的将来必定要面向各种国家的不同文化背景并和他们在一起工作和生活。因此，作为一所"国际学校"，必须坚持把走出去了解整个世界作为学生们的必修课，为学生真正认识这个世界奠定基础，促进学生的全面成长。学校把"游学"引申为"研学"，进一步突出了"研学"的教育功能，把"研学"规定为"课程"，把"了解世界，促进成长"作为赴境外研学的首项任务，逐步形成"研学"的一整套规范、制度、程序。近年来，学校曾组织学生到美洲、大洋洲、欧洲的8个国家开展研学活动25次，参加活动的师生2800人次；接待了德国慕尼黑贝克学校等9所境外学校师生到学校访问，与美国、德国等5所学校签约建立了友好校关系。

为了组织好每次的研学活动，学校的一贯做法是"行万里路前要读书，行万里路中要思索，行万里路后要回顾。"在三结合教育团队的支持下，为保证每一次研学活动中每一个学生的安全，为保证每一次研学活动都能取得重要收获，学校每一次完整的研学活动的"计划、培训、实施、总结"都做到精准安排。如2017年的赴美研学方案，包括各项安全预案、落实过程、管理措施等，从起草到完成，共进行了百余次修改，其间请市、区外事部门的领导到校指导，并召开多次家长沟通会，充分听取学生家长意见，取得学生家长的支持。

多年来的研学活动，越来越使师生和学生家长感到收获丰厚。在研学中，学习他国的语言只是作为一种工具，比它更重要的是学习陌生的文化与历史，他国的人文与生活。到国外研学，学生们几乎每天都在和陌生人打交道，都在熟悉各种的第一次。他们在比较中睁大了自己的眼睛，扩张了自己的触觉，也拓展了自己的胸怀。当他们看到的世界大了，才能更加宽容，才能更加坦荡。

在陌生的城市，除了按计划访问学校，和外国小朋友一起上课、游戏，还尽可能地让学生能融入真实的社会。只有让他们充分自由地接触这个社会，在交流的过程中充分调动自己的沟通能力，加强团队合作，才能真正提高自己。学生们完成了旅程，也把对陌生国度的思考一并带了回来。除了留在脑子里的回忆，还有日记、明信片、相片，还有各种类型的小组讨论记录，这些都会让一次"研学"的收获变得更加厚重。

一位曾赴欧洲研学的学生家长说："10岁的孩子第一次离开家赴欧洲研学，作为家长一开始真有些不舍和担心，但每天从孩子和老师发回的微信中看到他们丰富多彩的交流活动和各种参观游览，和国外多所学校的学生们一起上课、游戏、交流，还看到他们走进几所大学，一睹名校风采，置身于高科技殿堂，激发科学探索的热情，拜访世界著名文化遗产，体验西方文化的魅力。我觉得到境外研学是学校教育的延伸，它就像一把金钥匙，开启了孩子们的心灵，使孩子们发现了一个新的世界。这就为孩子播下了一颗认识世界的种子，必将对他们未来的成长打下一个很好的基础，发挥重要的作用。"

在2019年4月学校组织第9届赴美研学活动中，我曾赴美国洛杉矶，到友好学校——南加州海宁阁初级学校访问，参观校园建设，了解校园文化，到课堂与中美两国学生一起听课，与当地学校校长和学区负责人深入交谈两校今后的交流与研学事宜，并与北加州学区总监会面，共同商讨关于进一步推进中美两校间的合作交流，为进一步完善研学活动构建了新的平台与机遇。

实施三结合教育以来的40年实践，特别是近10多年来逸阳梅江湾国际学校坚持实施三结合教育的新成果、新经验，都充分说明，在基础教育阶段，实施三结合教育是一条符合教育规律的科学的正确的道路，是按照党的教育方针形成的办学优势和办学特色，它已经成为学校的办学之魂，最重要的是它符合习近平总书记提出的新发展理念，强调实现创新发展、协调发展、绿色发展、开放发展、共享发展。

许多位天津市老领导、资深教育家和社会各界人士，在担任三结合教育委员会委员期间，曾对基础教育阶段实施学校、家庭、社会三结合教育的现实意义和内涵价值进行了深刻的论述，对学校实施三结合教育的成果给予了充分的肯定和赞许，对进一步深化创新三结合教育提出了殷切的期望要求，认为在基础教育阶段必须走学校、家庭、社会三结合教育之路，而且要坚持始终，永远在路上。中国教育学会名誉主席、北京师范大学资深教授顾明远还为《三结合教育实践于与研究》杂志撰写专稿《三结合教育好》指出："逸阳梅江湾国际学校进行的学校、家庭、社会三结合教育的实践和研究经过多年实践，取得丰硕的成果。现在一直继承和发扬这种传统，成为一所名校的特色，可喜可贺。"

天津市逸阳梅江湾国际学校建校12年，也是全面深化和创新三结合教育取得新成果的12年。这种全面实施素质教育的有效的开放式办学模式，促进了学生全员、全面、生动活泼地主动和谐发展，促进了家庭教育科学化水平的提高，促进了教师的专业发展和学校可持续发展，取得了丰硕的成果。12年来，学校曾获得天津市五一劳动奖状先进集体、天津市民办教育先进单位等多项荣誉称号。2018年，学校被评为天津市师德建设先进单位、天津市中华优秀传统文化艺术传承学校、和平区最具人气的十大文明校园、艺术教育先进学校、阳光体育先进学校，学校党、团组织被评为和平区先进党支部、优秀团支部，天津市三结合教育研究所被评为天津市先进社会组织。

历经40年的实践探索与理论研究，实施三结合教育，取得了丰硕成果。受益的首先是学生，发挥三结合教育"合力育人"的优势，有力地促进了学生德智体美劳全面成长，使学生接受的教育更完整。众多学生家长和社会各界人士赞扬学校培养的学生"爱祖国，有理想；基础牢，眼界广；重实践，善思考；体质好，崇尚美；爱劳动，勤动手。"仅逸阳梅江湾国际学校建校12年来就有多名学生被评为市区级"优秀少先队员""美德少年""津彩智慧少年""津彩创新少年""津彩文明少年"等。并在各项竞赛活动中获得优异成绩。毕业生升入理想中学的比例，占学校所在区各小学的首位。

实施三结合教育，增强了家庭的教育功能，促进了新型家庭、家教和家风建设，推进了学生家长不断学习先进的教育理论，吸取成功的教育经验，思考教育内容、形式、方法的改进，提高了家庭教育的科学化水平，形成一种强大的教育正能量。

实施三结合教育，促进了师德、师风、师能水平的提高。教师从学生家长和社会各界人士身上获得了丰富的教育资源，有些三结合教育委员会中的教育专家就直接成为年轻教师的"师傅"，建立常态化的师徒关系，从而使教师的本职教育生活更加幸福完整，在学校与家庭、社会的互动过程中，有力地提升了教育教学质量。

实施三结合教育，学校、家庭和社区彼此敞开大门，是一种相互学习、相互受益的过程，家庭、学校、社会以孩子为纽带，通过构建"教育共同体"合作共育紧密地联系在一起，就能够为构建和谐社会奠定坚实的基础。

实施三结合教育，推进了学校管理的民主决策，强化了学校的自我管理，提高了学校管理科学化的水平。三结合教育委员会作用的充分发挥，使学校管理的每一个环节都能做到与学生家长、与社区发展以及时、准确、完整的信息沟通作为基础，及时调整学校的工作，使学校更好地为学生服务、为学生家长服务、为社区服务。

总之，实施三结合教育源之于教育观念的转变，源之于学校、家庭、社会为立德树人，培养德智体美劳全面发展的社会主义事业的建设者和接班人的共同需要，源之于丰富的教育实践探索；三结合教育的深入发展，是由于党和政府教育方针政策的正确引导，是各级教育行政部门的领导支持与积极推动，是教育实际工作者锐意改革创新，锲而不舍，奋发努力和真诚奉献；实施三结合教育，实现了全社会教育资源功能互补，合力育人，成为基础教育阶段学校全面贯彻党的教育方针，全面实施素质教育，提高教育质量和办学水平，实现立德树人根本任务，办人民满意教育的必由之路，也是一条成功之路。在当前全面深化教育改革的新形势下，在基础教育阶段实施学校、家庭、社会三结合教育依然在路上，而且为了实现党的教育方针所规定的任务，基础教育实施三结合教育始终在路上，永远在路上，三结合教育之路将越走越宽广。

二、坚持实施三结合教育40年的基本经验

坚持实施三结合教育40年，有哪些基本经验和体会呢？

1.始终坚持以"办好人民满意的教育"作为实施三结合教育的根本出发点和落脚点。

我国改革开放40年积累了许多宝贵经验，其中重要的一条就是"始终坚持以人民为中心"。党的十八大以来，习近平总书记在多次就教育工作作出重要指示批示时，反复强调要站稳人民立场、办好人民满意的教育。党的十九大进一步把"坚持以人民为中心"确立为新时代坚持和发展中国特色社会主义的基本方略。习近平总书记在党的十九大报告中强调，"必须坚持以人民为中心的发展思想""必须把教育事业放在优先位置，深化教育改革，加快教育现代化，办好人民满意的教育"。在2018年全国教育大会上，总书记再次强调，"坚持以人民为中心发展教育"，把办好人民满意的教育与加快推进教育现代化、建设教育强国并列作为教育三大战略目标之一。办好人民满意的教育是中国特色社会主义教育的本质要求和教育实践的价值引领，是中国共产党人全心全意为人民服务根本宗旨的集中体现，也是坚持以人民为中心的思想在教育领域的贯彻落实。办好人民满意的教育已成为习近平新时代中国特色社会主义思想特别是习近平总书记关于教育的重要论述的重要内容，是新时代做好教育工作的价值引领和重要遵循。

以人民为中心的发展思想意味着在中国特色社会主义事业各个领域、各个方面与全过程都必须坚持以人民为中心。教育事业的最终目的是成就人的幸福和社会的福祉，当然必须坚持把为人民谋幸福作为根本使命。办好人民满意的教育也就当然成为三结合教育的出发点和落脚点。

在新时代，人们对美好生活的向往很重要的方面就是不断为推动人的全

面发展提供条件，其中首要的是优先发展教育。在长期实施三结合教育的过程中，我们始终认为，办好人民满意的教育，既是实施三结合教育的出发点，也是贯穿三结合教育整个实践过程的主线；既是实施三结合教育取得成果的价值基础，也是继续坚定不移走三结合教育之路的坚定信念。我们必须把教育事业、办好学校看成民族复兴、社会进步的基石，看成是功在当代、利在千秋的德政工程。这是实施三结合教育的根本指导思想，也是三结合教育长盛不衰的根基。

2.始终坚持以党的教育方针为指导，把"立德树人"作为实施三结合教育的根本宗旨，坚持做到"五育并举"。

在实施三结合教育的全过程中，坚定不移地把贯彻党的教育方针作为一切工作的遵循，把"立德树人"贯彻始终。基础教育是为年轻一代未来做人、未来发展、未来成才奠定基础的教育，即为学生进行基础知识、基本观点、基本技能、基本行为规范、基本道德准则和基本学习生活习惯等方面的教育。实践证明，在基础教育阶段，德、智、体、美、劳五育是学生全面发展的不可缺少的组成部分，五育的每一方面既有其自身相对独立的特性，又相互联系，相互渗透，构成一个统一体。只有"五育并举"，才能为我们培养的儿童少年将来成为担当民族复兴大任的时代新人打牢全面发展的基础。习近平总书记在2018年全国教育大会上指出，培养德智体美劳全面发展的社会主义建设者和接班人，构建德智体美劳全面培养的教育体系，这是整个社会和国家的期待，也是每个受教育者及其家庭的期待。为了落实基础教育的根本任务，实现基础教育的培养目标，学校的干部教师坚持正确的办学方向和价值追求，进一步全面贯彻新时期的教育方针，把"立德树人"作为实施三结合教育的根本任务，把全面发展的教育思想贯穿于学校的全部教育教学活动之中，坚持做到"五育并举"。

学习党的教育方针政策和长期的教育实践使我们认识到，德育是使学生具有坚定正确的政治方向，具有社会主义思想觉悟和良好道德品质的教育，德育居于为首的主导地位，对其他各育起着导向和保证作用。包括理想信念教育、社会主义核心价值观教育、中华优秀传统文化教育、生态文明教育和心理健康教育。智育主要是传授系统的现代文化科学知识，发展学生智力的教育，智育是全面发展教育的基础，以其系统的知识为其他各育提供科学依据。体育是增强学生体质，发展体力和运动能力，养成锻炼身体和卫生习惯的教育，体育是有效实施各育的物质保证。美育是形成学生正确的审美情趣和审美观，培养感受美、鉴赏美、创造美能力的教育，美育能起到以美辅德、以美益智、以美增健、以美添巧的作用，是全面发展教育的升华。劳动技术教育是组织学生实践，培养劳动观念、劳动习惯，初步掌握现代生产的基本知识、基本技能的教育，劳动技术教育是促进教育与生产劳动、社会实践相结合，培养脑体结合，全面发展新人的重要手段。

怎样才能做到"五育并举"？在实施三结合教育过程中，我们的主要做法：一是突出德育工作的实效，深化课程育人，文化育人，活动育人，实践育人，管理育人，学校、家庭、社会合力育人，形成德育工作体系，拓展德育活动空间，丰富德育工作形式，增强德育工作的根本性、针对性和实效性。大力开展理想信念、社会主义核心价值观、中华优秀传统文化、生态文明和心理健康教育。加强爱国主义、集体主义、社会主义教育，引导少年儿童听党话、跟党走。加强品德修养教育，强化学生良好行为习惯和法治意识养成。打造学生社会实践大课堂，充分发挥爱国主义、优秀传统文化等教育实践基地和各类公共文化设施与自然资源的重要育人作用，广泛开展先进典型、英雄模范学习宣传活动，积极创建文明校园，突出政治启蒙和价值观塑造，充分发挥少先队组织育人作用。二是努力提升智育水平。着力培养认知能力，促进思维发展，激发创新意识。充分发挥教师主导作用，突出学生主体地位，科学把握学生认知规律，上好每一堂课，激发学生的学习兴趣，提高学习能力，广泛开展多种形式的读书活动，注重提高学生的核心素养。在增长学生的知识见识上下功夫，加大教育教学实践环节，给学生开辟广阔的校外实践空间，努力创建增长学生知识见识的平台，40余处稳定的实践基地，使学生在真实的自然与社会情境中领悟了学科知识的价值，激发出更强的求知欲，增长了见识。三是坚持健康第一，强化体育锻炼。科学安排体育课运动内容和负荷，广泛开展校园普及性体育运动，开展好学校特色体育项目。四是增强美育熏陶，严格落实音乐、美术、书法等课程，发挥三结合教育委员会委员的文化优势，设立艺术特色课程和特色艺术团队，优化校园环境，广泛开展校园艺术活动。五是加强劳动教育，充分发挥劳动综合育人功能，加强学生生活实践、劳动技术和职业体验教育。发挥三结合教育委员中劳动模范、新时代工匠的引领作用，创建劳动教育基地，优化综合实践活动课程结构，指导学生家长给孩子安排力所能及的家务劳动，学校坚持学生值日制度，组织学生参加校园劳动，积极开展校外劳动实践和社区志愿服务。

长期以来，学校坚持以"立德树人"为根本任务，坚持以培养德智体美劳全面发展的社会主义建设者和接班人作为使命担当，加强校园文化建设，优化育人环境，构建立德树人润物无声的良好环境氛围。优美整洁的校容校貌，布局合理的校园建筑，融洽友好的校内气氛，和谐良好的师生关系，都发挥着对广大学生的熏陶作用和潜移默化的作用。

在实践中，力求准确把握"五育"之间的辩证关系，各发其力，同频共振，注重"五种教育指向同一目标，各项活动渗透五种教育"的工作理念。实施三结合教育为实现"五育并举"提供了优越的人力物力资源和坚强的组织保证，学校、家庭、社会合力打造品德高尚、知识扎实、体魄强健、心灵美好、尊重劳动的德智体美劳全面发展的社会主义建设者和接班人。

3.始终重视发挥三结合教育的优势，为学生增长知识见识开辟广阔的实践活动空间。

教育需要现实的经历和体验，学生成长需要有丰富的实践活动。在实施三结合教育的过程中，学校、家庭和社会积极创造条件，让学生走出课堂，亲近自然，融入社会，融入生活，在实践中增长知识见识，在探索中增长才干，体验感悟生命的价值。长期以来，三结合教育团队达成共识，尽力创造良好的社会环境，鼓励支持学校积极组织开展实践活动，建立了一大批学生校外实践基地。

学校是教育学生成长的地方，而学校并不是教育的围墙。学生成长就意味需要经历体验，需要以行动促自信，需要以成功来赋能，需要走向社会去感悟成长。学校绝不是一个只教会学生知识，追求考分赢得升学的地方，而是一个让学生学会生活、学会生存、学会学习的地方，更是一个让学生学会如何让自己的生命更有价值有意义的地方，实现知行合一。因此学校要求老师们要自觉带领学生走进社会和大自然，去深刻地体会知识来源于生活。充分发挥长期实施的三结合教育的优势，有计划地组织学生到多年来形成的几十个社会实践基地参加各类活动，成为引导学生将书本知识深度融入生活的最好实践，正是这些丰富的实践活动，让学生体验到大自然的美，体验到社会生活的丰富多彩，体验到团队合作的价值，体验到"纸上得来终觉浅，绝知此事要躬行"的道理。有计划地开展各项教育实践活动，还能更好地发展学生的个性特长，给学生创造广阔的全面发展的天地，促使学生发展个性，培养特长，锻炼能力。

大家感到，一所好的学校不只有高的分数和实现良好的升学愿望，更有对美好人性、对教育本真的追求。一位好的老师也不是仅凭知识和学历教书，而是用自己人生的经历和思考，用整个身心投入教育之中。长期以来，学校将各类实践活动列入课程计划。明晰课程目标和内容，严谨科学地来组织实施，制定了详细的实践课程实施计划，包括目标、内容、保障、评价等，特别是在实践的每一个环节，都明晰了责任，安全隐患提示，应急处理办法。在实施中，每个学生父母的联系方式，学生的分组名单都会提前备案。有了详细的活动计划和预案准备就能确保活动安全实施，也会赢得家长和学生的信任，得到积极响应，收到十分满意的效果。

教育是一种目的性很强的社会实践活动，是理论与实践结合的动态活动过程。"学而时习之，不亦乐乎"，学了就要付诸实践，否则，何谈学习的收获与快乐。好的教育一定是"知行合一、学思结合"的，只有这样的教育教学活动才会让孩子们收获愉悦，收到更佳效果。毋庸置疑，带领学生到校外参加各类实践活动，是需要教师和学校承担较高风险的活动。其中既有来自安全健康方面的担心，更有潜在的责任担当的问题。面对这种情况，我们的态度是：直面克服、积极作为，业精于细，勇担责任。在实践课程的实施中，学校支持每一位教师内心的追求，善于发现教师的创意，给予空间去展示师生共同学习的成果。并与老师、学生家长、实践基地的辅导员一起研判实践活动的价值、实施的风险及解决的办法。敢于承担责任，为教师分忧，让教师勇敢地去实践教育新方式。这样才能在各项实践活动中促使家校社形成合力。

4.始终坚持大力建设高素质专业化的教师队伍。

正如我们国家将教师队伍建设提到"兴国必先强师"的高度认识一样，每一所学校同样必须"强校必先强师"。在办学实践中，一直重视充分发挥三结合教育优势，紧紧抓住教师队伍建设，促进一支有理想信念、有道德情操、有扎实知识、有仁爱之心的"四有"好老师队伍壮大成长。

教师们"以师爱温暖人、以师心培育人、以师德启迪人"。把"四有好老师"的大爱融汇在教育的信仰里，把"四有好老师"的诺言铭记在心间，把"四有好老师"的志向书写在校园里，把"四有好老师"的欢乐播撒在童心里，把"四有好老师"的担当根植于学生的成长中。

在40年实施三结合教育的实践中，我始终坚持把提高教师思想政治素质和职业道德水平摆在首要位置，引导广大教师以德立身，以德立学，以德施教，把社会主义核心价值观贯穿教书育人全过程，把师德师风作为评价教师素质的第一标准，作为教师职业发展的决定性因素。小学教师是为学生成长成才的重要奠基人。教师教给学生的知识，多年以后可能会过时，或被学生遗忘，但教师的一言一行都成为学生学习的榜样，影响学生的成长甚至一生。我经常以自己的感受对教师们说：教给学生为人处世的道理才是学生一生的财富，每一位教师必须首先做到"德高"，自觉提升自身修养，提高自己的站位，成为塑造学生品格、品行、品味的"先生"，要以对学生生命负责的态度育人，胸怀高远，承担起为国家和社会培养有用人才的宏大使命，做到"学为人师，行为世范"，每一位教师都要成为学生在各方面行为的优秀示范者，成为学生学习如何做人的一面镜子，一切以身作则，率先垂范。我特别嘱咐从教不久的年轻教师，只有以自己的模范行为为学生树立榜样，才能把真善美的种子播撒在学生的心中。做到"德高"必须要有一颗仁爱之心。没有爱就没有教育，没有爱心的人不可能成为好老师，要用爱去教育感染学生，要用爱培养爱，激发爱，传播爱，通过真情、真心、真诚滋润学生的心田，把自己的温暖和情感倾注到学生身上。

长期以来，积极发挥三结合教育优势，请三结合教育团队中各行各业、各条战线的先进典型、模范人物来校宣讲事迹。新时代的楷模孔祥瑞、张黎明、全国劳动模范叶家良、徐文华、党的十九大代表魏秋月等人的事迹，使教师感受时代的震撼、心灵的洗涤。老师们以他们为榜样，争当四有好教师，以新时代、新担当、新作为的行动，共同谱写创新发展的新篇章。许多三结合教育委员会委员以其高尚的品德、精湛的技艺、深厚的学识，直接面对学生，成为学生们的最好老师；他们更引领培养教师，成为老师的老师。天津市三结合教育研究所的专家们引导老师们把教育教学工作中的问题专题化、课题化，以课题为引领，做到以科研推动教育教学的创新，逐步形成科研型的教师队伍。

35岁以下年轻教师占全体教师总数的比例比较大，学历层次高，党员教师所占的比例较高，这是逸阳梅江湾国际学校教师队伍的特点。面对青年教师是主力军的现状，让青年教师迅速成长，成为教师队伍建设的重中之重。在三结合教育委员会专家们的引领帮助下，组织青年教师学习课堂教学常规、现代教育技术、先进的教育思想及教学方法，使他们更新教育观念，了解未来教育发展趋势，使青年教师们迅速实现了从学生到教师角色的转化，从模仿教学到自主创新的转化。

5.始终坚持以创新作为三结合教育发展的第一动力。

创新是一个民族进步的灵魂，是一个国家兴旺发达的不竭动力。实施三结合教育40年来所经历的初创、探索、发展、改革的过程说明，学校、家庭、社会三结合教育开放共育办学模式的内涵、体制、运行机制并不是固定不变的，而是根据时代发展与时俱进的，三结合教育唯有常新才能长青。40年来，正是由于实现了学校各方面工作的创新，做到与时俱进，以各种创新性举措不断推进三结合教育的深化发展。

创新三结合教育，突出表现为以下几个方面：

一是把理念的更新作为三结合教育创新发展的引领。创新是现代化教育的本质特征，是引领三结合教育发展的第一动力，不断创新才能发展，只有把发展基点放在创新上，才能保持三结合教育的旺盛生命力，才能不断提高教育质量，不断提高办学水平，学校才能持续发展。实践告诉我们，教育理念是教育行为的先导，教育的变革发展首先是教育思想观念的变革。教育行为的发生发展，必然有一定的教育理念在起作用，或者说有什么样的教育理念，就会有什么样的教育行为，而教育行为的深入，又会促进教育理念的升华。随着时代的发展，我们的思想观念必须与时俱进。党的十八大以来，中国特色社会主义进入新时代，以习近平同志为核心的党中提出了许多新理念、新思维，习近平总书记提出的新发展理念，回应了一系列重大问题，体现了目标导向和问题导向，为我们指明了在基础教育阶段实施三结合教育的发展思路、发展方向和发展着力点，我们不仅要从多视角深入理解、准确把握其科学内涵和实践要求，还要进一步增强以新发展理念指导三结合教育实践的自觉性和坚定性。只有真正遵照习近平总书记所要求的"崇尚创新、注重协调、倡导绿色、厚植开放、推进共享"，发展三结合教育的行动就有了遵循、有了目标、有了方向。

二是把创新贯穿于三结合教育实践的各个领域。在实践中，我们既把理念的创新放在首位，又重视育人模式的创新、管理机制的创新、教师队伍建设的创新、课堂教学模式上的创新、家校合作方面的创新、教育科研方面的创新、校园文化建设的创新以及在突出开放性、国际性办学特色上的创新等，各项创新相互促进，交相辉映。

三是深化关键部位的创新。教与学是学校工作的关键部位，也是实施三结合教育的重要环节。必须强化课堂主阵地作用，切实提高课堂教学质量，树立科学的教育质量观，深化改革，坚持全面发展，面向全体，教好每名学生，让学生成为学习的主人。教师们不断创新优化教学方式，注重启发式、互动式、探究式教学，坚持知行合一，教学相长，引导学生主动思考、积极提问、自主探究，融合运用传统与现代技术手段，重视情境教学，探索基于学科的课程综合化教学，开展研究型、项目化、合作式学习，定期开展聚焦课堂教学质量的主题活动，注重培育、遴选和推广优秀教学模式、教学案例，大力提高教育教学能力。

6.始终坚持开放共育的办学模式，突出现代化学校的"开放性"特征。

逸阳梅江湾国际学校作为一所民办学校，在不断深化三结合教育中，充分彰显了办学的开放性，体现了学校的现代化。在办学实践中，我们都深切地感受到，在新时代，学生生活的环境早已不是一个封闭的社会，而是身处开放的社会及国际大家庭中。对外开放是我国的基本国策，随着改革开放的深入，我国开放的大门越开越大，必将形成更高水平的全面开放新格局。当我们的学生学有所成离开学校步入社会时，将置身于更加开放的社会环境、国际环境中。如果我们的教育工作者没有国际视野，培养出来的学生怎么能适应经济社会发展的需要，怎么能成为合格的接班人？学校初创时定名为"国际学校"就立足于这样的初衷。

建校12年来，学校坚持"走出国门看世界""读万卷书，行万里路"，与亚、欧、美、大洋几大洲的多所学校建立了友好校关系，组织了二十几批、几千名师生到国外研学，使到国外研学真正成为"行走的课堂"。每一次到陌生城市或者国家，带队教师都从学习和成长入手，引导学生们"了解世界，认识自己"，激发学生们作为新时代中国学子的自豪感、自信感，帮助学生们在大脑里构建自己的思考模式。不仅是学生，教师们通过每次"研学"也在成长，每一次都看到了更加清晰的自己，既看到西方国家当今教育发展的现状，亲身感受到西方国家教师们如何按照"以学生为本位"的教育思想，注重因材施教，注重教给学生自主获取知识的方法，注重培养学生创造性思维能力和自主解决问题的能力。同时也更加深刻地感受到我国教育发展的优势和教育改革的成果，必须扬长避短，更加努力提高教育质量，探索适合中国国情的儿童教育之路。

作为一所国际学校，培养学生从小爱学习、爱劳动、爱祖国，胸怀祖国，放眼世界，打好具有国际视野的基础，开放性、国际性成为学校在三结合教育理念指导下的重要办学特色。学校用开放发展理念引领教育开放与教育国际化，有计划地开展国际研学，扩大了教育资源的供给，让国际优秀教育资源在中国汇聚，成为中国的智力资源之一，满足了人民群众选择性教育的需求。

7.始终坚持以教育科研引领三结合教育的深化发展。

理论来自实践经验的总结。在40年的实践中，学校不断思考在实施三结合教育中遇到的问题，探索研究改进工作、解决问题、创新实践的方案，通过实践获得了很多带有规律性的新认识，积累了许多经验，形成了学校、家庭、社会"合力育人"的核心理念，完善了学校、家庭、社会"和谐互动"的运行机制。实践告诉我们：三结合教育既是一种理念，这一理念的核心是根据基础教育的规律和根本任务而确立的"合力育人"；三结合教育更是一种实践，即植根于基础教育实际的脚踏实地的教育实践活动；而"在行动中研究，在研究中行动，将研究与三结合教育的深化发展紧密结合"则是三结合教育的生命之光。40年来，我们既把三结合教育作为办学的基本策略付诸实践，又把三结合教育作为一项课题，一直不间断地进行实践与理论相结合的行动研究。在实施三结合教育的各个阶段，形成和积累了几百万字的研究成果，进而以研究成果指导实践，进一步升华实践。

长期以来，在所进行的各项课题研究中，始终围绕"如何深化实施三结合教育"这一主题，始终得到天津市教育科学研究院及市区教研部门的支持和指导，如"构建三结合教育与师生共同发展的学校文化""依靠三结合教育实施开放式教学的研究与实践""三结合教育与学校现代化的研究""基于三结合教案创建民办品牌"等课题研究，均取得较好的成果，得到有关部门的肯定与表彰，促进了学校教育教学改革实践，培养了一批有较高专业水平的骨干教师。

学校要求每一位教师都要树立学习意识、教育科研意识，成为学习型教师、研究型教师，结合教育教学工作承担有关课题的研究。教师们在实践中认识到，教育智慧的增长有赖于不断进行研究，有赖于教育思想的形成。教育科研不仅可以更好地促进自己探索、揭示教育规律，按教育规律办事，更好地促进学生的全面成长和发展，同时对自身的专业成长也有很好的促进作用。大家自觉地对自己的教学行为进行反思和调整，把一些零碎的、不系统的感性认识升华，上升到理性认识，进而形成自己教育教学特点和风格，使教育研究成为教育思想产生的基础。有了这样的思想基础，不但在教育教学研究上，而且在实际的教育教学过程中也会有大的长进。由天津市三结合教育研究所主办的《三结合教育实践与研究（季刊）》杂志创刊后，更为教师们提供了展示教育科研成果，特别是在深化三结合教育实践与研究方面的心得体会，提供了宽广的阵地。目前，在25期刊物中，发表了200多位次的老师撰写的近300篇文章，展示着老师们的不懈努力和专业水平的迅速提升。

8.始终坚持充分发挥三结合教育委员会的组织保证作用，以团队的凝聚力量，保证三结合教育的健康运行。

从1979年建立的三结合教育委员会，是推进三结合教育健康发展的组织保证。从初创时期的十几位委员，到目前已形成由社会各界和学生家长三百多位委员组成的完善的组织体制和运行机制，并不断增加新生力量，这是保持三结合教育生机活力的基本条件。

现有的300多位委员既有从1979年开始坚持下来的老委员，又不断充实新的血液。每年一次的三结合教育委员会常委会，每年一届的三结合教育联席会，每学期的学校开放日以及三级家长委员会、不定期的专家座谈会、三结合教育委员会各部门的专题探讨会以及天津市三结合教育研究所各部门有计划的工作制度等都发挥了组织保证作用。

在最近由天津教科院李剑萍副院长主持研究员与学校共同编著的《三结合教育理论与实践——王希萍教育思想研究》中，提出了一个新的概念，即"三结合教育团队"。"团队"的概念，最早是在1994年，由美国著名的管理学者斯蒂芬·罗宾斯首次提出的。随后，关于"团队合作"的理念传播开来，风靡世界。这一理念所提出的"团队"概念认为，团队就是由两个或者两个以上的相互作用、相互依赖的个体，为了特定目标而按照一定规则结合在一起的组织。即为了实现某一目标而由相互协作的个体所组成的正式群体。团队合作是指团队里面通过共同的合作完成某项事情，是一群有能力，有信念的人在特定的团队中，为了一个共同的目标相互支持合作奋斗的过程。

长期以来，由学校干部教师、学生家长、社会各界人士组成的三结合教育委员会与上述理念恰相契合。在实施三结合教育过程中，重视发挥三结合教育委员会的作用，正是发挥了在长期实践中所形成的三结合教育团队作用。实践证明：长期的合作实践必然形成一种团队精神，这就是为了实现"立德树人"的根本目标，全体成员自觉自愿地通力合作，并产生一股强大而持久的凝聚力量，充分调动和发挥团队每一位成员的资源和才智，发挥团队的奉献精神，达到和谐互动的最高境界。三结合教育之所以坚持实施40年仍充满活力，重要的一条就是能充分发挥和调动团队所有成员的集体智慧，提升团队成员的凝聚力，为共同的目标一起努力、一起思考，集合团队成员间的优秀点子，取长补短，通过集体的努力完成"立德树人"的根本任务。

三、进一步深化三结合教育的规划愿景

党的十八大以来，中国特色社会主义进入了新时代，开启了全面建设社会主义现代化的新征程。党的十九大把习近平新时代中国特色社会主义思想确立为党的指导思想，对新时期进行伟大斗争、建设伟大工程、推进伟大事业、实现伟大梦想具有极其重要的意义。迈入新时代，我国教育改革发展面临着更多新的挑战，党的十九大对新时代教育事业的改革和发展作出了全面部署。新时代教育发展，对于基础教育和中小学校发展，对于如何进一步深化三结合教育都提出了非常严峻的课题。我们必须应对这些挑战，在习近平新时代中国特色社会主义思想指引下，进一步深化对基础教育阶段实施三结合教育重要意义的认识，以"永远在路上"的执着，更加坚定地推进三结合教育的再创新。要在总结实施三结合教育40周年经验的基础上，踏上新征程，促进新发展，体现新气象，干出新作为。

2019年2月，中共中央、国务院印发了《中国教育现代化2035》，明确规划了实现中国教育现代化的战略背景、总体思路、战略任务、实施路径和保障措施。中共中央办公厅、国务院办公厅相继印发《加快推进教育现代化实施方案（2018—2022年）》，具体提出了今后5年的实施方案。这是我国第一个以教育现代化为主题的中长期战略规划，是新时代推进教育现代化、建设教育强国的纲领性文件。

《中国教育现代化2035》为我们提出了推进教育现代化的指导思想。最根本的就是要以习近平新时代中国特色社会主义思想为指导，全面贯彻党的十九大精神，在党的坚强领导下，全面贯彻党的教育方针，坚持马克思主义指导地位，坚持中国特色社会主义教育发展道路，坚持社会主义办学方向，遵循教育规律，坚持改革创新，以培育人才、造福人民为工作目标，培养德智体美劳全面发展的社会主义建设者和接班人，加快推进教育现代化、建设

教育强国、办好人民满意的教育。

基础教育是现代国民教育体系的基石，在立德树人中具有奠基性作用。必须加快基础教育现代化，加快实现在基础教育阶段学校实施三结合教育中的学校教育、家庭教育、社会教育三种教育形态的现代化。而深化创新实施三结合教育的一切行动，必将有力地推进教育现代化的进程。

新时代对创新三结合教育提出许多新的要求。我们必须以习近平新时代中国特色社会主义思想作为创新三结合教育的根本指引，把认真学习贯彻习近平新时代中国特色社会主义思想作为首要任务，贯穿到深化三结合教育的各个方面、各项工作，融入学校改革发展的全过程，落实到学校现代化各个环节，坚持改革创新，着力提高教育质量，培养德智体美劳全面发展的社会主义建设者和接班人，办好人民满意的教育。在深化实施三结合教育中，应更加注重以德为先，更加注重全面发展，更加注重面向人人，更加注重终身学习，更加注重因材施教，更加注重知行合一，更加注重融合发展，更加注重共建共享。要激发教师、学生家长、社会各界在实施三结合教育中的创新热情，进一步增强学校、家庭、社会三方的协调，形成和谐互动、相互配合的良好局面，发挥三方面力量的整体效应，共享三结合教育的成果。

要更好地坚持五育并举，全面落实立德树人根本任务，把培养德智体美劳全面发展的社会主义建设者和接班人作为深化创新实施三结合教育的依据和抓手，实施三结合教育的一切行动都要根据这一根本标志，根据现代化教育质量标准体系的要求，明确学生发展核心素养要求，让学生德智体美劳全面发展。

育人之本，在于立德铸魂，这是深化创新三结合教育必须始终牢牢抓住的灵魂。要在坚定理想信念、厚植爱国主义情怀、加强品德修养、增长学生知识见识、增强综合素质上下功夫，促进学生的全面发展。要树立健康第一的教育理念，全面强化学校体育工作，教育引导学生在体育锻炼中享受乐趣、增强体质、健全人格、锤炼意志。要全面加强和改进学校美育，坚持以美育人、以文化人，提高学生审美和人文素养。要在学生中弘扬劳动精神，教育引导学生崇尚劳动、尊重劳动，懂得劳动最光荣、劳动最崇高、劳动最伟大、劳动最美丽的道理，长大后能够辛勤劳动、诚实劳动、创造性劳动。强化实践动手能力、合作能力、创新能力的培养，增强综合素质。

在新时代，随着教育改革的不断深化，改革的重点、焦点越来越聚焦在人才培养模式、育人方式的创新与改革上，要进一步明确学生发展核心素养要求，建立健全各学科学业质量标准。加强课程体系建设，认真执行国家课程标准，高起点地开发好学校课程，让三结合教育团队中各个方面的专业人士、学生家长等共同参与到学校课程的建设中来，充分利用现代信息技术，丰富并创新课程形式，创新教学方式，培养学生创新精神与实践能力，鼓励和引导学生自主学习、合作学习、探究学习。进一步推进课堂教学改革，聚焦学科核心素养的落地，高度重视坚决杜绝学生学业负担过重问题。

在新时代，对教师队伍建设的重要性、战略性和长远性提升到了新的阶段，开辟了新的境界，达到了新的高度。习近平总书记为新时代教师队伍建设提出了许多重要的指示和要求。2019年3月18日，习近平总书记在学校思想政治课教师座谈会上，对思政课教师提出了"政治要强、情怀要深、思维要新、视野要广、自律要严、人格要正"的总要求。习近平总书记的这一重要指示精神，不仅是对思政课教师的要求，也是对我国教师队伍建设提出的总要求，是确保党和国家教育大计顺利实施的根本保证。

在新时代，学校教师队伍建设要以落实《中共中央、国务院关于全面深化新时代教师队伍建设改革的意见》为抓手，加快造就一支政治素质过硬、业务能力精湛、育人水平高超的新时代高素质专业化教师队伍。每一位教师都要严格要求自己，不断完善自己，做有理想信念，有道德情操，有扎实学识，有仁爱之心，高素质，专业化，创新型的好老师。

实施三结合教育，对于建设高素质专业化创新型教师队伍具有强大的优势。首先，三结合教育委员会委员可发挥在政治思想、人格魅力、知识技能等方面的优势，直接面对学生进行思想政治品德、文体活动辅导、劳动技能培训等方面的教育；其次，以三结合教育委员会的人才优势完善教师培训机制，提高教师的师德水平和专业水平，要以三结合教育委员会中的道德模范、先进人物作为教师的榜样，夯实立身标准，弘扬高尚师德，坚定理想信念和精神追求，自觉担负起为人师表、教书育人的职责与使命，要拜教育专家为师，提高教育教学能力；三是依靠三结合教育优势进行教师评价，广泛听取学生家长、社会各界人士对教师的师德、师能和各方面表现的反馈意见，促进教师队伍健康发展。

在新时代，要进一步开创学校扩大开放的新格局。自建校以来，坚持有计划地组织师生到国外研学已形成制度，并成为学校的重要办学特色。师生通过赴国外"研学"实践，增长了见识，扩大了眼界，借鉴了经验，增强了自信。在此基础上，三结合教育需进一步扩大开放，加强学校与国外友好校的交流与合作，加强学校教育、家庭教育、社会教育三种教育形态彼此之间的相互开放，制定学校扩大开放、组织研学活动、加强研学效果的规划，编制好研学教材，细化研学组织制度，把研学活动作为落实立德树人根本任务的重要组成部分，成为培养具有现代国际视野、全面发展人才的"行走的课堂"。

在新时代，要适应信息化时代的教育变革，发挥三结合教育的优势，以建设数字校园为突破口，大力推进教育信息化，建设智能化校园，有计划地建设一体化智能化教学、管理与服务平台，推进学校管理精准化和决策科学化。着力构建基于信息技术的新型教育教学模式，促进信息技术与教育教学深度融合，充分利用信息技术开展人才培养模式和教学方法改革，逐步实现信息化教与学应用师生全覆盖，推动以互联网等信息化手段服务教育教学全过程。

在新时代，需进一步将学校、家庭、社会三结合教育推向新的高度，进一步丰富其内涵，完善其运行机制，推进法人治理结构建设，构建好"学校、家庭、社会教育共同体"。自1979年建立起的"三结合教育委员会"，把教育的三种形态——学校教育、家庭教育、社会教育结合起来，各自发挥自身功能，把"有着共同目标、完成互补任务、追求合作共赢、实现共同发展"的学校、家庭、社会三方面力量形成合力，已经形成了"教育共同体"的基本形态。为了进一步深化三结合教育，构建和完善学校、家庭、社会教育共同体，应进一步确立共同的目标和愿景。即以"立德树人，培养社会主义建设者和接班人"作为共同体的总体目标，在这一总体目标的指引下，共同体的三方要制定出各自的子目标，以发挥各自优势，通力合作，共同促进少年儿童德智体美劳的全面发展，发挥共同体强大的创造力和巨大潜能。要进一步完善和谐互动的合作机制，根据"共同体"属于非行政化的"自组织"的特点，要进一步完善和谐互动的合作机制，突出三结合教育委员会的人本性、民主性特征，以尊重人、关心人、激励人、发展人为根本指导思想，发扬参与者的主体意识，群策群力，凝聚集体力量，创设人文和谐的良好氛围。要充分发挥三结合教育委员会的组织功能，健全职能分工，坚持三结合教育委员会常委会会议制度和三结合教育委员会联席会议制度，发挥好三结合教育委员会下设各部门和各级家长委员会的作用，形成制度化、规范化。要充分重视发挥三结合教育委员会的整体功能，既要有比较稳定的组织、机制，又要根据变化了的情况进行必要的动态调整，吸纳新的合作成员，修订章程制度，最大限度地发挥好共同体对学生教育的合力功能、对教育资源的整合功能、对学校管理的监督功能、对学校决策的咨询服务功能、对教师发展的助推功能、对双向互动的保障功能，进一步形成学校、家庭、社会教育共同体文化。由于学校、家庭、社会三方面在对学生教育中所承担的角色不同，应遵循的基本原则是："目标一致，功能互补，内容衔接，和谐互动"。教育目标的一致性是构建和完善"学校、家庭、社会教育共同体"的动力；教育功能的互补性是构建和完善"学校、家庭、社会教育共同体"的基础；教育内容的衔接性是构建和完善"学校、家庭、社会教育共同体"的链条；教育方式的互动性是构建和完善"学校、家庭、社会教育共同体"的保证。开放性是学校、家庭、社会教育共同体生存发展的重要特征，包括共同体内部的开放和对外开放，即共同体各方之间在能量、信息和资源上的交流交换，与外部环境之间在能力、信息和物质的交流交换，形成一种平等、尊重、配合、支持、信任、理解和互补的积极合作关系，努力使共同体达到"和谐互动"的最高境界。

教育现代化的宏伟目标，三结合教育的深化发展，需要一代又一代教育工作者接续奋斗，要不忘初心，牢记使命。四十年奋发努力，新时代励精图治。今天的中国教育已经站在新的历史起点上，我们要紧密团结在以习近平同志为核心的党中央周围，坚持以习近平新时代中国特色社会主义思想为指导，深化教育改革开放，为加快推进教育现代化、建设教育强国、办好人民满意的教育，作出新的更大贡献。

回眸经历增信念，继往开来再出发。

坚持德育为先 实施"家校社德育一体化"

本文写于2021年暑期

习近平总书记强调指出，立德树人是中国特色社会主义教育事业的根本任务。学校办学要始终牢记为党育人的初心，坚定为国育才的立场，以立德树人为根本，培育和践行社会主义核心价值观，努力培养担当民族复兴大任的时代新人，培养德智体美劳全面发展的社会主义建设者和接班人。

《中共中央关于制定国民经济和社会发展第十四个五年规划和二〇三五年远景目标的建议》明确提出，"健全学校家庭社会协同育人机制"。这是对"十四五"时期建设高质量教育体系、形成广泛共识和协调行动提出的新的更高要求，是将全面贯彻党的教育方针、坚持立德树人落实到基层的重要要求，是传承弘扬中华优秀传统文化、加强社会主义精神文明建设的基础环节，是我国教育事业"五育并举"和"三全育人"相结合的实现方式。健全学校家庭社会协同育人机制，同时被纳入《2021年国务院政府工作报告》中的重点工作。统筹规划好学校教育、家庭教育和社会教育，构建"家校社德育一体化"新机制已经成为立德树人的必然要求。

通过长期的办学实践，特别是通过实施"学校、家庭、社会三结合教育"的实践与研究，逸阳梅江湾国际学校在坚持德育为先，实施"家校社德育一体化"方面，有以下几点体会：

一、育人的根本在于立德，必须坚持"德育为先"

德育即对学生进行思想、政治、道德和心理品质的教育。思想教育是形成学生一定的世界观、人生观的教育；政治教育是形成学生一定的政治观念、信念和政治信仰的教育；道德教育即促进学生道德发展的教育；心理品质教育是促进学生具有健康向上的心理素质。可以说，我国德育是一种涵盖整个社会意识形态的"大德育"。

德育就是育德，人无德不立，育人的根本在于立德。从德育的定义中看出，德育必须要解决两个问题，即学生对道德价值的认同和践行。德育的本质就是教育者通过教育活动，引领受教育者认同并践行社会道德价值的过程。

古人说："德才兼备，以德为先"。教育大计，树人先树德。小学是一个人道德观念和行为习惯形成的重要阶段，关系到青少年的健康成长和国家的未来。长期以来，我国对小学德育极为重视，并在多方面进行了积极探索，取得了一系列成果。

在基础教育阶段，要为儿童少年培养成为优秀人才奠定基础，不仅要抓好知识教育，更要抓好思想品德教育。德育在学校教育中处于什么地位？我一直认为，在学校教育体系中德育处于首要位置，立德为先，修身为本。这是因为，从人类社会的教育起源来讲，教育最早的任务是人的社会化，人的社会化其实质就是学习社会的伦理秩序，教育的本质近乎等同于德育。

学校教育是未成年人思想道德建设的主渠道、主阵地，这就决定了立德树人是学校教育的根本任务。德育在整个教育当中应该是处于核心培养地位的。"德者，本也。"德对于个人、对于社会，都有基础性意义，是整个国家、民族、社会向上向善的力量。在我国，我们的先哲孔子的教育思想最伟大之处就是先教人做人，后教人读书。孔子说："弟子入则孝，出则悌，谨而信，泛爱众，而亲仁。行有余力，则以学文。"在孔子眼里，教育的首要任务是学习做人，只有把孝悌的问题、谨言慎行的问题、诚信的问题、推己及人的问题解决好了，才有余力去学习知识和文化。

　　做人做事的第一位是崇德修身。立德是一个人做人的基础。德不立，行不远。德不立，人的整个发展水平不可能得到很高的发展。"才者，德之资也；德者，才之帅也。"必须以德领才，以德蕴才，以德润才，德才兼备，以德为先。"立德树人"是人才培养的根本规律。从教育的历史来看，我国古人所讲的"立德"和"树人"都属于道德修养的范畴。党的十八大提出"立德树人"的理念，体现了人才培养的根本规律，"立德树人"已成为当今时代教育方针的重要组成部分，成为学校教育的根本任务。青少年学生又处在世界观、人生观、价值观形成的关键时期，所以立德树人更有其必要性和紧迫性。学校要不断创新德育形式，丰富德育内容，不断提高立德树人的效果。

　　在小学阶段，德育的任务是指通过各项德育活动努力培养提高学生品德素质，包括基本道德和行为规范教育、公民道德与政治品质的教育、世界观、人生观和理想教育。培养学生成为热爱社会主义祖国、具有社会公德、文明行为习惯、遵纪守法的公民。在这个基础上，引导他们逐步树立正确的世界观、人生观、价值观，不断提高社会主义思想觉悟，并为使他们将来能够成为担当民族复兴大任的建设者和接班人奠定基础。

二、三结合教育的核心理念"学校、家庭、社会合力育人，和谐互动"是实施"家校社德育一体化"的思想基础

　　在实施三结合教育中，坚持"以家庭教育为基础，以学校教育为主导，以社会教育为依托，合力育人，和谐互动"的核心理念，依然适用于"家校社德育一体化"，成为实施"家校社德育一体化"的思想基础。

　　在新的形势下，从实现人民对美好生活的向往与事关党和国家前途命运的大局出发，在"培养什么人、怎样培养人、为谁培养人"这一根本问题上凝聚更大共识，在完善立德树人体制机制上探索更好方式，在学校、家庭、社区和

社会各方面汇集更大合力，共同营造青少年健康成长环境和良好文明风尚，学校家庭社会的相互配合、协同育人显得格外重要。如果学校教育特别是在基础教育上的薄弱及缺失，难以靠家庭和社会教育弥补，往往影响人的一生发展；如果家庭教育失当，极易导致孩子品行不良，给学校和社会教育增添难度；如果社会教育环境欠佳甚至恶化，就可能使家庭和学校教育处于事倍功半的境地。而和谐、融洽、稳定的学校家庭社会关系，构建"家校社德育一体化"机制，对优化育人制度建设将发挥"1+1+1>3"的良性倍增效应。

为此，需要靠健全学校家庭社会协同育人机制，形成学校家庭社会各方的协调一致行动，把原来分别属于不同范畴的学校教育、家庭教育、社会教育，视为密切相关的三种教育要素，并以一种崭新的结构关系"以学校教育为主导，以家庭教育为基础，以社会教育为依托"，将这一结构系统整合为"目标一致，内容衔接，功能互补，和谐互动"的"三结合教育"，使小学生的校内外活动处于一种和谐的教育环境氛围中，为小学生的健康成长创设出适合的教育条件，产生出这三种教育单独存在时都不具备的新的育人功能。这是对教育理念、教育制度和教育实践的一种创新。

在多年来实施三结合教育的大背景下，"家校社德育一体化"中的"一体化"，就是将学校、家庭、社会教育视为一个统一的教育整体中的三个要素，构建了三维一体化的结构。从学校、家庭、社会这三个维度以及它们的关联的角度去理解德育过程，构成一个立体化的、全方位的、多层次的、多角度的大德育体系，从整体上为学生营造出适合他们成长需要的教育条件和环境，促进人的社会化，促进学生的全面成长。

实践充分证明，学校教育、家庭教育、社会教育的协调一致、相互配合和交互作用，有利于实现整个教育在纵向的时空和横向的内容上紧密衔接，有利于实现整个教育在方向上的高度一致，有利于实现各种教育间的互补作用。合力效应是三结合教育的优势所在和重要的特点之一。坚持学校、家庭、社会三结合教育，就能形成最佳的教育合力，就能发挥教育的整体功能。

学校、家庭、社会这三类不同领域的教育各有特色，三者主导性的教育目标、内容、途径、方式、手段和方法是不同的，三者的教育功能虽不能互相代替，但这三方面教育在实践上是有交叉的，它们之间的交互作用既可倍增教育的正能量，也可销蚀教育的正面影响。

健全学校家庭社会协同育人机制，加强学校教育、家庭教育、社会教育的有机结合，学校首先要发挥引领作用，让家庭教育更符合规律，更好地配合学校发挥效用。这需要的不仅是提升家长的认知，学校还可以从空间入手，营造提升家校合力的场景，激发家长的主动性和积极性，同时通过对学校更深入的了解与互动，家长和社会教育资源才能更加真实地参与到孩子的教育中来，从而可以坚持更加科学的导向、获得更为多样的资源、采用更加灵活的方式，形成由内而外的教育合力，成为提高德育实效性的重要举措。

三、实施"家校社德育一体化"遵循的原则

德育原则是家校社三方对学生进行德育都应遵循的基本要求，它反映了德育过程的规律性，是对德育实践经验的概括和总结。在实施"家校社德育一体化"的过程中，我校遵循了以下原则：

（一）坚持德育方向一致性原则。坚持正确的德育导向是新时代中国特色社会主义德育的根本原则，它要求学校、家庭、社会在实施德育过程中必须把坚定正确的政治方向放在首位，培养学生的科学世界观、人生观和高尚的道德品质，将社会主义核心价值观贯穿和融入德育的全程。坚持正确的德育导向体现了新时代中国特色社会主义教育的本质要求，实现家校社德育方向目标的一致性，才能实现家校社德育的合力，构建"家校社德育一体化"格局。

（二）坚持德育整体系统性原则。就影响孩子德性成长的因素来说，成长的要素是系统化、社会化、整体性的，而不是单一的、孤立的、彼此分离的。必须看到家庭、学校、社会所有的因素都构成了儿童品德成长的环境，要从整体上、从人的社会化过程上，从教育生态学的视角上来认识人的道德培养问题，构成学生的思想品德教育的系统。思想政治教育工作，不能孤立地脱离其他工作来进行，学校的思想政治教育只有寓教育于活动之中，寓教育于疏导之中，围绕育人成材这个根本目标，实行德、智、体、美、劳相结合；各科之间教书育人相结合；校内各职能部门，各种教育力量相结合；学校、家庭、社会教育相结合，学校的思想政治教育才能调动各方面的积极因素，形成一股合力，齐抓共管，这种系统综合的教育才能收到显著的效果。

（三）坚持德育内容互补性原则。学生的品德是在学校、家庭、社会等各方面的长期教育影响下形成和发展的。这些影响纷繁复杂，不仅相互之间存在着矛盾与对立，而且往往前后并不连贯，如果不加以组织则必将削弱德育对学生的影响。要有效地教育学生，必须加强学校对各方面教育影响的控制和调节，使学校、家庭、社会根据不同的教育职责所承担的德育内容产生互补效应，以便形成强大的教育合力，确保学生的品德按照社会的要求健康成长。学校应当有目的、有计划地把来自各方面的对学生的教育影响加以组织、调节，使其互相配合、协调一致、前后连贯地进行下去，以保障学生的思想品德能按教育目标的要求发展。

（四）坚持德育方式协同性原则。德育的主体不仅包括校长、教师和家长，而且包括这个孩子可以接触到的、影响他的所有人。所以，我们需要这些不同的主体之间能够协同配合，发挥教育的合力。在实施德育过程中，需要坚持德育和谐论，即尊重规律、尊重自然、尊重孩子身心发展的内在倾向性；要依靠和发扬学生积极向上的一面，限制和克服学生消极落后的一面，长善救失、因势利导培养学生自我教育的能力；要把对学生思想和行为的严格要求与对学生个人的尊重、信任和爱护结合起来；要把培养集体与针对不同学生特点因材施教统一起来；要循循善诱，以理服人，从提高思想认识入手，启发学生自我教育的积极性；要使教育内容、方法和组织形式等与学生的年龄特征相适应，使每个学生品德都能得到较好的发展；要根据学生由浅入深、由表及里的认识过程，遵循学生们的思想认识规律，循循善诱，反复提高学生的思想认识。德育的各种方法各有特点与作用，青少年学生品德的培养，不可能通过个别方法来实现，必定是科学地综合运用全部德育方法的结果。每一种方法都是进行德育所不可缺少的，但又不是万能的，它们之间相互补充、配合，构成了德育方法的完整系统，多种方式的协同则可以发挥最大的教育效果。

（五）坚持德育环境开放性原则。儿童少年的德育环境，既包括他们得以容身其中、迈开双脚行走的物理空间，也包括他们在生活中接触的所有人和他们之间所构成的社会交往空间，这两种环境构成了德育的生态环境。当今时代，无论是家庭、学校或社会，我们都无法把孩子封闭在一个纯而又纯的环境里，必须要在一个开放的环境里面，让孩子体验人生的意义和价值，帮助他们实现真正的成长、健康的发展。

（六）坚持德育知行统一原则。理论和实际相结合，是我们必须遵循的基本原则。理论对于人们的行动有巨大的指导作用。因此，思想政治工作必须注重于理论，即用共产主义思想及无产阶级的立场、观点和方法去武装学生的头脑，帮助他们逐步确立科学的世界观和革命的人生观。另外，思想政治工作要从被教育者的实际出发，实事求是，把工作做到点子上，把思想教育工作落到实处。知行统一的原则，是指在德育过程中要把思想政治观念和道德规范的教育与参加社会实际锻炼结合起来，把提高学生的思想认识与培养良好的行为习惯结合起来，做到"内化于心，外化于行"，使学生成为言行一致的人。

四、"家校社德育一体化"的运行与成效

逸阳梅江湾国际学校长期坚持实施的"学校、家庭、社会三结合教育",为"家校社德育一体化"的运行创造了组织机制、团队协作、资源共享、改革创新等方面的有力保证,取得了显著成效。

首先,三结合教育委员会下设的职能部门革命传统教育部和思想品德教育部等六部门,经过初创、发展和逐步完善,形成了有效的运行系统,发挥了组织机制的保障作用。其主要任务是向学生进行革命传统教育、理想信念教育、基本道德和法制教育、科学精神和人文素养教育以及生命教育,弘扬和培育学生的民族精神,把现实的思想品德教育与中华民族传统美德教育相承接,与实现中华民族的伟大复兴相结合,培养学生的开拓精神、团结协作精神,增强爱心和社会责任感,激励学生成为既有国际视野、世界眼光,又有强烈民族自信心和爱国主义精神的时代新人。

这些部门的成员包括早期参加革命工作的老干部、老红军、部队官兵、

英雄吉瑞昌外孙女郑吉安大校参加感恩祖国致敬英雄主题升旗

革命烈士家属、公安干警、企业家、劳动模范、科技工作者等，他们在革命战争年代出生入死，为中华人民共和国的诞生进行了艰苦卓绝的斗争，为国家的社会主义建设作出了突出贡献，在他们身上凝结了宝贵的精神财富，在实施"家校社德育一体化"过程中发挥着重要作用，使德育队伍由原来主要以学校教师为主，扩展为包括学生家长、社区和社会各界人士齐抓共管，协同发力。学校曾邀请周恩来总理的警卫员张富群、原66军司令员罗云章、老红军李元兴、抗日战争时期参加革命的进城老干部刘鹏、老八路高鲁民、抗美援朝一级英雄刘庭台、著名抗日将领吉鸿昌将军的女儿、天津市政协委员吉瑞芝及其女儿、原北京军区大校郑吉安等，到校给学生上革命传统教育课，担任升国旗仪式的升旗手，参与学校举行的思想品德教育活动。

　　革命传统教育是以革命战争年代形成的优良传统为主要内容的教育，具有史实性、直观性，实质上是一种以爱国主义教育为目标的思想道德教育。在新时期，我们站在历史新高度，以战略眼光认识当代加强少年儿童革命传统教育的重要性，充分依靠三结合教育力量，使革命传统教育不断与时俱进，以典型引路，树学习榜样，将红色基因代代相传。曾参加过解放战争的渡江战役、长沙战役、桂林战役和抗美援朝的刘庭台，在朝鲜战场上失掉一条左腿和半只右脚，成为一级革命残疾军人。从20世纪80年代初，刘庭台老人被聘为三结合教育委员会的成员后，多年来他以自己的亲身经历多次为学生们讲述在解放战争、抗美援朝战争中自己和战友们英勇战斗的故事。在2015年校园读书节闭幕式上，刘庭台将自己撰写的回忆录《碧海丹心》一书赠给学校，作为开展革命传统教育的读本。此外还有八路军老战士王槐亮爷爷、抗日老英雄徐银秀奶奶等多位委员结合"四史"为学生们讲述抗日战争、解放战争、抗美援朝等不同历史时期的英烈事迹，让学生们深受教育和感动，纷纷表示：一定牢记革命前辈嘱托，争做党的好孩子。

抗日英雄徐银秀奶奶讲述"九一八"那段不能忘却的历史

徐银秀奶奶与学生们进行交谈

　　做人，首先要有一颗爱国之心，我们把爱国主义教育作为少年儿童思想道德教育的重要目标。为此，我们发挥三结合教育的优势，以历史为载体、以榜样为引领，把实施革命传统教育作为抓手，开展特色鲜明，生动活泼的爱国主义教育，以爱育爱，知爱感恩，反哺社会，点亮孩子们的人生。自20世纪70年代末建立三结合

教育委员会起，我们便依靠校外辅导员，把学校周边街道社区作为对学生进行爱心教育的重要基地。学生们利用节假日主动到社区帮助孤寡老人、军烈属做卫生，开展环境调查和假日护绿活动。每逢端午节、中秋节、国庆节、春节等节假日，各年级学生在老师、校外辅导员、家长的带领下，都会去老年公寓看望那里的爷爷奶奶。从20世纪80年代开始，我校又在学校周边的两个"红领巾街"上建立了15条红领巾胡同，逢年过节组织学生去红领巾胡同里的孤寡老人家中打扫卫生、送慰问品、聊天谈心。学生们学会了关心，懂得了真诚和奉献，他们的关爱之举，温暖了老人们的心。一批学生毕业了，又有一批学生接过关爱老人的接力棒，从未间断。其中尚德里胡同被团市委命名为天津市模范红领巾胡同。在2003年的"非典"时期，医护人员、公安干警为人民群众的生命安全保驾护航，他们的事迹令人感动，这是对学生进行"爱心教育"的极好教材。为了让学生更好地感恩奋战在抗非典一线的奋斗者，及时组织开展了"爱的传递"教育活动，把爱心传递给为社会和他人无私奉献的非典一线医务工作者、公安干警等工作人员。

　　2019年，突如其来的新冠疫情对每一个人都是一场严峻的考验。我和学校的干部教师在严格执行抗"疫"规定要求、确保师生安全的前提下，更多关注着我校学生中那些驰援武汉和在津抗"疫"的一线医务工作者的子女，给几十名最美逆行者家长的子女以特别的关爱，在全校范围内开展学习英模

弘扬抗"疫"精神的活动，让家长身处抗"疫"前线的学生在主题班会、校会上宣讲抗"疫"事迹，弘扬抗"疫"精神，组织他们与奋战在抗"疫"一线的父母进行视频对话，传递如火爱心，让"爱"温暖彼此。

培养小学生树立"爱心"是学生成长的奠基性品质。学校充分挖掘社会教育资源，拓展爱心教育的空间，开展丰富多彩的爱心教育活动，持续开展"传递文明，争做有道德小公民"活动，持续进行"爱学习、爱劳动、爱祖国"三爱教育，让学生从小夯实做人的基础，增强社会与情感能力，增强爱党、爱国、爱校、爱家、爱老师、爱同学的爱心、责任心，成为富有爱心、善良正直、人格健全的合格公民。引导学生树立做人的责任感，关爱和帮助弱者，让学生们认识到对强者的仰慕也许是人之常情，而对弱者的同情和爱护则更是美好心灵的体现。三结合教育委员会常委、新时代楷模孔祥瑞、国家改革先锋奖章获得者、创新型一线劳动者的优秀代表张黎明、全国劳动模范、全国五一劳动奖章获得者、党的十八大、十九大代表徐文华都多次到校宣讲先进事迹，对学生进行热爱劳动、爱党爱国的教育。

习近平总书记指出："在大中小学循序渐进、螺旋上升地开设思想政治理论课非常必要，是培养一代又一代社会主义建设者和接班人的重要保障。"①深化改革和提高思品课教学质量是对学生进行思想品德教育重要环节。小学阶段的启蒙教育，是人生的"拔节孕穗"期，需要精心引导和学习栽培。在这一时期要给学生埋下真善美的种子，引导学生扣好人生第一粒扣子。老师们在《品德与生活》《道德与法治》课程教学中，根据学生年龄特点，认真实现《课程标准》的要求，将以儿童现实生活为基础的生活资源与品德教育有机融合，以正确的价值观引导学生在生活中发展，在发展中生活。在思政课改革中，注重与其他学科的联系，通过从跨学科的

---

① 引自：习近平总书记在学校思想政治理论课教师座谈会上的重要讲话。

联合学习与课堂活动的整合，不断扩展和深化学生对知识的运用与体验。教师们在小学低段教学中遵循思想政治工作规律、教书育人规律、学生成长规律，结合学生生活实际，对教学环节进行精心设计，以"德智体美劳五育并举"的精神对学生进行全方位引导和渗透，让学生"愿学爱学，真学真信，信而有行"。在学生心中种下向真向善的种子，从小学低年级开始就积蓄破土而出的力量，为将来成为新时代堪当民族复兴大任的社会主义建设者和接班人打下坚实的基础。家校社互动的特色之一是共享课堂，学生家长和三结合教育委员会委员可以和孩子一起参与到"学校开放日"具体的课堂场景中，更直观地了解学校实施德育的目标、内容、形式，在平等、积极、庄重的场景中，更能感受到学校的价值观和准则，更容易形成家校社合力。

2021年，在庆祝建党百年的学习教育活动中，请来了平津战役纪念馆馆长王培军和参加平津战役等多次战役的老战士史德山进行"学党史悟初心迎建党百年"专题教育。在学习教育活动中充分发挥70多个三结合教育实践基地的作用，组织学生到烈士陵园、吉鸿昌故居、平津战役纪念馆等爱国主义教育基地教育感染学生，并通过观影、阅读红色经典等知识性活动和体验性活动，引导学生在社会大课堂里接受生动形象的革命传统教育。在党史学习教育中，为引导学生热爱党、铭记党的光辉历程，传承党的优良传统，学校有计划地开展了适合儿童少年年龄特点的活动。在以"党在我心中　永远跟党走"为主题的升旗仪式上，学校邀请天津市人大常委会原副主任、天津延安精神研究会会长李润兰和师生一起升国旗，并做"传承红色基因　做党的好孩子"的主旨讲话。学校还邀请了全国优秀共产党员、全国劳动模范、全国道德模范、全国五一劳动奖章获得者、"新时期产业工人"的代表、逸阳梅江湾国际学校三结合教育委员会常委孔祥瑞担任主升旗手，他在庄严的国旗下对全体师生深情寄语，号召大家弘扬民族精神，树立爱国意识，从自我做起，从身边小事做起，用点滴行动践行爱党爱国之心。为了在学生中扎实推进党史学习教育，弘扬英雄精神，把红色基因一代代传承下去，学校组织开展了"传承英雄精神，赓续红色血脉"大讲堂活动。邀请到曾任战斗英雄董存瑞班第22任班长、天津市和平区关工委副主任、优秀共产党员马廷起为师生讲述自己的军旅经历和百年党史，讲述战斗英雄董存瑞的故事。

在党史学习教育活动中，学校根据儿童少年的特点，创新学习方式，用好用活天津的红色资源，组织参观展览，充分发挥三结合教育委员会委员们的优势，以他们参加革命、建设、改革的亲身经历，具体生动地讲好中华民族的故事、中国共产党的故事、中华人民共和国的故事、中国特色社会主义的故事、改革开放的故事，特别是要讲好新时代的故事，讲出伟大历程、辉煌成就，让红色资源活起来，让党史故事活起来，引导广大学生永远听党话、跟党走，厚植爱党、爱国、爱社会主义的情感，让红色基因、革命薪火代代传承。

为引导少年儿童知党爱党，继承和发扬党的优良传统，营造积极向上的心理健康氛围，学校还开展了"2021年学生健康心理月"活动，举行以"百年奋进续新航"为主题的"讲心声诵情怀"大赛，学生们通过绘画、共读党史故事书、讲述党史故事等多种形式认真学习党的历史，感受党的伟大，在深情的朗诵和讲述少年儿童爱国、励志的故事中展现出积极的心理体验与人生态度，并结合自己的亲身感受，进一步体会到党的光辉奋斗历程和儿童少年热爱中国共产党、热爱祖国、热爱生活、自尊自信、不畏困难的积极心理特质。

在庆祝建党百年深入学习习近平总书记"七一重要讲话"的时刻，为深入贯彻落实京津冀协同发展战略，推动京津冀教育的协同发展，我校与河北省承德市宽城县龙须门明德小学开展了手拉手共建活动。早在2021年春节前夕，我校就与明德小学在两地团委的联络帮助下，进行了线上沟通，并开展了对该校185名学生"微心愿爱心捐助"活动。"手拉手，共建友好校"活动既是我们为京津冀教育协调发展的助力行动，也是我们响应习近平总书记"七一"重要讲话中向全体共产党员发出号召，要求"牢记初心使命，坚定理想信念，践行党的宗旨，永远保持同人民群众的血肉联系，始终同人民想在一起、干在一起，风雨同舟、同甘共苦，继续为实现人民对美好生活的向往不懈努力，努力为党和人民争取更大光荣"的落实，是通过党史学习教育把"学史明理、学史增信、学史崇德"转化为"学史力行"的具体行动。在此次活动中，两校签署了友好校"共建协议"，还带去了明德学校亟需的一些硬件设备和文体用品，其中包括电钢琴、移动音箱、板羽球拍以及为明德小学全体学生每人一个书包和文具套盒等学习用品。共建活动得到了承德市以及宽城县领导的大力支持，两校的学生们将以此为契机，结成牢固的友谊，心手相连、取长补短，共同健康快乐地成长。

实践充分证明，实施"家校社德育一体化"，使德育空间纵向延伸、横向拓展，使学校、家庭、社会三个维度的德育目标、内容、途径、方法、效果等相互渗透、互补互促、有机融合、合力叠加，形成促进学生政治、思想、道德、心理素质全面发展的德育共同体。学校坚持"五育并举，三全育人"，坚持实施"学校、家庭社会三结合教育"，深化教育教学改革，努力提升教育质量和办学水平，涌现出一大批如石为华、吴一蓉、崔然等"天津市红花少年"，李扬等8名"津门童星"，席海岳等"全国优秀少先队员"。2020年在我校学生杨依晨被评为全国"新时代好少年"的基础上，2021年5月25日，天津市文明办、市教委、团市委、市妇联、市关工委等部门宣布逸阳梅江湾国际学校五年一班学生王奥然当选为天津市2021年度"新时代好少年"。

杨依晨获全国新时代好少年称号

新学期，新起步，开启教育的新生活。2021—2022学年度第一学期各年级各具特色的"开学第一课"充分彰显了"家校社德育一体化"的特色。新入学的一年级"开学第一课——校园安全记心间"，老师们用生动亲切的话语为学生细化了校园文明安全的要求，从教室到户外、从课堂到课间、从入校到放学，让学生知道如何有序安排课间生活，体会到了安全的重要性，掌握必要的安全知识和注意事项，筑牢心中的安全意识之网，保证校园活动安全。使"校园安全记心间"不仅仅是一句口号，更是形成一种责任，一种意识。二年级，为切实做好消防安全宣传教育，帮助学生树立消防安全意识，提高学生的消防安全素质和自我保护能力，促进学校周边环境的消防安全，在"开学第一课"的活动中，请和平区五大道消防救援站的叔叔们来到了学生身边，围绕"实践、体验、案例警示、逃生技能、查找隐患"等重点内容，结合消防课件详细讲解消防知识，包括火灾的成因、日常防火注意事项、如何正确拨打119火警电话以及火灾发生后的逃生自救常识等内容。学生们学习了消防知识，增强了消防安全意识，每位学生承诺争当遵守班规校纪的小模范。三年级的"开学第一课"邀请了天津出入境边防检查总站的张科长为学生们上了一节别开生面的国防安全知识课。学生的国防教育是全民国防教育的基础，又是实施素质教育的重要内容。本次国防安全教育，增强了学生们的爱国意识和安全意识。四年级"开学第一课"围绕对学生的法制教育展开。各班围绕法制教育开展班会活动，学生们就"注意在校内外的安全，做遵纪守法的小公民"展开热烈的讨论，纷纷表示，法制教育离我们并不遥远，就在我们身边，一定要做好在各方面遵纪守法的小公民。五年级开学"开学第一课"主题为"树立目标　成就自我"。通过课上讲述的一个个生动的小故事，学生们明白了目标和理想对于人生的意义所在，要在奋斗中前行，在平凡中精彩，在给予中快乐，在简单中幸福。通过此次活动，学生们初探自己的理想，学习着结合自身情况确定自己的学期努力目标。六年级根据学生的特点，以班级为单位，分别开展了心理健康、防病防疫、校园安全、网络安全、交通出行、礼仪规范等方面的教育和宣传活动，增强了学生的安全防护意识、自我保护意识和思想道德意识。各年级的"开学第一课"各具特色，所选主题符合学生的年龄特点，从行为习惯、安全知识、心理健康等多角度对学生进行思想道德教育，根据三结合教育的办学理念，借助社会、家庭等多方力量，共同引领学生树立正确的世界观、人生观、价值观，培养良好的道德修养。在新的学期，以丰富多彩的"开学第一课"为起点，脚踏实地地走好新学期的每一步，一起谱写新的篇章。

五、实施"家校社德育一体化"的前瞻和愿景

中共·中央、国务院印发的《中国教育现代化2035》围绕重视家庭教育和社会教育作出新的部署，"十四五"时期健全学校家庭社会协同育人机制，正是将党中央决策要求抓紧落到实处的重要实现方式。为了进一步提高

实施"家校社德育一体化"的实效，必须整体优化一体化德育目标、内容、方法、评价体系，完善纵向衔接、横向协同，建立德育要素融通一体、各方协同一体的德育工作新格局，进一步彰显德育工作特色，提高家校社各方育人能力，提升立德树人整体成效。

一要科学设计、准确把握"家校社一体化德育"目标，把整体性德育目标要求贯穿于家校社各个方面，坚持紧扣时代特点，贴近学生实际，落实立德树人根本任务。要积极推进家校社德育目标的一致性、整体性、互补性，努力实现德育目标循序渐进、螺旋上升、层层深入、有机衔接。

二要不断充实"家校社一体化德育"内容，学校思政课应发挥主渠道作用，结合学生认知特点，建立纵向各年级层层递进、横向各课程相互配合，与国家课程、地方课程和校本必修与选修课程有效贯通、相互协调的德育内容体系，关注德育内容的科学性和系统性。

三要统筹建设与整合校内外"家校社一体化德育"资源体系，充分发挥长期实施的"学校家庭社会三结合教育"的优势，在发挥好已有社会实践基地作用的基础上，进一步开发具有天津地方特色的社会大课堂资源单位，用好红色资源，打造习近平新时代中国特色社会主义思想在津门大地的生动实践。

四要进一步建强"家校社德育一体化"队伍，教师、家长和三结合教育委员会的校外辅导员都是实施德育的主力军。加强思政课教师、班主任、校外辅导员、心理教师、家委会成员等德育骨干队伍建设，提升一体化德育队伍的素质能力。学校要进一步注重从专业融合、意识提升以及班主任带班育人能力、家校沟通、教师相伴成长、学科德育能力等方面搭建提升德育素养的平台，为教师这个关键群体的成长提供支持，打造一支有理想信念、有道德情操、有扎实学识、有仁爱之心的教师队伍。家长同样是立德树人的关键人群，要结合学校未来发展、学生培养目标、学生心理及年龄特点等方面进行多角度、全方位、立体化思考，形成"家长学校课程体系"，形成健康可持续的家校社关系，实现协同育人。在信任、支持、尊重的基础上，家、校、社形成一个常态的、绿色的、可持续发展的教育共同体。

五要不断完善"家校社德育一体化"实施路径。学校围绕立德树人根本任务，整体规划包含课程育人、文化育人、活动育人、实践育人、管理育人和协同育人在内的"家校社德育一体化"体系。将国家的育人目标进行清晰的校本化表述，打通校园文化、课程、活动等各个环节，在学生中落实、落小、落细，使德育课程和各项德育活动"更受学生欢迎、更有能力接受、更愿身体力行"，形成"自觉、主动、有机融入"的德育工作新格局，在学生中自觉生长立德树人的发展目标。

六要落实2020年中共中央、国务院《深化新时代教育评价改革总体方案》精神，完善"家校社德育一体化"评价，充分发挥学生自主参与评价和家长评价的诊断作用，搭建可视化过程性评价载体，建立正反馈为主的德育一体化评价体系，提升德育评价的科学性。要坚持把立德树人的成效作为评价的根本标准，发挥教育评价的导向性、改进性、激励性作用。坚持面向人人，不使一个学生掉队，创新德智体美劳五育并举过程性评价方式和办法，激励每个学生都能做到超越自我，不断进步。要创新评价方式、改进结果评价、强化过程评价、探索增值评价、健全综合评价，运用评价引导学生坚定理想信念、厚植爱国主义情怀、加强品德修养、增长知识见识、培养奋斗精神、增强综合素质。将已建立六年连续使用的快乐成长手册完善为"五彩星"少年成长手册。以"家国情怀崇德星、勤奋好学智慧星、动手创造劳动星、尚美怡情艺术星、身心健康体育星"五个方面，规范"五彩星"评价机制，学校、家庭、社会协力合作，引领学生人人争做"五彩星"好少年，用"五彩星"评价整合学校各级各类评价，促使学生德智体美劳全面发展。

七要积极制定方案细则，加强家校社德育一体化工作的支撑保障，开展家校社德育一体化研讨交流，全面加强家校社德育一体化体系建设，不断提升立德树人实效，推进德育工作高质量发展。

让我们协同发力，不忘初心使命，践行党的宗旨，坚定理想信念，始终牢记为党育人的初心，坚定为国育才的立场，共同担负起"托起明天太阳"的伟大任务，努力培养德智体美劳全面发展的社会主义建设者和接班人，努力培养担当民族复兴大任的时代新人。

立足三结合教育协同育人功能
扎实提高教学质量

本文系2021年天津市基础教育优秀教学成果培养项目

学校的首要目的是培养人，育人是学校存在的价值所在。习近平总书记指出："培养什么人，是教育的首要问题。我国是中国共产党领导的社会主义国家，这就决定了我们的教育必须把培养社会主义建设者和接班人作为根本任务。"[①]习近平总书记还强调，教育工作者培养人要在坚定理想信念上、在厚植爱国主义情怀上、在加强品德修养上、在增长知识见识上、在培养奋斗精神上、在增强综合素质上下功夫。2021年3月1日，教育部、组织部等六部门发布的《义务教育质量评价指南》指出，学校办学质量评价主要包括办学方向、课程教学、教师发展、学校管理、学生发展等五个方面重点内容。旨在促进学校落实德智体美劳全面培养要求，深入实施素质教育，充分激发办学活力，不断提高办学水平和育人质量。

坚持实施42年的"学校、家庭、社会三结合教育"实践，特别是创办逸阳梅江湾国际学校14年来，我的主要体会是：

一、基于三结合教育 精准定位办学理念

逸阳梅江湾国际学校从创办开始就重视发挥三结合教育优势，所制定的学校章程中明确规定："坚持社会主义办学方向，全面推进素质教育，做到

---

① 引自：习近平总书记在全国教育大会上的讲话。

全面育人有特色"，"坚持合力育人、和谐互动的办学理念"，"坚持以学校教育为主导、家庭教育为基础、社会教育为依托，形成学校、家庭和社会三结合教育办学特色。"把三结合教育办学思想明确地写入学校章程，就为一以贯之地坚持三结合教育办学模式提供了法理保证，同时也为创新、丰富、完善、发展具有鲜明个性风格的三结合教育理论，提供了实践保障。

截至2021年9月底，逸阳梅江湾国际学校拥有222名教职员工，302名校外辅导员，3520名学生家长、其中有198名班级、年级和校级三级家委会委员。实现了学校、家庭、社会三方面合力育人，协调、整合影响学生发展的各种力量，发挥大教师集体的力量，形成了强大的教育合力。

学校把落实中央"双减"工作部署作为重大政治任务，聚焦发挥学校教育主阵地作用，积极推进基础教育高质量发展，充分激发广大教师教书育人积极性创造性，以深、细、严、实的作风，下大力气做强做优校内教育，健全学校教育质量服务体系，切实做到教师应教尽教、学生学足学好。

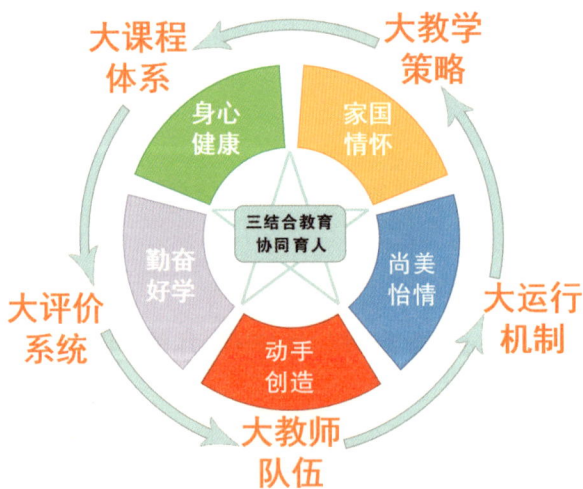

五彩星命名及三结合教育协同育人结构图

　　我们团队创造了以学校为本的三结合教育理论，构建了"一主两翼"大课程体系，创建了"学生成长＋教师发展＋协同管理"的大运行机制和"全面＋特长＋全程"的大评价系统，充分发挥以学校为本的三结合教育整体育人的实效。

　　为了充分发挥大教师集体的作用，学校特别重视让集体中的每一成员都能形成坚定的三结合教育信念：相信家庭、社会都能成为教育学生获得全面发展的巨大力量，学校教育、家庭教育与社会教育三种教育形态只有从简单组合的群体走向三位一体的集体，才能从整体上合力促进学生的全面发展。

　　为了使三结合教育大教师集体的所有成员不仅形成这一共同信念，而且努力践行之，学校明确地提出了实施三结合教育的四大原则：一是目标一致，学校、家庭、社会三方面树立共同的教育目标，全面贯彻落实"教育必须为社会主义现代化建设服务、为人民服务，必须与生产劳动和社会实践相结合，培养德智体美劳全面发展的社会主义建设者和接班人"的教育方针，为祖国未来的建设者和接班人打下德智体美劳全面发展的坚实基础，并朝着这一共同的目标同向而行。二是功能互补，充分发挥与利用学校、家庭与社会三种教育力量各自有利于学生发展的优势功能，实现三方互相补充、合力育人。三是内容衔接，学校、家庭、社会三方面教育内容既有共同点，又有各自的侧重点，既有纵向衔接，又有横向相连。四是和谐互动，即把各有特色的学校教育、家庭教育与社会教育三种力量有机地协调起来，充分发挥它们各自的特色，整合成为一种叠加合力，取得最佳的共生教育效应。

　　恩格斯曾经指出："许多人协作，许多力量融合为一个总的力量，用马克思的话说，就是造成'新的力量'，这种力量和它的一个个力量的总和有本质的区别。"①我校实施的三结合教育就是想尽千方百计，把学校、家庭与社会三种教育力量化为一个"总的力量"的过程，即马克思所说的造成"新的力量"的过程，也就是建立一个大教师集体的过程。只有这样的大教师集体，才能有共同的目标、共同的信念、共同的见解，并做到目标一致、功能互补、内容衔接、和谐互动。

----

① 恩格斯《反杜林论》

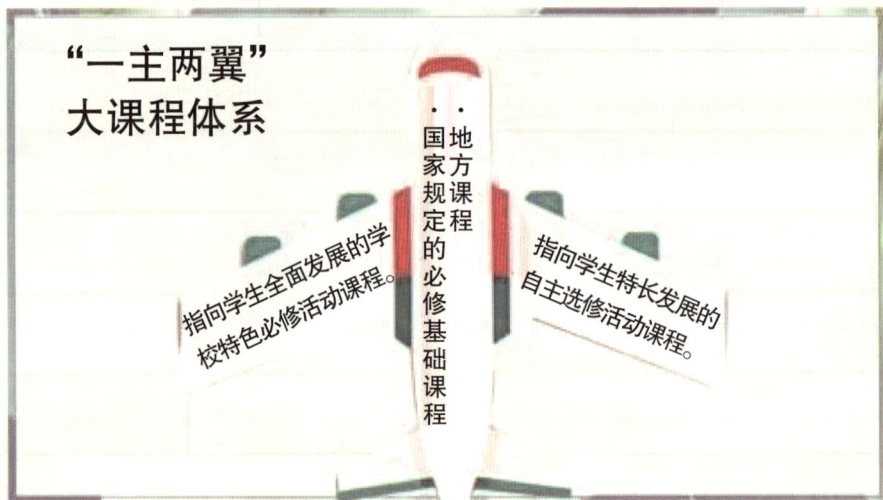

"一主两翼"大课程体系			
一主	国家规定的必修基础课程和地方课程		
两翼	必修 特色活动课程 （19类）	百灵鸟歌会、读书节、艺术节、科技节、采摘活动、祭扫革命烈士墓、场馆研学活动、主题班队会，各具特色的开学第一课、继承传统文化的各种节日的节庆活动、劳动模范进校园大讲堂活动、三结合教育开放日活动、学科嘉年华活动、革命英雄事迹宣讲活动、劳动技能大比拼活动、走进社区公益活动、深入社区调研考察活动、阳光体育锻炼活动、小型运动比赛活动。		
	选修 素质拓展活动 课程 （40余种）	音乐	男子舞蹈、手风琴、口风琴、民乐、合唱、管乐、民族舞蹈
		体育	篮球、足球、排球、乒乓球、击剑武术、形体培训、少儿体操、啦啦操、跆拳道、搏击、射击、田径、国际象棋
		美术	硬笔书法、美术、国画、水彩、精彩手工、创意儿童画、版画
		信息与技术	计算机编程、动画制作、摄影
		朗诵	古诗词诵读、故事会、朗诵与欣赏
		其他	观察与认知、心理驿站、红十字会、智趣汉诺塔

二、基于三结合教育 构建"一主两翼"大课程体系

课程是教育思想、教育目标和教育内容的主要载体，集中体现国家意志和社会主义核心价值观，是学校教育教学活动的基本依据，而课程教学无疑

是落实立德树人根本任务的主渠道，是教育目标实现的重要手段和工具、是教育改革所关注的关键领域。在全面落实立德树人根本任务、全面实施五育并举、培养全面发展的社会主义建设者和接班人的大背景下，课程改革进入到一个新的发展时期，需要对现行课程进行进一步的创新。

在课程建设过程中，坚持以学生为中心，构建"一主两翼"大课程体系。明确必修基础课程，选修活动课程和必修活动课程的功能与结构。不仅注重基础课程，而且对学生在活动中成长，在活动中经风雨见世面，给予充分的重视。充分发挥三结合教育丰富的人力和物力资源优势，将课程延伸到学生的家庭以及他们接触的社会。致力于五育并举所倡导的培养"全面发展的人"，落实党的"双减"政策，对学校课程进行了深入的整合与创新，从学科课程到活动课程，从全体学生必修的学校特色活动课程到学生自选的素质拓展选修活动课程，构建起一个有机整体的大课程体系。即"一主两翼"的大课程体系。

"一主"，是由国家规定的必修的基础课程和地方课程组成，这是学校的主体课程，其价值在于培养学生的基础学习力，按照国家的意志承担着培养学生可持续所需的必备品格和关键能力、学科素养的主要任务。

"两翼"，充分发挥三结合教育优势，由学生、家长、三结合教育委员会委员共同参与开发的60多种课程。其中一翼是指向促进学生全面发展的必修的学校特色活动课程。另一翼是指向促进学生特长发展的自主选修的素质拓展活动课程。"一主两翼大课程"突出体现课程育人、活动育人、实践育人、协同育人。

（一）促进学生全面发展的学校特色活动必修课程

在学校教师为主导、三结合教育委员会各职能部委员、家委会委员及学生的共同参与下，学校为了促进学生的全面发展，落实五育并举、立德树人教育目标,自主开发的具有促进学生全面发展的学校特色必修活动课程19类。

例如:9月1日,不同主题的开学第一课,将学生带入新的学期。"典型引导型辅导员"革命老前辈、时代楷模、英雄等纷纷请进学校上好开学第一课,担当新学期第一位"升旗手"。金秋送爽之时,带领学生们走出校园,亲近大自然,享受劳动收获喜悦的采摘活动。国庆节前夕召开的、一年一度的百灵鸟歌会,以歌唱伟大的祖国为主题,表达对祖国母亲的热爱,每名学生既是演员,又是观众,社区校外辅导员、家长与孩子们同台演出,给学生们留下深刻的印象。由我国著名作家三结合教育委员会委员梁斌和袁静于1984年11月倡导建立的首届读书节上,梁斌题词:"为振兴中华而读书"。读书节期间,三结合教育委员会中"知识扩展型辅导员"作家、艺术家到校对孩子们的读书活动进行具体指导。创建书香班级、书香校园、书香家庭。每年清明节期间,祭扫英烈,传承红色基因。学生们在"革命传统教育型辅导员"的带领下,在烈士墓前庄严宣誓,继承先烈遗志。每年五一劳动节前夕,聘请"典型引导型辅导员"各级劳动模范走进校园为学生传授技艺进行劳动教育。在学生中广泛宣传劳动模范的先进事迹和大国工匠的精神。5月,校园春季运动会的举办,加强培养学生体育技能和锻炼习惯,增强学生体质。教体结合,开发体育教育资源,与市区体育局共同建立培养优秀体育后备人才基地。校园艺术节,一年一度的校园艺术节确定每年五月上旬举行开幕式,六一儿童节为闭幕式,历时一个月的校园艺术节,学生们进行文艺展演。为学有特长的学生搭建舞台,同时还进行五彩星的评比表彰。教师、家长还带领学生走进社区参加公益活动、献爱心送温暖活动,深入社区调研考察。如劳动教育课,我们通过传承劳动精神、拓展劳动课程、亲历劳动实践、承担劳动责任、创新劳动评价等五方面的教育改革,将劳动教育落到了实处。

各条战线都活跃着劳动者的身影,流淌着劳动者的汗水,劳动模范是劳动者的光辉代表。在学生中广泛宣扬劳动模范的先进事迹和大国工匠的精神。2020年六一儿童节举办"学习英模同战"疫" 五育放飞五彩星，美好生活劳动创造"活动，让学生受到"劳动最光荣、劳动最崇高、劳动最伟大、劳动最美丽"思想的感染和熏陶，在学生心中播下热爱劳动的种子、树立热爱劳动的情怀。

2012年，天津市总工会又在学校内建立了"劳模创新工作室"。这是我校开展劳动教育独特而又宝贵的资源。多年来，学校充分发挥"劳模创新工作室"聚贤纳才的作用，邀请叶家良、孔祥瑞、王宝泉、魏秋月、徐文华、张黎明等全国及天津市劳动模范走进校园，宣讲他们在平凡劳动岗位上做出的不平凡事迹，持续不断地开展"倾听劳模事迹 传承劳动精神"教育活动，聘请劳动模范担任学校三结合教育委员会的委员，组建起独具特色的学校劳动教育课程兼职教师队伍。在这支特殊的劳动教育教师队伍中，河北区环卫局的扫道工徐文华的事迹，使学生们受到了极为深刻的教育。徐文华是一名进城务工的农民工，做着清扫街道的平凡工作，他常说："行业有分工，职业无贵贱，只要为社会作贡献，清扫马路劳动一样有成就感。"他以高度的责任心对待工作，使他负责的地段成为最干净的街道，被人誉为"城市的美容师"。热爱劳动、劳动光荣的信念，使徐文华把极平凡的工作中做得极不平凡，荣获了天津市劳动模范、全国劳动模范的光荣称号，成为党的十八大、十九大代表。

众多劳动模范的感人事迹为学校营造出热爱劳动的良好氛围，学生们近距离感受到了劳动模范的风采，学习他们的工匠精神，纷纷表示：要学习劳模精神，用劳动的双手创造美好的生活。

劳动教育与科技活动相结合，从制作的一件件科技作品中培养学生科学探究的欲望、精神和动手操作能力，通过聆听劳动模范的感人事迹，学习劳动模范的高尚思想，亲历劳动过程和体验劳动的愉悦，学生们对劳动有了浓厚的兴趣。为了进一步增强学生的劳动责任感，学校建立了节水员、节电员、安全督查员、安全宣传员、网络安全员、盆花养殖员、领操员、卫生员、图书管理员、财产保管员"10大员"责任制，一人一岗各司其职，承担劳动责任，为班级建设增光彩，身体力行地争做班级小主人。

学校在校外辅导员的支持下，建立了立体绿植种植墙，植树节时在校园中栽种了小树，每个年级负责一块地段，学生们主动定期养护，责任感油然而生。在校外，每个班级都有自己的社区实践基地，到敬老院、儿童福利院慰问老人，为老人打扫卫生，向老人们奉献一份爱心，为福利院的儿童送去同伴的友情。走上五大道街头，擦拭护栏、邮箱、雕塑、长椅，为市民们创造一个清洁美丽的生活环境。

在"停课不停学"期间，学生的闲暇时间多了，我们认为这为劳动教育提供了更多的机会。学校适时地在广大学生中组织实施"一至六年级三自能力培养系列"以"为社区和家庭做一个贡献，每天做一项家务，为长辈尽一份孝心，学一样厨艺，做一名环保小卫士，争戴一枚勤劳家风小能手奖章"为内容的"六个一"活动。还细致安排了以学习家务、参与家务劳动为基本形式的每日常规综合实践活动，培养学生动手、动脑相结合的综合实践能力，鼓励学生出门做个好公民，在家中做个好孩子。

（二）促进学生特长发展的素质拓展选修活动课程

促进学生特长发展的素质拓展选修活动课程是"一主两翼"课程体系的另一翼。为了增强学生的学习兴趣，实现学生的特长发展，开发了选修活动课程。如：手风琴、口风琴、民乐、合唱、管乐、民族舞蹈、男子舞蹈、篮球、足球、排球、乒乓球、击剑、射击、武术、形体、少儿体操、啦啦操、跆拳道、搏击、田径、国际象棋、硬笔书法、毛笔书法、国画、创意儿童画、水彩画、精彩手工、版画、雕刻、计算机编程、动画创作、摄影、古诗词诵读、故事会、朗诵与欣赏、观察与认知、心理驿站、红十字会、智趣汉诺塔、科技制作、神秘实验、创意科技等40多种素质拓展选修活动课程。为了落实"双减"政策，每周安排两次素质拓展选修活动课，并将部分素质拓展选修活动，引入学校课后服务，使学生的兴趣爱好得到充分发展，减轻了学生及家长的负担，得到家长和社会的极大的满意。

三结合教育大课程体系的构建及实施，实现了国家课程、地方课程与学校课程、物理时空与虚拟时空、学科课程与跨学科活动课程、必修课程与选修课程、课堂教学与开放教学等有机整合与校本落地。"一主两翼"大课程策略的实施，有效保证了全面落实立德树人根本任务、全面实施五育并举、培养全面发展的社会主义建设者和接班人目标的实现。

三、基于三结合教育 实施大教学策略

开创学校家庭社会三结合教育的初心及42年的不断改革实践，我们最终的目的是为了培养德智体美劳全面发展的学生。一切以学生发展为中心的课堂教学是落实立德树人根本任务的主渠道。教育部印发的义务教育学校管理标准中，"帮助学生学会学习"指出：要"落实学生主体地位，引导学生独立思考和主动探究，培养学生良好思维品质。"要求我们做到"遵循教育规律和学生身心发展规律，帮助学生掌握科学的学习方法，养成良好的学习习惯。""尊重学生个体差异，采用灵活多样的教学方法，因材施教，培养学生自主学习和终身学习能力。"构建以学生发展为本的教学，就要实施大教学策略，正如中国著名教育家叶圣陶曾指出的："假如学生进入这样一种境界：教师必须摒弃以往的教某一学科的学科教学思维，从指导学生学，走向教会学生学，牢固树立教是为了不教。"教师的主要任务是教会和指导学生

学习，学生的主要使命是学会学习和自主学习。教师应在学习中做学习指导者、学习帮助者、学习点拨者、学习辅导者、学习答疑者。

实现教是为了教会学生学的教育追求，让学校真正成为学生学习的场所、成长的乐园，既要注重减轻过重的课业负担，还得提高教育质量。全体教师努力做到"四精"，即精心备课，精心设计课堂练习，精心批改作业，精心辅导困难学生，合理利用教学时间，留给学生充足的发展空间，严格依据课程标准和教学基本要求切实做好减负工作。

为了让学生成为学习的主人，我们实施项目情境式学习，构建了以学科核心素养为目标"一线二境三学案"的学本课堂教学模式。其中，"一线"是指问题为主线，"二境"是指学科真实情境和学习真实情境，"三学案"是指在"课前预学、课中导学、课后延学"中师生互动形成的预习案、探究案和延学案。

（一）"一线"——问题主线，灵动课堂

学生的核心素养不是直接由教师教出来的，而是需要学生在具体的问题情境中借助问题解决的实践而逐步培养和发展起来的。在这个意义上，问题成为贯穿于学科课堂教学的一条主线。而课堂教学也成为发现问题、分析问题、解决问题和拓展问题的过程，学生围绕探究内容提出的问题，即对探究内容的好奇心，成为学生进行有效学习的内在驱动力。在这个过程中，学生与学生之间、学生与教师之间开展合作探究，培养创新思维和实践能力，学会终身学习。在探究问题的过程中，教师和学生之间没有强调哪一方的权威性，也不存在谁先知谁后知，问题解决不靠谁的权威，而是靠通过合作对话来进行理性分析和科学探究。教师和学生之间是平等的发现者、合作者、探究者、解决者和分享者。可以看出，这种课堂正是培养核心素养所倡导的学习中心课堂。

学生在课堂中提出的问题，与学生的年龄、学生的认知水平和兴趣爱好有直接关系。如低年级学生提出问题时容易异想天开，无法提出有价值的问题，因此针对低年级的学生年龄特点，教师引导学生关注什么是学科有价值的问题，如何能提出这样的问题。而中高年级的学生，往往能提出很多具有研究价值的问题，但由于课堂时间有限，因此就要指导学生对提出的问题进行筛选。

让学生成为学习的主人，实施项目情境式学习。即围绕一个大的学科主题，从不同研究角度进行教学的模式，可以为学生提出问题能力的培养提供很好的平台。在单元伊始，教师可以让学生围绕研究主题，提出一系列问题，如科学学科学习《声音》单元，通过师生间、生生间的交流，学生会提出声音是如何产生的、声音是如何传播的等一系列研究内容，教师可以根据教学安排，带领学生分析讨论，哪些问题是我们最先需要了解的，哪些问题我们需要进一步研究，这样可以帮助学生构建单元逻辑结构。学生在单元学习之初就清楚本单元的探究内容，后续教学过程中，就能更加有针对性地提出自己对某一问题的科学猜测，以及自己的依据。

学会学习就是指小学生在学习的过程中，能够对学习产生兴趣，掌握适合于自己的学习方法、策略和技巧，养成良好的学习习惯，习得学习能力，思维品质获得发展。鼓励学生充分利用已有经验，通过创造性地思考和实践，形成知识结构体系，并能够充分利用已有知识经验，对其进行总结、加工，在面对新的实践活动之时，能够做出及时应变的能力。不单单掌握陈述性知识，明白"是什么"，同时要让学生理解"为什么"和"怎样做"的程序性知识的掌握，使学生能够利用所学知识，达到一种对新事物的领会与运用，即"会学"与"会创"，当代科技的迅猛发展提高了对学生综合运用创新能力的要求，学生不仅要能"学会、学好"，还要自觉地孜孜不倦地去钻研掌握知识，去探讨发现新的方法。

（二）"两境"——真实情境，智慧课堂

在实施三结合教育过程中，我们通过一系列课程的实施，一是为学生创设更真实的学习情境，以核心素养为目标，对学生进行任务驱动，使学生能够充分运用已有的知识经验，发挥学习的智慧，进行创造性的学习和实践活动；二是在课堂教学中将书本中的概念、原理等抽象的、间接的知识还原到知识产生时的真实情境中，让学生在身临其境中感受知识，学会知识，获得能力，认识世界。从本质上讲，真实学习情境是学科知识与学生生活的有机统一。通过两种方式创设真实的情境，学生不仅能"学会、学好"，还能自觉地孜孜不倦地去钻研掌握知识，去探讨发现新的方法。如:三年级的道德与法治课讲《合理购物A、B、C》一课，教师课前让学生收集不同类型的物品，有食品、文具、玩具等，教师利用售货架进行物品摆放后模拟购物情境，有人装扮购物者，大家为合理购物出谋划策，进行购物的实际操作活动，使学生学会掌握商品的合理价格，辨别商品的真假，分辨外包装上保质期及绿色食品标记等。再如，在拓展课程《共读·悦读》的实施过程中，创设探究性教学情境、真实的生活情境和问题情境，依托"三结合教育"，邀请家长、校外辅导员加入阅读队伍中来，分享自己与书的故事，分享自己的人生经历，通过师生共读、生生共读带动亲子共读、人人共读，以书为窗，走进书中感悟文学，走出书外，体味人生，观察自然与社会，将手中的书读厚，将人生的书读懂，在浓厚的共读氛围中达到"悦"读的效果。

（三）"三学案"——学习为本，思维课堂

为了提高课堂教学的效果和学生自主学习的能力，我们在教学中实施以"学"为中轴，依据不同阶段"学"的特征，重视设计"课前预学、课中导学、课后延学"的三个环节方案，先学后教、以学定教、少教多学。这种教学关系决定了课堂教学围绕着学生对知识的建构过程进行，围绕着学生从

不知到知、从知之浅到知之深、从不会到会、从不能到能的认知路线进行，从而使学生的课堂学习成为一个完整的有结构的认知过程和发展过程。

首先，我们这所"没有围墙的学校"踏上了快速发展的"数字高速公路"。在和平教育云平台下，学校实现了宽带网络校校通、优质资源班班通、网络学习空间人人通。近5年来，装备了现代化教学设备，如为每间教室更换纳米黑板、每位教师配备笔记本电脑、全方位安装监控系统、两个校区的网络改造工程及安装报告厅操场的LED屏、安装射击馆等。搭建了教育资源和教育管理两个平台，为信息技术与教育的融合创新提供硬件设施。

其次，纳米黑板创设了常态化的泛在学习空间。在课堂教学中，纳米黑板的使用扩大了师生的互动空间，为全部教室安装了多媒体计算机、数字视频展示台、中央控制系统、音响设备等多种现代教学设备。同时，学校聘请专业教师到校为教师们培训讲解纳米黑板软件，让设备真正"用"起来。教师通过纳米黑板中的特有功能，如移动、翻转等技术，实现了知识的动态呈现。

再次，微课、网络课程提供泛在学习资源。每位教师至少完成一节微课录制，每个年级、每个学科至少在录播教室内录制一节40分钟的优质课。电教组老师们分别承办了语文、数学两场"中国教育梦主题教学观摩活动"。新冠病毒疫情防控中，我们迅速做好"停课不停学"的技术准备，通过展示互动直播平台及微信公众号，采取网络直播课程，视频互动答疑，制作微视频课件，布置网络作业等相结合的信息化课程来引导学生进行在家自主学习，帮助学生解决遇到的问题。同时还利用微信公众号将"和平区网络学习空间服务"与"和平区在线网络课程平台"的学生账号推送给家长，让学生可以针对自己的喜好，使用该平台进行课程学习。我校成功地利用网络直播课堂真正做到了停课不停学。在课程直播期间，我校的直播课受到了学生、家长和社会各界的广泛关注，很多兄弟学校也将我校的直播课堂向他们自己的学生进行宣传。

四、基于三结合教育 建设"大教师"队伍

教师是学校大课程体系、大教学策略的实施者、组织者。教师队伍是学校发展的决定性因素，是不断提高育人质量的关键。在三结合教育实践中，学校下大力气加强教师队伍建设，不断为教师发展注入新的内涵，使教师队伍由传统的专职教师队伍扩展延伸到了校外，由传统的知识型教师逐渐提升为创新型、现代化的教师，进而促成了三结合教育"大教师队伍"的形成。将社会各界人士和学生家长作为教育、教师资源引进学校，形成了由学校专职教师队伍、校外辅导员队伍、家长教育队伍这三支队伍组合而成的一体化的教师集体。只有构建一支符合时代发展要求的、不断进取的、专兼结合的、现代化的新型教师队伍，才能与三结合教育相匹配、与素质教育相呼应，才能充分发挥合力育人的最佳功能，更好地满足学生的全面发展，满足家庭、社会的教育期待。

伴随着三结合教育的深入开展，我们把大教师观创新发展作为大教师集体观，其本质就是要实现学校、家庭、社会三方面协同育人，重视协调和整合影响学生发展的各种力量，发挥团队集体的力量，形成强大的教育合力。教育现代化是一个动态发展的过程，因此"大教师"队伍的建设也成为一场深层次的、持续的、整体性的发展实践。

（一）以专职教师队伍为主体

发挥三结合教育优势，围绕两方面提升专职教师队伍整体素质，一是培育高尚师德，筑牢教师立教之本。二是实现三结合教育的价值追求，引领教师专业化发展。

培育高尚师德，是教师立教之本。在实施三结合教育发展的道路上，我们始终将加强师德建设摆在学校工作的重要位置，以教育为先导，以活动为

载体，以多措并举的策略，形成开放式的师德建设常态机制，有力地提高了广大教师的职业道德水平及教育能力。

民办校教师大都是自聘教师，我校专职教师队伍中自聘人员190人，占全校教师的86%，形成了一支结构合理、爱岗敬业、奋力拼搏，具有专业化发展的教师队伍。在加强师德建设中，强调身体力行，近学榜样；加强培训，远学模范。2018年被评为天津市师德建设先进校。

学校始终坚持"育人必先育己，育己必先学习"的宗旨，采取定期不定期、集中与分散相结合的形式，强化教师教书育人意识，坚定工作信念。先后组织教师们学习中共中央国务院和教育部相关文件要求，引导广大教师结合教书育人实践，增强行动自觉，做以德立身、以德立学、以德施教、以德育德的楷模。积极发挥三结合教育优势，聘请各行业的先进典型、模范人物来校宣讲先进事迹。党的十八大代表、新时代楷模孔祥瑞、张黎明、全国劳动模范叶家良、徐文华、党的十九大代表魏秋月等人的事迹，使教师感受到时代的震撼、心灵的洗涤。老师们以他们为榜样，争当四有好教师，以新时代、新担当、新作为的行动，共同谱写学校创新发展新篇章。

"身体力行，近学榜样。"学校每月评选一次"师德星"，每年评选一次"感动逸阳最美教师"。请这些老师们讲事迹，谈感受，使全体教师真实地感受着身边榜样的力量。他们中有的身患疾病没有耽误一天工作，在即将进入手术室一刻还牵挂着学校工作；有最佳师徒搭档；有爱生如子、绝不放弃；有的无论遇到再大的困难一切以学校工作为重。学校在注重教师个人师德素质提升的同时，更加关注团队的师德的建设。一年级组、六年级组、信息组、科学组、体育组被评为师德优秀团队。他们的事迹在全校教师中引起了强烈的反响，激励广大教师向"最美教师"学习、向"最美团队"学习，促使教师队伍整体师德水平不断提升。

实现三结合教育的价值追求，引领教师专业化发展。提升教师专业化发展是打造更加紧密的三结合教育这一学校发展共同体的价值追求，为此三结合教育委员会各职能部的委员们积极支持参与教师专业发展。

实施教师素质提升工程，夯实教学基本功。为了使教师适应新时代的需求，保证持续性发展，我们采取以下策略：一是组织教师集中学习，保证每周研学时间，观看名师课堂实录，开展校本教研讲座，加强教学工作指导，向教师传递新的观念，传达新的信息，及时"充电"。学习成了教师实现自我价值不断向前发展的需要。二是打造学习交流平台。通过开设"教学论坛"、读书沙龙、专题讨论、优秀读书感想评比，为教师提供展示自我的机会，引导教师走上"读书+反思+实践"的专业化发展道路。三是加强教师基本功培训，建立科学、合理、开放、有效的培训机制。学校邀请书法名师对教师进行书法培训，每周练习一篇钢笔字。每年十月进行钢笔字和粉笔字的过关、定级考核。学校还进行现代信息技术培训，推动教育信息化2.0行动计划和数字校园建设规范全面落实，使老师们的教学理念一直保持在信息化最前沿。

学校高度重视校本教研工作，扎实推进校本研修工作，促进教师专业成长，建立健全"教研室—学校—教研组长—教师"四级校本研修管理模式，聘请三结合教育委员会专家和各学科教学专家对教师们进行指导。

创新"主题教研"和"联盟教研"的教研形式。联盟教研是建立在我校教学快速发展的基础之上创立的新型教研模式，同学科之间根据不同的学段进行划分，一个联盟组要共同制定不同年级的衔接内容，平时在教学中遇到问题要及时沟通交流，形成各个学年把关，联盟组共同发展。

（二）发挥三结合教育研究所的优势，培养专家型教师

教育科研是推动教育教学改革、提高教育质量的动力，是培养高素质教师队伍的有效途径，也是创办特色学校的必由之路。三结合教育研究所的专

家们引导教师把学校工作中的问题专题化、课题化。每学期开学前，都要集中时间对全体教师进行不同主题、不同类型的培训。围绕不同的专题，如依法执教、翻转课堂、教育科研方法、信息技术、学科核心素养、学生关键能力培养等，充分发挥专业引领作用。在专家的引领下，教师们自觉以研究者的眼光，审视和分析教学实践中的各种问题，对自身的教学行为进行反思，对出现的问题进行探究，寻求解决问题的途径和方法。

通过《三结合教育实践与研究》杂志，向教师传播新的教育理念。学校曾邀请资深教育专家顾明远、天津市教研室主任赵福楼等为学校《三结合教育实践与研究》期刊撰写"卷首语"和"专稿"，以此为教师专业成长指明方向，同时为在每期发表文章的教师提供专家指导。这些平台不仅开阔了教师的视野，也帮助教师们掌握了教育改革的前沿信息，不仅为学校的发展注入了新的气息与活力，也使得学校在教育改革的道路上取得了一个个丰硕的成果。

以"十三五"天津市规划办立项的三个课题为引领，融为一体，真正做到科研推动教学创新，逐步建立起一支科研型的教师队伍。期刊编辑部的专家们以《三结合教育实践与研究》期刊出版为平台，指导教师们提升理念、总结规律，期刊创刊以来，有160多名教师发表了248篇文章。这一篇篇文章的背后，凝聚着专家们辛勤劳动的心血，凝聚着教师们的不懈努力，更凝聚着专家们与教师共同开展教育科研的情怀。开展教育科研，迅速地提升了学校的办学品位，成功地打造了优质教育。近年来，老师们在各级各类比赛课、论坛赛、微课、白板课中有379节课获奖，其中获全国白板课奖40人，一师一优课比赛10人获部级奖，30人获市级奖，全国微课程61人获奖，全国优质课评选29人获奖，天津市双优课比赛获一等奖7节，二等奖1节，三等奖2节。在论文比赛中，有123篇论文获奖，有的发表在《天津教育》《天津教研》中。

学校把青年教师的培养作为教师队伍建设的重中之重，健全三结合教育培养机制，助力青年教师成长。目前，我校35岁以下教师140人，占70%，面对学校青年教师是主力军的现状，加强对青年教师培养培训，使其迅速成长，达到"一年成长，两年成型，三年成为专业教师"的目标。

学校坚持"学、练、研"三位一体的青年教师培养模式。一是在"学"字上做文章。组织青年教师学习课堂教学常规、现代教育技术、先进的教育思想及教学方法，使他们更新教育观念，了解未来教育发展趋势。建校以来，有227人次分别到美国、澳大利亚、欧洲以及国内十多个地区参加业务学习和培训。二是在"练"字上下功夫。学校狠抓教师们课堂上的基本功训练，在全校范围内开展做课大比拼活动，按照不同年龄段分为30岁以下的新秀杯、30到40岁的青蓝杯、40岁以上的领航杯三个组别，做课的课题和时间由学校提前三天通知，通过"比拼"，老师们的教学水平得到了质的飞跃。三是在"研"字上求实效。学校充分发挥教导处的导向作用，采用校本教研、结对教研，使青年教师不断学习，不断进步。选拔青年教师参加全国、市区举办的各种教育教学评优活动，为他们施展才能快速成长提供更多机会。

在三结合教育委员会专家们的引领、帮助下，青年教师们"站在巨人的肩膀上"崭露头角，涌现了一批骨干教师。"师傅带徒弟"活动进一步促进了青年教师的成长和老教师的提升，展现出"新教师不新，老教师不老"的魅力，展示出教师团队雄厚的实力，形成了"教学-研讨-提高"的新风尚。"老教师不老"是精神不老，学习不老，观念不老，不忘初心，永葆青春，精力旺盛、不减当年，不因年老而放慢前进的脚步。"新教师不新"，是在学校领导和老教师的培养带领下，新教师实力不弱，年轻气盛，虚心学习，勇挑重担。老教师、新教师团结协作、弘扬传统、奋勇创新、共创佳绩，形成优良的政治生态和浓厚的学术氛围。

学校重视宣传舆论的传播力、引导力、影响力和公信力作用，坚持讲好中国故事、中国精神，坚持讲好学校发展、持续创新三结合教育的故事。附设在学校的天津市三结合教育研究所主办的《三结合教育实践与研究》（季刊），自创刊来已出版34期，每期印刷4000册，给广大教师、家长、社会各界人士和实施三结合教育的兄弟学校搭建了一个三结合教育实践研究心得、展示研究成果的平台，使三结合教育理念、实践经验渗透到教师日常教育教学活动过程中，渗透到日常班级建设活动中，深入学生家庭，深入关心学校教育的三结合教育委员会委员及社会实践活动基地，有力地促进了三结合教育实践与研持续向纵深发展。

在重视舆论宣传中，我校自2016年11月创建微信公众号，至今上网点击达到272万多人次。学校微信公众号内容丰富多彩，设置了逸彩校园、安全之窗、党建旗帜、团队风采、魅力数学，每周一歌、逸趣英语、师生悦读等多种栏目，在2020年1月至4月在抗击新冠肺炎疫情停课不停学期间，点击学校微信公众号就达16万3千多人次。公众号发布的"感受时代精神、致敬抗疫英雄线上班队会纪实""奋斗在一线白衣天使"等感人故事深深地鼓舞着大家。"忆往昔红色基因代代传——国庆百灵鸟歌会"以庆祝建党百周年为背景内容的红歌班班唱，在公众号上登出后，引发强烈的反响，受众听着一首首耳熟能详的动人弦律，抒发着全校师生爱党、爱国的深厚情怀，反映出师生在这个伟大的新时代旋律下激发出的蓬勃奋进活力。

42年来，实施三结合教育协同育人，培养的每届毕业生，普遍得到家长和社会的好评，众多毕业生如今成为各个领域骨干力量。逸阳梅江湾国际学校建校14年来，有23名学生被评为津门童星、全国优秀少先队员。两名学生被评为全国"新时代好少年"和天津市"新时代好少年"，学校被评为全国文明校园、全国读书活动先进单位、全国家庭教育创新实践基地等荣誉称号。

　　课程教学是落实立德树人根本任务的主渠道，是教育目标实现的重要手段和工具、是教育改革所关注的关键领域。在全面落实立德树人根本任务、全面实施五育并举、培养全面发展的社会主义接班人的大背景下，课程改革进入到一个新的发展时期，学校将对现行课程进行进一步的创新，积极推进教学改革，努力提高教学质量，为培养新时代堪当民族复兴大任的德智体美劳全面发展的建设者和接班人作出新的更大的贡献。

获天津市项目式学习优秀案例，科学牛莹老师带领学生走进科技馆观星空、了解我国航空航天史

获天津市基于场馆资源的项目式学习展示案例，
美术邢姣姣老师带领学生到博物馆赏青花、绘青花、修复青花、制青花

我和师生一起参加
快乐丰收的"学科教学嘉年华"

微信扫码看视频

学科教学嘉年华

本文写于2021年春

2021年3月—5月，在春夏之交的勃勃生机中，逸阳梅江湾国际学校一年一度的学科教学成果展示活动"教学嘉年华"在欢乐的校园陆续展开，师生们迎着和煦的阳光收获着教与学的快乐。这是我除了平时深入课堂了解各学科教学情况、与师生沟通交谈教改举措和收获外，进一步深度了解、感受教学改革进展情况的极好机会。

根据学校工作的惯例，为了展示各学科教学改革的成果，交流教改经验，促进教学改革的深化和教育教学质量的提高，每学年春季分别举行"语文周"、"数学周"、"英语周"等活动。从2021年3月以来，开启了由语文、科学，体育三个学科新一轮的教改展示活动，称为"首场教学嘉年华"。每个学科为一个版块，依次进行展示。4月份展示了数学、音乐、思政三个学科，5月份又展示了英语、美术、信息技术等学科。

"嘉年华（Carnival）"本来是欧洲早年的一个传统节日。据了解，"嘉年华"的前身是欧美"狂欢节"的英文音译，相当于中国的"庙会"，最早起源于古埃及，后来成为古罗马农神节的庆祝活动。多年以来，"嘉年华"逐渐从一个传统的节日被人们视为"欢快的众多人参与的进行展示的大型活动"。例如在德国有的地区搞"中国人嘉年华"，我国的青少年也逐步乐于参与此类活动。

学校举办学科嘉年华活动

各学科举行"教学嘉年华"活动，旨在以往进行"教学成果展示周"的基础上，以少年儿童更乐于参与的方式，营造突出学科特点和教改成果的环境氛围，激发学生对该学科的学习兴趣和钻研激情。通过精心组织，丰富多彩的汇报展示，使学生们看到了活化了的课本上的内容和课本外的知识，扩大了学科知识视野，进一步感受学科知识的神奇、奥妙、无极限，引发学生主动学习和探究知识的热情。主要做法是，首先在隆重热烈的各学科"教学嘉年华"开幕式上由师生进行汇报展示，然后持续近一个月的时间，再以年级学科为单位，分别进行学科专题汇报展示活动，如课堂学习方式和收获的汇报、课下小型学科活动展示、家庭亲子活动等。

在这些既欢快活泼又蕴含丰富学科教学成果的展示活动中，各学科、各年级的师生们尽展风采，异彩纷呈。

"教学嘉年华"开幕式上首先登场的是语文学科展示，从《长歌行》到《唐诗里的中国》，再到《少年中国说》，学生们身着典雅的汉服，配上优美的乐曲，让人们领略到国学的无尽魅力和祖国语言文字的博大精深。在"语文嘉年华"活动中，教师们还精心设计了多个活动栏目。如让学生进行作家、诗人、书法家、新闻发言人等的"角色扮演"，在"诗满逸阳"诗歌分享会上，不少学生编写了小诗集，不仅推荐名家名作，还自信地诵读着自己的诗歌作品。在"多彩漂流"栏目中，和好书交朋友，和朋友分享好书，把自己喜欢的图书分享给小伙伴，还将自己的推荐心得写在书签上和伙伴交流。"朗读者""阅读接力"等栏目活动让学生们沉浸于浓浓的书香氛围中。"你说我猜""成语接龙""甲骨探秘"活动让学生们在书香墨韵中丰富思维、开阔视野、陶冶情操，把"悦读、乐写、爱说、善思"的种子深植于学生心中。"感受乐府诗情""书画诵读经典""看图猜成语""诗词大会""开心辞典"等更是趣味横生。

在"科学学科嘉年华"活动中，师生们用灵巧的双手、神奇的科学知识让大家眼花缭乱。古法造纸的展示，让人们感受到古代劳动者的智慧和辉煌的华夏文明；学生制作的大象牙膏和可乐喷泉见证了神奇的化学；电动升降台、自制七彩小电灯、自制小火车等科技小制作以新奇的创意、酷炫的效果，令人啧啧称赞。在学生的巧手中，一个个废弃物变成了一件件美丽的环保作品，环保的理念也随之深入人心。科学教师以"教学嘉年华"活动为契机，坚持从生活出发，安排更多内容丰富有趣的科学探究活动，激发学生对科学学习的热爱，让更多的学生学科学、爱科学、将科学学习延伸到生活中去。

作为一所拥有多项特色体育项目的学校，在本次"体育嘉年华"中，这些体育项目都参与了队列展演。足球、武术、篮球、啦啦操……整齐划一的队列，无不展现逸阳学子强身励志、团结拼搏的熠熠风采，表达着承载国家强盛、民族振兴的体育梦想。

根据活动安排计划，在陆续进行的活动中，"数学嘉年华"着眼于生活中的数学应用，低年级的主题是"智慧与数学同行 思维与活动飞扬"。教师们为了给学生提供"走进数学，了解数学，学好数学，玩好数学"的平台，营造了快乐学习数学的氛围，帮助学生赏数学之美，观数学之奇，享数学之趣，感受数学魅力，体验数学内涵，以全面提升学生的数学素养。拼七巧板，不仅感受到了组合图形的无穷奥妙，还体会到了创意的无穷乐趣和成功的快乐。高年级的"趣味数学竞赛"，通过必答题、抢答题、风险题，为学生提供了一个多途径、多方法、多角度了解数学和获取数学知识的舞台。学生们积极挑战每一个数学游戏，展示了对趣味数学的热情，热爱数学、钻研数学、挑战数学的热情也会长久持续下去。

道德与法治学科在要求每一位教师做到"政治要强、情怀要深、思维要新、视野要广、自律要严、人格要正,坚持立德树人根本任务,彰显学校的三结合教育协同育人特色"的基础上。在"教学嘉年华"活动中,教师们充分发挥积极性、主动性、创造性,指导学生通过游戏体会法律对人们安全生活的保护,了解生活中的浪费现象,培养学生反对浪费、提倡节俭的好习惯,在课堂内外以思政教育滋润学生心田。

"信息技术嘉年华"活动以"学好信息技术 建设科技强国"为主题,充分发挥信息技术对推进教育现代化的重要作用,致力于加强学校数字化校园建设,研究探索基于"互联网+"的教学组织形式,主动适应教育信息化时代对教育变革的挑战和要求,加快推进信息技术与教育教学的深度融合,助力学校教学信息化工作稳步发展。在"教学嘉年华"活动中,激发学生学习信息技术的兴趣,推动信息技术在具体生活情景中的应用,培养学生动手操作能力,涌现出了一批计算机打字小能手和PPT的设计制作者,展示了学生们设计制作的丰富多彩的环保、劳动等内容的展板。同时还举行了以"保护环境,爱护地球""探索宇宙奥秘""我和我的祖国"为主题的电脑绘画比赛活动,激发学生学习信息技术的热情,强化学生的学习动力,开发学生的智力,提高学生信息技术素养。学生摄影组还在"教学嘉年华"现场展示了各自拍摄的作品,给更多同伴感悟艺术作品的机会,引导学生展开想象,培养学生的观察力和思维创新能力,帮助学生理解基本摄影原理以及操作相机的方法。"信息技术嘉年华"活动还在"编织梦想,程就未来"的口号下由学校无人机素拓组的学生们展示了编程无人机定位打靶,表演了自己动手、通过程序设计制作的利用红外传感器、接收遥控器所发出的红外信号,遥控小车运行的方向。

在"美术嘉年华"活动中,学生们穿着特色服饰,昂首阔步,用方队的形式展现丰富的美术世界。首先展示的是党旗方队,学生们开动脑筋,利用随风旋转的风车拼贴成两面鲜红的党旗。书法国画方队，在"五育并举、全面发展"的育人思想引领下，在笔墨丹青的渲染中，传承中华文脉。剪纸方队的学生们身穿剪纸特色的服饰，展示了优秀的民间传统艺术，用共同创作的以建党百年历史征程为主题的剪纸长卷作品，向中国共产党建党百年献礼。版画方队的学生们以刀为笔镌刻出对党的无限敬意，开发想象，印刷出体现新时代设计艺术的版画作品。在建党百年的辉煌时刻，教师带领学生们穿梭在一幅幅名画作品中，《启航——中共一大会议》所展现的党的第一次代表大会在南湖画舫上顺利召开的场景，《强夺泸定桥》《狼牙山五壮士》《开国大典》等名画，让学生们感受着穿越百年的精神力量。

我还看到，在"音乐嘉年华"活动中学生们各种才艺的展示。结合建党100周年的主题，学生们深情地演唱了歌曲《没有共产党就没有新中国》《红领巾心向党》《我和我的祖国》《我爱祖国的蓝天》《新时代的好少年》《少年少年　祖国的春天》等，动听的歌曲飘荡在校园，欢乐的气氛感染着每一个学生的心灵。在教师指导下，学生们自主创编，充分展示了自己的特长，在歌唱、舞蹈、器乐演奏等多种形式的汇报中，体现着班级的特色，飞扬的歌声和经典的旋律，演绎着逸阳学子对党、对国家的热爱之情。在"悠悠琴声　乐满校园"的器乐展示中，不仅展示了竖笛、口风琴双乐器进课堂的成果，还展示了包括古筝、长笛、吉他、尤克里里、手风琴等多种乐器的演奏。他们精神抖擞，歌声嘹亮，处处彰显了平时的努力，投入的表演，专注的观看，有序的上下场，展示了艺术教育的成果，也彰显了在"三结合教育"理念下，良好文明礼仪教育的养成。

纵观2021年"教学嘉年华"活动，可谓"异彩纷呈"。此次活动恰逢庆祝建党百年华诞的喜庆季节，师生们把"爱党之心、感党之恩、为党育人、为党成才"的深厚感情融入各项活动之中。整体活动的过程是师生交流的过程、学习的过程、展示的过程，使全体师生受到了爱党、爱国教育，振奋了精神，锻炼了队伍，体现了三结合教育的协同，凸显了学校文化的品位，展示了教育教学的累累硕果。同时，在活动形式上与往年相比，有了很大改进。比如过去进行"英语周"活动，主要是营造校园、楼道的英语氛围、布置环境、挂世界各国的小国旗、布置英语作业展牌、各班进行唱英语歌曲、讲英语故事、做英语操等活动，持续一周后，各年级排练一个形式各异的英语节目，举办一专场汇报，请学校领导进行评议。在以往"英语周"体验的基础上，2021年的"英语嘉年华"规模扩大了，内容丰富了，形式多样了，有大规模的场外布置，如开幕式、各年级以方队形式入场展示、参观展台、听学生讲解汇报等，然后在近一个月的时间里，以年级学科为单位开展趣味活动。

对于这样的展示活动，学生们乐于参加，个个跃跃欲试，争先恐后地汇报自己的学习收获、成长进步。活动期间学生较平时更多、更集中地接触了本学科的知识，进一步增进了成就感，有利于"乐学、勤学、互学、善学"学风的形成。教师们在活动中体验到在教学改革中辛勤劳动的成果，普遍感到促进了对教学改革的进一步反思与提升。学生家长们积极支持这样的活动，为孩子们的成长而助力，许多家长主动为展示活动提供环境布置的材料，有的家长还参与亲子或师生的汇报演出。社会上赞同这样的活动，许多人士说，没想到原来教学成果展示还可以搞得这样红红火火，生动热烈。

在"教学嘉年华"活动中，我能强烈地感受到，学生们在这里学习生活是愉快的、幸福的；能强烈地感受到"十年树木，百年树人"的教育力量；能强烈地感受到坚守"立德树人"初心使命的成果，似乎能听得到学生们"拔节成长"的声音。学生的欢乐就是学校的欢乐，学生的成长记忆就是对学校教育的最好评价。

和师生一起参加"学科教学嘉年华"活动，我的主要感想是：实现立德树人的根本任务，课程教学是育人质量提升的主要渠道，教学是学校的中心工作，课程是学校教育的重要核心载体。作为学校领导者和管理者，必须不断提高自己的课程教学领导力，抓好学校课程建设，特别要指导和组织好学校的教改工作，聚焦教学质量和效益，实现学校高质量、高品质、高水平发展。而每学年坚持举行并不断创新的教学总结展示活动，则成为收获教学成果，提升教改经验，推进协同育人，丰富学校文化，升华学校品牌的重要举措。

2021年的"教学嘉年华"活动还在继续深度进行，我相信一定会越办越好。实践告诉我们，"学科教学嘉年华"活动承载着厚重的学校文化，是学校的"三结合教育"办学理念的充分体现，"学校教育、家庭教育、社会教育协同育人"是学校办学的行动指南，彰显着学校的办学特色，德智体美劳"五育并举"，全员、全程、全方位"三全育人"是办学的根本指导思想。从这些活动中，既能解读出教育跋涉者不忘初心、勤于耕耘的教育情怀，丈量出教育创新者勇于开拓的坚实脚步，又能立足学生成长，体现学生的主体地位，看得见反映在学生成长上的教学成果，听得见学生的生命成长的欢快节奏。"教学嘉年华"活动之所以成功，核心在质量，特色靠学科，标志是文化，依赖于教师，成就于学生。历时多年的教学成果展示活动，既要坚持又要创新，要不断提高其价值和意义，使其更有品位、更有特色、更有趣味，更富效果，更好地为学校的文化解码、为学校的办学成果展现，让各学科教师得到启发，使教学经验得到升华，给同行以启迪，并得到学生家长的支持以及社会的认可与赞誉，这也是全校师生、三结合教育团队向中国共产党百年华诞的献礼。

在重视体育强身健体作用的同时弘扬体育的育人功能

本文写于2018年春

习近平总书记指出："体育是社会发展和人类进步的重要标志，是综合国力和社会文明程度的重要体现。体育在提高人民身体素质和健康水平、促进人的全面发展，丰富人民精神文化生活、推动经济社会发展，激励全国各族人民弘扬追求卓越、突破自我的精神方面，都有着不可替代的重要作用。"

中共中央办公厅、国务院办公厅印发的《关于全面加强和改进新时代学校体育工作的意见》指出："学校体育是实现立德树人根本任务、提升学生综合素质的基础性工程，是加快推进教育现代化、建设教育强国和体育强国的重要工作，对于弘扬社会主义核心价值观，培养学生爱国主义、集体主义、社会主义精神和奋发向上、顽强拼搏的意志品质，实现以体育智、以体育心具有独特功能。"

毛泽东主席从小就喜欢体育运动。1917年，他在《体育之研究》中这样写道："体育一道，配德育与智育，而德智皆寄于体。无体是无德智也。"中华人民共和国成立之初，毛泽东主席就说："健康第一。"以后又说了许多次。习近平总书记在全国教育大会上再一次提出"健康第一"的号召，具有很强的针对性。健康是生命的基础，健康比分数可贵。少年儿童的健康，关系到他们的成长，关系到民族的未来，学校要坚持党的教育方针，落实立德树人根本任务，树立"健康第一"的理念，建设健康的校园。

出席学校春季运动会的嘉宾

女子4×100米接力赛跑

啦啦操队展示

年级组团体操展示

武术队展示

中国近代教育家蔡元培先生早在1919年，就提出了"夫完全人格，首在体育"这样具有前瞻性的教育主张。在教育者的眼里，体育不仅能壮筋骨，还能调感情、强意志，还是人格教育的最好方式。长期以来，很多人只是将体育作为锻炼身体的一种手段。实际上，体育的育人功能才是最本质的功能，特别是在基础教育阶段，体育的育人功能非常重要、不容忽视。因此，我们不仅要重视体育强身健体的作用，更要发掘和弘扬体育的育人功能。

体育的育人功能内涵丰富，关键是培养学生的体育精神。体育精神包括的内容很多，但主要内容有三条：一是坚韧不拔的意志。体育是一项艰苦而愉悦的活动，学生在体育运动中不仅面临体力上的考验，更要经受意志力的磨炼。唯有奋发向上、积极进取、艰苦训练、坚持不懈，才能取得进步，获得成功的喜悦。在体育运动中，学生要向自己的惰性、体力、运动技能发起一次次挑战，在经年累月的坚持中磨炼意志和享受快乐，最终养成坚韧不拔的意志和乐观向上的品格，体育可以提升学生的身体素质和心理健康水平，增强社会适应能力，树立正确的价值观。二是团结协作的精神。在学校教育中，学生们的学科学习考验的是个人学习能力，而体育运动则可打破以自我为中心、孤军奋战的格局，增进集体凝聚力，培养学生团结协作精神，让学生拥有开放的心态和主动合作意识。体育带给学生的团结协作精神，将使其在今后的工作和生活中更好地与人共处、与人交往、与人合作。三是遵守规则的意识。体育运动有明确的竞技规则，体育是学生规则意识培养的重要途径。体育可以加深学生对生命的理解和生活的热爱，教会学生如何在规则的约束下赢得胜利，也教会学生如何正确地面对失败，帮助学生形成更完整的人格。在体育中养成的规则意识有助于培养学生对法律规范和社会公德的认同与遵循，从而促进学生成为自觉遵纪守法的好公民。从体育中获得的这些品质和精神将使学生受用终身。

我校在办学实践中，基于育人功能来设计和实施学校体育课程的教学目标、教学内容和教学方法。坚持以立德树人为根本，以社会主义核心价值观为引领，全面贯彻党的教育方针，以服务学生全面发展、增强综合素质为目标，坚持健康第一的教育理念，推动文化学习和体育锻炼协调发展，帮助学生在体育锻炼中享受乐趣、增强体质、健全人格、锤炼意志，培养德智体美劳全面发展的社会主义建设者和接班人。

我校不断深化体育教学改革，逐步完善"健康知识+基本运动技能+专项运动技能"的学校体育教学模式。教会学生科学锻炼和健康知识，指导学生掌握跑、跳、投等基本运动技能和足球、篮球、排球、田径、游泳、体操、武术等专项运动技能。健全体育锻炼制度，广泛开展普及性体育运动，定期举办学生运动会，组建体育兴趣小组和社团，推动学生积极参与常规课余训练和体育竞赛，着力保障学生每天校内、校外各1个小时体育活动时间，促进学生养成终身锻炼的习惯。

学校在体育课程教学中，注重聚焦提升学生核心素养。根据学生年龄特点和身心发展规律，围绕课程目标和运动项目特点，精选教学素材，丰富教学资源，帮助学生掌握1至2项运动技能，引导学生树立正确的健康观，使体育教内容充分体现思想性、教育性、创新性、实践性。

体育技能教学是体育教学中的主要内容之一，而技能教学中的技术动作学习，对于小学生来说是有一定难度的，由于学生"身体—运动智能"的差异，他们对技术动作学习和掌握的速度与质量，是有差异的。教师们实施分层教学就是直面这种现实差异，为学生提供适宜的教学内容和方式，使其在各自基础上获得积极的发展和提高。如一位教师在一节跳箱的技术课中，感到教学效果与预设的教学目标相距甚远，通过调查分析，发现本节课的教学效果较差的原因是跳箱的高度较高，学生产生害怕心理不敢尝试，从而导致技术动作变形和不规范。经过课后反思分析，教师重新制定了分层教学目标，具体分解为认知目标、技能目标和情感目标，精心设计活动，实施分层教学，针对学生实际进行不同层次的关注与辅导，实施不同层次的练习与要求，采取不同层次的检验与评价。同时通过小组合作的形式培养学生的合作精神，让每一个学生都能体验到成功的快乐。在教学过程中，课堂气氛活跃，学生学习习兴趣浓厚，参与学习的热情高涨，思维得到启发，使高中低三个层次的学生在原有水平上都有所提高，达到了预期的教学目标。

小学生普遍存在争强好胜心理，这也使得他们在体育课上会表现出一定的主动性。兴趣是最好的老师，兴趣会使学生主动学习自己喜欢的知识，参与自己喜欢的活动，激发学生对运动的积极性和热情。因此，教师在课堂上充分考虑学生的心理特点，将丰富的活动形式、器械引入课堂，通过形式多样的趣味活动，促进学生趣味的产生和发展，让学生更加积极地参加体育活动，培养参与的态度和群体活动的乐趣，进而提高学生的训练成绩。

在体育课教学的身体素质训练中，教师会发现在某些方面非常有潜力可能成为体育"苗子"的学生，教师在首先做通家长思想工作的基础上，进行重点培养，运用科学的训练方法，合理安排学生的训练时间，学生通过一段时间的训练，取得了很好的运动成绩，由于体质的增强，学习精力旺盛，学习成绩也有了飞跃，得到了家长的认可。学校还努力开发社会上的体育教育资源，与市、区体育局共同建立培养优秀体育后备人才基地。小学阶段是学生成长的关键时期，也是他们身体素质提高的关键时期，体育不仅是对学生自身素质的培训，也为国家后备体育精英的储备打下坚实的基础。根据学生的身体素质发展情况建设学校代表队，参加区、市级乃至全国联赛，加强体育传统特色学校建设，学校多次在和平区运动上会获团体总分第一名的好成绩，在体育后备人才学校、中小学田径运动会中很多学生被授予优秀运动员称号。

　　我从年轻时就重视体育锻炼。从事教育工作后，在办学实践中也非常重视学生的身体健康，重视学校的体育工作，这使我至今尚能保持比较好的精力从事学校的管理工作，学校的体育工作在师生的努力下保持着良好的状态。我的体会是：一个人需要更多精力就必须有健康而又充满活力的身体作保障，一旦失去了身体健康这个要素，任何理想、任何愿望、任何美好都是虚幻。运动不仅是改善我们的身体状态，还是我们体验更加美好生活的基础。加强学校的体育工作，让我们的学生，人人喜欢体育，喜欢运动，这是一件多么美好的事情，这会让他们终身受益无穷。

　　从体育的特点来看，体育具有公开、公正、公平的特性，学生在运动中有着复杂的互动关系——个人与集体、自我与同伴、本人与对手，有着强烈的情绪体验，比如挥洒汗水时的激情、身体达到极限时的无助、队友间的鼓励助威，在运动中既要遵守规则，又可以张扬个性，既可以获得成功的喜悦也会体验失败的痛苦，既有服从也有反抗等等，因此，体育运动在许多人的生活道路上是一个里程碑。所以，运动在培养孩子的"完整人格"方面有着独特的优势。

　　运动让人们学会去赢，也学会去输；学会成为更好的自己，也学会去做好团队的一分子；不但学会去奋斗，也学会敢于承认失败；这些，都是我们培养少年儿童成为"完整的人"的必修课。

　　实践证明，体育促进人的全面发展。一是体育可以健身，没有健康的身体，一切都是空谈；二是体育可以启智，人是一个整体，伴随着身体的强健，思维也将随之处于最佳状态，潜在的智慧将由此更容易得到开发和提高，体育锻炼有助于提高学习效率。三是体育可以养德，体育课程中所凸显的"更高更快更强"的体育精神，包含着个体竞争、团队合作，通过不断的自我挑战达到最后的自我实现，在同一准则下自然而然形成对公平的追求、对顶峰的向往，这种追求与向往必然为培养道德品质打下良好的基础，而且直接促成行为准则的践行、道德意识的形成以及自我完善的渴望。同时，涵养阳光健康、拼搏向上的校园体育文化，对于培养学生爱国主义、集体主义、社会主义精神，增强文化自信，促进学生知行合一、刚健有为、自强不息的精神，有着重要的促进作用。四是体育可以强心，体育对人所带来的影响，从生理直接影响着心理。

微信扫码看视频

丰富多彩的
阳光体育活动

总之，学校体育是落实立德树人根本任务、提升学生综合素质的基础性工程，有学者曾说："无体育，不教育"，体育远比我们许多人想象的更重要，让我们充分发挥"以体健身、以体养德、以体启智、以体育美、以体强心"的独特功能，让学生从体育中获得的品质和精神受用终身。

教育专家引领下"三结合教育"全面育人

王希萍校长接待北京师大教授资深教育专家
顾明远先生、天津市教育科学研究院副院长李剑萍教授

劳动教育让学生拥有幸福生活的能力

习近平总书记强调指出："要在学生中弘扬劳动精神，教育引导学生崇尚劳动、尊重劳动，懂得劳动最光荣、劳动最崇高、劳动最伟大、劳动最美丽的道理，长大后能够辛勤劳动、诚实劳动、创造性劳动。"①

中共中央、国务院《关于全面加强新时代大中小学劳动教育的意见》指出："劳动教育是中国特色社会主义教育制度的重要内容，直接决定社会主义建设者和接班人的劳动精神面貌、劳动价值取向和劳动技能水平"。必须"充分认识新时代培养社会主义建设者和接班人对加强劳动教育的新要求。积极探索具有中国特色的劳动教育模式，创新体制机制，注重教育实效，实现知行合一，促进学生形成正确的世界观、人生观、价值观。"

逸阳梅江湾国际学校在办学实践中，坚持以习近平新时代中国特色社会主义思想为指导，全面贯彻党的教育方针，坚持立德树人，坚持培育和践行社会主义核心价值观，坚持三结合教育理念，紧密结合经济社会发展变化和学生的生活实际，把劳动教育贯穿于学校、家庭、社会各方面，与德育、智育、体育、美育相融合，注重教育实效，围绕培养担当民族复兴大任的时代新人，着力提升学生综合素质，促进学生全面发展、健康成长。

长期以来，在加强学生劳动教育方面进行了校本化探索，主要体会是：

---

① 引自：习近平总书记在2018年全国教育大会的讲话。

一、三结合教育理念引领下的劳动教育内涵

《教育大辞典》从劳动教育的内容和劳动素养出发，将"劳动教育"定义为："劳动、生产、技术和劳动素养方面的教育，旨在培养学生正确的劳动观点、劳动态度、劳动习惯，使学生获得工农业生产基本知识和技能。"我们认为，劳动教育是使学生形成正确的劳动观和劳动态度，习得基本的劳动技能，养成良好的劳动习惯的教育，与德智体美四育共同组成了培养全面发展的人的五育之一。劳动教育的内涵概念并不是一成不变的，而是随着时代的劳动方式特征、国家课程改革方案、学校改革的深入程度以及教师的理念转变而有所不同，呈现出明显的时代性、地域性和校本性。

我在近70年的从教生涯中，经历了我国经济体制转型和劳动方式的翻天覆地变化，身处教育改革和发展的各个历史进程中，一直坚定地认为：劳动教育永远不会过时。这一理念，既来自中华民族优秀文化传统历来对劳动的重视，也来自我对马克思主义"劳教结合"的学习认同。我认为，劳动教育，意义重大。从1962年担任小学校长后，就将劳动教育列为学校重点教育目标之一，从小学一年级开始，就把劳动教育纳入学校的日常教育活动中，让学生在参与实践、适当劳动中培养劳动素养。这既有利于锻炼健康的好身体、培养吃苦耐劳的好习惯，也有利于学生树立劳动光荣、劳动创造美好生活等观念，这对于学生的全面发展、成长成才以及创造幸福人生都具有重要意义。

（一）在德智体美劳五育之中，劳动教育具有基础性的地位和作用

在德智体美劳五育之中，如果说德育、智育、体育和美育分别指向人的品德、智力、体质、审美某种素质养成的话，那么，劳动和相应的劳动教育

并不专门指向人的某种素质形成，而是集劳动价值观、劳动习惯、劳动知识与技能于一体的教育，是让学生身心获得全面发展的教育，有助于其多方面素质的养成。真正的智育不可能由注入、死记和为考试而用功的方法获得，而是由苦学、动手制作、体验、试验、思考和力行而获得；德育也同样需要在理论学习和参与各种活动中产生；劳作可以锻炼坚强的意志，能够修炼和培养正直、忍耐、克己、节制、协同、友情、忠实、勇敢、快活、奋斗、独立工作、服务和感谢等诸种美德；而自己设计、自己制作、自己修理、自己洗涮、自己打扫等诸种劳作活动本身，就是美育；如能挥动锄头种出自己食用的新鲜蔬菜，更获得了强壮的健康身体。所以，劳动教育具有基础性的地位和作用，是"五育融合"的重要综合性基础。

在"五育并举"的背景下，学校在深刻认识新时代劳动教育重大意义的同时，充分发挥劳动教育强大的综合育人功能。在实践中深挖并梳理学校劳动教育文化，在文化层面寻觅劳动教育的支点和方向，凝结成劳动教育的文化印迹，使之成为学校新时代推进劳动教育的意义所在。

（二）培养学生"正确的劳动观念、必备的劳动技能、积极的劳动精神、良好的劳动素养"是学校劳动教育的总目标

小学劳动教育的目标和价值定位是多元的，其中包括：知识与技能，过程方法和能力，情感、态度与价值观。在小学阶段，劳动教育的意义，一是通过学习与劳动相结合帮助儿童少年智力得到发展，使儿童少年更好地掌握事物之间的联系，发展他们的才能和爱好。二是劳动教育也是人格教育。学校是育人的场所，教师在学校的所有行为、家长在家庭中的所有行为对学生都是教育，其中包括必要的体力劳动。学校和家庭应当教会学生懂得敬重劳动和劳动者，引导学生意识到每一个劳动者都值得被尊敬，任何一种劳动都值得被尊重。三是生活的真正幸福来源于劳动，没有劳动就谈不上真正的幸

福。学校教育的重要使命就是把学生们培养成能够幸福生活，对社会有用的人。无论个人幸福还是为社会作贡献，都离不开正确的劳动观念和必备的劳动技能以及终身学习不断精进的劳动态度。要使学生理解和领悟到一个人获得的生活和文化财富，与他参加的劳动有着直接的联系，好逸恶劳、贪图享受、期盼不劳而获、少劳多得都是病态的劳动价值观，需要在全社会确立正确的劳动价值观去克服。

人类文明始于劳动。对于小学生而言，劳动教育是对学生进行人生教育的根本，是学生"学会生活"的重要实现方式，是学生成长的必要途径，是实现德智体美劳全面发展的重要一环，承担着弘扬人文精神，培养学生基本劳动技能，促进学生身心健康发展，提高学生身心素质的重任。我们必须按照劳动教育的总目标，培养学生"正确的劳动观念、必备的劳动技能、积极的劳动精神、良好的劳动素养"，让学生拥有幸福生活的能力。

（三）根据三结合教育的理念，实施劳动教育是家校社三方面必须协同完成的重要任务

劳动教育的扎实开展，必须充分发挥学校在劳动教育中的主导作用，充分发挥家庭在劳动教育中的基础作用，充分发挥社会在劳动教育中的依托支持作用。

在校学习的学生，尚未踏入社会，小学各门学科课程及其实施，就是形成学生基础性素养的重要途径，学科教学过程中可以结合知识技能的学习，联系劳动实践情境，结合学生的劳动经历和体验，激励学生投入到学习这种特殊的智力型的劳动中去。在组织各种教育活动或学习过程中，有意识地营造一些劳动空间，为学生打造出可身临其境的"劳动现场"。不仅从内容上把科学、数学、文学、艺术融汇在一起，而且也从方法上把学习、思考、假设、验证、研讨等方法结合为一体，经历自主的和主动的探

究与发现，形成有深度的学习过程。

以社区和社会为阵地，组织社会公益劳动的实践活动，以家庭为基础，鼓励学生参与家庭生活中的家务劳动，从大教育大课程的视角，开辟学校、社会、家庭三位一体的劳动教育渠道，多条路径，同归素养，都是以劳动教育为载体，全面提升学生意志品质、思维能力、创新精神等综合素质，培育出有梦想、有作为、爱劳动、敢担当的时代新人的重要举措。

让学生坚持家务劳动、社会公益劳动和学校的各项劳动实践活动，以具体的劳动项目为依托，促进了学生素养的全面发展，培植了学生的劳动观念，磨炼了学生的劳动意志，提升了学生的综合素养。劳动教育的过程也是一个"参与社会"的过程，学生可从社会公益劳动中体悟到公民责任、亲历各种道德实践、结成新的人际关系与团队合作，在劳动中体验不同的文化。让人们看到了学生的明显变化："眼里有活、心里有人"的学生会越来越多。

（四）劳动教育对于适应新时代发展的新形势，推动现代教育实现人的全面发展的终极使命，具有现实意义

在新时代背景下，劳动教育呈现出新的特点。以习近平同志为核心的党中央重申加强劳动教育，提出将学生培养成德智体美劳全面发展的社会主义事业建设者和接班人的明确要求，这对于中华民族的伟大复兴具有重要的战略意义。劳动教育不仅是党和国家对教育工作的基本要求，更是社会发展对教育现代化的重要要求。劳动教育的本质内涵在于将教育与生产劳动相结合，使学生在体质得到增强的同时提高其精神境界，由此获得身心全面发展，劳动教育在现代社会正是以人的全面发展为前提的。

在现代工业和互联网快速发展的新形势下，对儿童少年进行现代劳动教育，是使人与自然得以重新建立联结的重要方式，是促进人与自然和谐发展

的重要途径，学生在劳动的过程中将会获得更多心灵上的满足与成就感，激发人自身潜在的主体意识和提高人的创新能力，使学生的潜能得到越来越好的发展和解放。

进入新时代，劳动智能化趋势越来越明显，不仅一些低端的重复性劳动被人工智能所取代，在家庭生活领域中，传统的家务劳动也正在被简化、弱化甚至替代。在这样的情况下，我们审时度势，邀请校外高科技人员和蓝领专家、新时代楷模孔祥瑞、张黎明等入校讲述他们的劳动特点，赋予劳动教育新的内涵，认识到智能时代对未来生活和工作的挑战，从拓宽劳动教育的形式和渠道入手，增加科技教育的校本课程和校外活动场地，使学生从小就通过体验式学习习得未来至关重要的关键品格和必备能力。

在新时代，创造性劳动使学生在体力劳动中运用智慧的力量。当代青少年的劳动价值观已经从"劳动光荣"转向"劳动幸福"，即从"通过劳动成果从外部获得的一种赞誉"转向"从自身的劳动成果之中获得一种本质力量的确证和肯定"，从而体验到劳动的幸福。因此，学校开展的劳动教育活动不能停留在简单的体力劳动，而是需要开发具有挑战性，能够将学生的体力和脑力方面的潜能展现出来的创造性劳动。

二、我校实施劳动教育的路径

我和三结合教育团队在思考和设计劳动教育实施方式的时候，一直坚持把"学校、家庭、社会三结合教育"作为重要的思考维度。劳动教育既不同于语文、数学等学科教学的教育方式，又有别于简单的劳动活动。必须根据学校的实际情况因地制宜地组织开展，必须扎根于学生们日常生活的环境之中，必须精心设计出学生应参加什么样的劳动，进行怎样的课程设计才能让学生既参加了劳动，又受到了课堂教学所不能代替的教育，才能取得劳动教育的真正效果。经多年的实践研究，逐步形成了系统的小学劳动教育的实践方式，成为素质教育的重要载体和途径。

我校在实施劳动教育中坚持做到：切实把握好劳动教育的价值取向，防止"有劳动，无教育"的现象。引导学生树立正确的劳动观，崇尚劳动，尊重劳动，增强对劳动人民的感情，报效国家，奉献社会，杜绝在一些青少年学生中出现的不珍惜劳动成果、不想劳动、不会劳动的现象。坚持做到：遵循教育规律，符合学生年龄特点，以服务生活的体力劳动为主，注意手脑并用、安全适度、强化实践体验，让学生亲历劳动过程，提升育人实效。坚持做到：体现时代新特征、适应科技新发展、针对劳动新形态、注重社会新变化，改进劳动教育方式，注重培养学生的科学精神，提高创造性劳动能力。坚持做到：以三结合教育理念为指导，整合学校、家庭、社会各方面力量，拓宽劳动教育途径，形成协同育人格局。在三结合教育理念指导下，采用"学科整合、力量融合、资源综合、多元评价"的策略，通过"课程开发、协同推进、优化环境、全面发展"的路径开展劳动教育的实践，努力追求适合学生健康成长的劳动教育新样态。

（一）学校发挥在劳动教育中的主导作用，切实承担劳动教育主体责任，整体优化学校课程设置，将劳动教育课程作为课程体系的重要组成部分

为了有效地开展劳动教育，培养学生的劳动素养，学校致力于形成有效的综合性学习的课程，因势利导地开展家务劳动、校园劳动、校外劳动、志愿服务等形式多样的劳动，让劳动教育成为培养立德树人的重要渠道。开设劳动教育课程要求做到内容全面、衔接得当、前后呼应，课程内容兼顾自我服务劳动、生产劳动、社会公益劳动三方面基本内容。根据不同年级学生的特点，鼓励学生在家庭寻找服务小岗位，主动参与家务劳动，学会一些劳动

的技能技巧。根据学生身体发育情况，科学设计课内外劳动项目，采取灵活多样形式，激发学生劳动的内在需求和动力。统筹安排课内外时间，采用集中与分散相结合的方式，组织实施好劳动周，低中年级以校园劳动为主，高年级适当走向社会、参与集中劳动。

学校劳动教育与德、智、体、美四育融合渗透，包括学科渗透、课程实践和活动体验，并分别在低中高年级开展主题体验活动，做到政治思想品德教育与劳动实践、日常劳动与主题劳动、国家课程、地方课程与学校拓展课程、集中劳动与分散劳动的多种结合，依托"学校、家庭、社会三结合教育"的协同合力，建立了"劳动大讲堂"，从"劳动价值观课程、劳动体验课程、劳动实践课程、集体劳动课程"等领域对劳动课程进行细化，结合实际构建劳动教育的课程系列，把劳动教育课程列为"一主两翼"课程体系中的组成部分，设有校本必修课程和选修课程。积极探索学科融合强化劳动教育，在学生的知识运用、心理健康、艺术教育和课外活动中积极渗透和拓展劳动教育。丰富多元的新时代劳动教育课程，为发展学生核心素养、达成育人目标提供了丰富载体和有力依托。

（二）充分发挥三结合教育的组织保障作用。

学校从1979年末开始进行"学校、家庭、社会三结合教育"全方位实践探索，当时成立的"三结合教育委员会"的六个职能部门中就设置了"科技劳动教育部"，有计划地指导劳动教育的开展。根据国家关于劳动教育的相关要求，以探索"三结合教育合力育人"为契机，首先纠正了用简单的生产劳动代替系统的知识教育的严重偏差，把劳动教育融合在"爱祖国、爱家乡"为主线的"五爱教育"中，开展诸如"新风尚小红花"等活动。在劳动课上学习一些基本的生产技术和劳动技能，请部分有劳动技能的家长、校外辅导员到学校给学生讲解劳动技能特点和如何才能掌握劳动技能。

三结合教育委员会科技劳动教育部的主要任务是配合学校的科技、劳动教育，发挥教育基地作用，向学生进行科学知识、科学方法、科学思想和科学精神的教育，热爱劳动、尊重劳动人们、珍惜劳动成果的教育，培养学生的创新精神和实践动手能力。在科技劳动教育部的委员中，既有各行业的劳动能手、新长征突击手、时代楷模、改革先锋，还有科技精英和"蓝领创客"，在实践中，委员们定期到校通过讲解、示范，指导学生动手操作，以他们积极的劳动精神、良好的劳动素养教育感染学生，耐心细致地向学生传授适合年龄特点的劳动技巧，促进学生树立正确的劳动观念，让学生初步学习掌握了必备的劳动技能。

家校社劳动教育协同机制的推进，促进了教师和家长们劳动教育意识的提高，转变了家长们的劳动教育观念，进一步理解新时代劳动教育的内涵、功能及意义。家长们根据家长学校、家委会提出的相应要求，在家庭中主动安排孩子的劳动内容，积极支持和配合学校劳动教育活动的开展。社区根据学校的劳动教育计划提供学生参加劳动教育的机会和场所，让各年级学生有序参与。在疫情防控期间，教师和家长仍坚持向学生进行劳动教育，一些班级在教师和家委会的共同筹划组织下，制定周密的实施流程，通过微信媒介，在线上开展丰富多彩的劳动技能主题班会，将劳动光荣的观念融入班会，引导学生养成热爱劳动习惯，立志勤于劳动，善于劳动。

（三）针对学生年龄特点，开展以日常生活劳动和服务性劳动为主要内容的劳动教育

在小学阶段实施劳动教育，重点是在系统的文化知识学习的同时，有目的、有计划地组织学生参加日常生活劳动和服务性劳动，让学生动手实践、接受锻炼、磨炼意志，培养学生正确的劳动价值观和良好劳动品质，充分发挥"以劳树德、以劳增智、以劳强体、以劳育美"的综合育人价值。

要通过劳动教育，使学生能够理解和形成正确的劳动观，树立劳动最光荣、劳动最崇高、劳动最伟大、劳动最美丽的观念，体会劳动创造美好生活，热爱劳动，尊重普通劳动者，培养勤俭、奋斗、创新、奉献的劳动精神，具备满足生存发展需要的基本劳动能力，形成良好的劳动习惯。

劳动教育是一种富有创造性的实践活动，在内容上应根据教育目标，针对小学生的年龄特点，以日常生活劳动和服务性劳动为主。低年级注重围绕劳动意识的启蒙，让学生学习日常生活自理，感知劳动乐趣，知道人人都要劳动。中高年级则注重围绕卫生、劳动习惯养成，让学生做好个人清洁卫生，主动分担家务，适当参加校内外公益劳动，学会与他人合作劳动，体会到劳动光荣。

日常的自我服务劳动是贯彻劳动教育持续性原则的重要途径，对学生全面发展起到至关重要的作用。自我服务劳动是劳动教育的开始，不管日后从事何种生产劳动，自我服务都将成为义务和习惯。在日常的自我服务劳动中，必须让学生看到劳动的结果，让他们由于通过自身劳动取得劳动成果而感到满足，体验到劳动的价值感和存在感。

坚持劳动从家庭开始，从自我劳动、家庭劳动到学校的服务岗位责任区，鼓励学生认识到把自己的事情做好也是劳动，要把劳动的理念和行为渗透到生活、学习的各个环节中去。家庭要发挥在劳动教育中的基础作用，树立崇尚劳动的良好家风。家长是学生最重要的劳动情感启蒙者和劳动习惯培养者。家长要通过日常生活的言传身教、潜移默化，让孩子养成从小爱劳动的好习惯。注重抓住衣食住行等日常生活中的劳动实践机会，鼓励孩子自觉参与、自己动手，随时随地、坚持不懈地进行劳动，掌握洗衣做饭等必要的家务劳动技能，培养学生的自理能力和良好的劳动意识，强化其作为一名家庭成员的角色意识，增强学生的责任心，鼓励学生利用节假日参加各种社会劳动，培养他们良好的品德和情操。在学校里，每个班级都设有一人一岗的劳动项目，如保证教室地面无任何垃圾、纸屑，午饭后实行"光盘行动"等。

2021年暑期伊始，学校对全校学生发出"我劳动 我快乐"暑期劳动倡议，新学年开始后，学校举行了劳动周收获的汇报活动。在假期中，各年级学生按照"三自（自理、自学、自护）能力"序列要求，在家长的指导下，学习自我服务劳动技能和家务劳动技能。有的学生在假期中学会了包书皮、插花等家务劳动，学会了如何节约用水、如何提高水的利用率等技巧，提高了生活自理能力，养成了热爱劳动的好习惯。很多学生在假期中合理规划时间，主动承担清扫地面、整理房间、饭前洗菜，饭后洗碗等力所能及的家务劳动，体验着劳动的乐趣，用辛勤的汗水浇灌出快乐之花。暑假期间，在老师和家长的指导下，中年级的学生们还学会了穿针引线、拉线打结等基本操作技巧，学习掌握了基本的针法、缝法，无论是缝补衣物还是缝钉纽扣，从穿针引线到收尾装饰，感受到了传统针线劳动带来的乐趣。高年级的学生们利用假期努力学做一道简单的饭菜，如煮饭、煎蛋、包饺子，每一道简单的菜肴，都能制作得有模有样。学生们在假期中享受着与家人一起劳动的快乐时光，同时提升了自身的劳动技能，逐渐学着承担家庭责任。通过家务劳动，体会到了平日父母的艰辛，也收获了满满的成就感与幸福感。

家务劳动是学生获得劳动机会最早最简单的途径。小学生已经到了能够自立的阶段，鼓励和引导他们进行家务劳动，会使他名更爱自己的家，并从中树立责任感，提高自理和独立思考能力，学会自我服务，养成自己的事情自己做的习惯，学会为家庭成员服务，养成大家的事情大家做的习惯。苏霍姆林斯基说："不要把孩子保护起来而不让他们劳动，也不要怕孩子的双手会磨出硬茧。要让孩子知道，面包来之不易。这种劳动对孩子来说是真正的欢乐。通过劳动，不仅可以认识世界，而且可以更好地了解自己。劳动是最关心、最忠诚的保姆，同时也是最细心、最严格的保姆。"

（四）有计划地向学生进行劳模精神、工匠精神的专题教育。

学校积极响应教育部2010年颁发的《关于组织开展劳模进校园活动的通知》要求，在市区各级总工会的领带下，根据逸阳梅江湾国际学校自2012年作为中华全国总工会建立的"劳模创新工作室"和作为全国唯一一所小学获得"全国示范性劳模和工匠人才创新工作室"命名殊荣的特点，积极开展劳模精神教育，引导师生深刻认识新时代"劳模精神""工匠精神"的本质和基本内涵。"工匠精神"是一种职业精神，它是职业道德、职业能力、职业品质的体现，是劳动者的一种职业价值取向和行为表现。在新时代我们更需要工匠精神，更需要学习"工匠"们爱岗敬业的职业精神、追求卓越的创造精神、精益求精的品质精神、协作共进的团队精神。

多年来，劳模进校园活动已成为学校传统的劳动教育活动之一，"劳模创新工作室"先后邀请著名劳动模范孔祥瑞、张黎明、徐文华、叶家良等走进校园，宣讲他们在平凡劳动岗位上做出的不平凡事迹，持续开展"倾听劳模事迹，传承劳模精神"教育活动，组建起独具特色的学校劳动教育课程兼职教师队伍。2021年儿童节前夕，天津市和平区总工会劳模协会组织10余位全国及天津市劳动模范身披鲜红绶带来到学校，为全校师生展示了生动形象的劳动教育活动，在活动中，师生聆听劳动模范讲述先进事迹，各行工匠向师生传授劳动技艺，在现场进行操作学习，如编葫芦、做绢花、裱蛋糕花、包粽子、盘丝绳扣、拴书签绳等，学生们一致表示要向劳动模范学习，掌握劳动本领，奉献爱心，与楷模们同行，长大也要成为一名大国工匠。

（五）充分发挥社会在劳动教育中的支持依托作用，利用社会各方面资源，为劳动教育提供必要保障。

发挥逸阳学校的社会实践基地作用，三结合教育委员会下设的70多个实践基地支持学校组织学生参加力所能及的生产劳动，在劳动实践中教育引导学生弘扬劳动精神，崇尚劳动，尊重劳动，让劳动最光荣、劳动最崇高、劳动最伟大、劳动最美丽蔚然成风。有些班级还带领学生走进"职业体验馆"，体会不同职业劳动者的辛劳和责任。在劳动教育中，全国劳动模范、党的十八大、党的十九大代表徐文华，来校给师生做《诚实劳动，铸就人生辉煌》的专题报告，他结合自己成长经历，深入讲述了如何教育引导学生崇尚劳动、尊重劳动并热爱劳动的理解和体会。他说："在党的教育下，我秉承着'宁愿一人脏换来万家净'的环卫行业精神，投身环卫一线，脚踏实地地诚实劳动，经过30多年的不懈努力，我从一名只想着养家糊口的农民工成长为全国五一劳动奖章获得者，荣获全国优秀共产党员称号，并连续当选党的十八大、十九大代表，受到党和国家领导人的亲切鼓励。"他希望学校、家庭、社会共同负起责任，培养学生树立正确的人生观和价值观，把通过诚实劳动创造人生价值和社会价值作为自己的追求和价值取向；激发学生热爱劳动的兴趣和创新劳动的能力；善于培养学生在劳动中勇于克服困难和挑战自我的信心和勇气。

（六）健全对学生劳动素养的评价制度。

学校坚持将劳动素养纳入学生"五彩星"综合素质评价体系，每个年级都要评出"动手创作劳动星"。以生动活泼的形式组织开展劳动技能和劳动成果展示，如疫情防控期间的"居家劳动成果展示"、"劳动教育嘉年华"活动等，并定期向三结合教育委员会常委会、联席会议集中进行汇报劳动成果展示。在2020—2021学年第一学期，学校共评出160名"劳动星"。在天津市和平区学生劳动成果展示比赛中，我校参加了五个项目的评比，其中三项获得第一名，一项获得第二名的优异成绩。在天津市少工委举办的"红领巾'云'争章人人争当勤劳小能手"活动中，我校共有1267名少先队员参与了争章活动。

三、劳动教育的效果与作用

多年来，我校对劳动教育的坚持，经过认真总结观察，认为劳动教育在学生成长中的重要价值，是其他各育所无法替代的，其主要效果与作用是：

（一）有助于培养学生的创新能力。

在开展劳动教育时，我校一直坚持"以学生发展为本""传授知识与培养技能并重""培养动手能力与创新能力为主"的理念，将劳动技能的习得、劳动态度的培养与学生习惯养成教育和融入学科知识相结合。由于劳动教育不受学科知识体系和逻辑结构的限制，为学生创新意识的形成提供了更为宽松、自由的空间，为学生把所学劳动知识应用与实践提供了机会。学生在劳动实践活动中能够学到课堂上学不到的知识。在有些智能类劳动课上，老师们充分调动学生的主体意识，鼓励学生不局限于书本，独立思考，大胆提出自己的观点和办法，积极主动地去探索。在劳动课上和其他学科课堂上对劳动的关注和对话，引用各种各样的科学家如何进行创造性劳动的故事激发了学生的想象和好奇心，使得学生们的思维超越当下，学习就不仅仅是学习书本知识，而是习得一种成长型思维。

（二）有助于培养学生自强自立的能力。

随着生活水平的提高以及学校学业压力增大，学生们习惯了衣来伸手、饭来张口的依赖生活，经不起挫折，缺乏自立自强的能力。我和三结合教育团队的同志们一直关注对独生子女与非独生子女差异的研究，把专家的研究结果与本校学生的状况进行对比，以帮助团队及时发现问题，及早进行干预。不同调查研究中最为一致的结论是："懒惰"是独生子女更为严重的弱点，他们普遍缺乏基本的劳动意识和能力，甚至连基本的自我服务都不会。针对这一现状，我们通过设置校内劳动岗位、社区服务岗位以及对家长提出明确具体的劳动任务和劳动技能要求，使学生们自强自立的能力得到锻炼，学生们学到的不仅是做家务的技能，更多的是通过做家务培养学生关注日常生活，关注自己，关心家人，关心生活环境的人生态度。这个培养过程在学生成长的每一个阶段都十分重要，每一个阶段都有不可替代的作用。

（三）有助于培养学生了解社会、适应生活的能力。

社会是一个大舞台，了解社会、适应社会是学生成长必然经历的过程和要求，学生的成长需要广阔的天地、开阔的视野、丰富的阅历、真实的环境，只有让他们真正地参与其中，才会有真实的感受与收获。通过参加劳动实践活动，学生们初步掌握了一些生活常识，感受到了劳动的艰辛，体验到了劳动带来收获的真实感受。有一次，学校以少先队中队为单位开展"感恩劳动者活动"。中队辅导员老师带领少先队员们与十来位"城市美容师"环卫一线的职工们共同开展了一次难忘的队日活动，主题是"感恩环卫天使，共建美好天津"。这次活动的初衷是让少先队员们向"晴天一身灰，雨天一身泥"的环卫工人表达感恩之情。慰问活动期间，环卫工人给学生们讲环卫工作的艰辛与快乐，学生们了解到：当清晨他们还在熟睡时，环卫工人就开始打扫街道了。他们工作服上的反光条在路灯的映照下格外醒目；夜晚当万家亮起灯火吃晚饭的时候，环卫工人正在逐条街道回收生活垃圾；下雪的日子，环卫工人经常半夜就上街清理积雪，以保证第二天车辆和行人的安全；

下大雨的时候，他们要冒雨查看井盖，才能保证雨水及时排放……学生们用自己攒下的压岁钱买了毛巾和香皂，作为礼物送环卫工人。这样的活动既是社会主义核心价值观教育，也是劳动教育活动，为学生们提供了观摩、体验各种类型劳动岗位的机会。

（四）有助于培养学生"学会关心"。

我很赞同内尔·诺丁斯的关心理论。他认为："学校的首要任务是关心孩子。我们应当教育所有孩子不仅要学会竞争，更要学会关心。教育的目的应该是鼓励有能力、关心他人、懂得爱人、也值得被人爱的人的健康成长。学校开展的社区服务之类的活动不能只是培养一些简单的服务技巧，而主要应通过社区服务培养学生关心他人的态度。"因此，学校组织的社会公益服务性劳动有很多就是从有效培养学生的关心态度和关心能力方面设计的。例如，学校一年级学生代表和家长代表在春节前到"马三立老人园"进行公益献爱心活动，老人园的院长向学生们介绍了这座老人园的历史：这是马三立爷爷倾尽医生急需建立的，只招收77岁以上的孤寡老人。爷爷奶奶们耐心地向学生们介绍自己来这里的经历以及在园中的生活情况，表达对马三立老人的感激。孩子们在家长的带领下，帮助老人园清理楼道杂物，给老人园的所有屋门都贴上大福字，没有人嫌脏嫌累。劳动任务完成后，学生们热情地为爷爷奶奶们唱歌、赠送自己画的画，向老人园捐赠米、面、油等生活用品。老人们则给孩子们讲故事、唱京剧。这类活动不仅使学生们在真实情景中体验到了如何进行关心的行动，而且有效地把低年级小学生的关心视野扩展到了陌生人。通过劳动，学生们把关心别人的想法变成了关心行动。

习近平总书记在与劳动模范座谈时深情地说："人世间的美好梦想，只有通过诚实劳动才能实现；发展中的各种难题，只有通过诚实劳动才能破解；生命里的一切辉煌，只有通过诚实劳动才能铸就。"多年来，三结合教育团队精心设计的劳动教育让学生站在校园，走向幸福而完整的学习生活。坚持劳动教育促进了学生素养的全面发展，培植了学生的劳动观念，磨炼了学生的劳动意志，提升了学生的综合素养。

微信扫码看视频

充分发挥三结合教育优势，加强劳动教育

　　让我们学校、家庭、社会三结合教育团队的全体成员协同努力，在习近平新时代中国特色社会主义思想指引下，坚持党的教育方针、实施"五育并举、三全育人"的工作中，将劳动教育作为教育的综合体，用劳动教育点亮学生的生命底色，通过劳动教育，让学生学会拥有幸福生活的能力，为每一个学生提供成长的沃土，促进全面发展，拥有幸福生活的能力，为他们成年后承担社会责任做准备，成为堪当新时代民族复兴大任的德智体美劳全面发展的建设者和接班人。

让美育充满整个校园

微信扫码看视频

红心向党 颂百年辉煌
庆六一大会暨
校园艺术节闭幕式

美育是全面贯彻党的教育方针，培养德智体美劳全面发展的社会主义建设者和接班人，实现立德树人根本任务的重要组成部分。中共中央办公厅、国务院办公厅印发的《关于全面加强和改进新时代学校美育工作的意见》指出：美是纯洁道德、丰富精神的重要源泉。美育是审美教育、情操教育、心灵教育，也是丰富想象力和培养创新意识的教育，能提升学生审美素养、陶冶情操、温润心灵、激发创新创造活力。

逸阳梅江湾国际学校在办学实践中，全面贯彻党的教育方针，坚持德智体美劳五育并举，坚持将美育作为立德树人的重要载体，强化学校美育的育人功能；坚持弘扬社会主义核心价值观，以提高学生审美和人文素养为目标，弘扬中华美育精神，强化中华优秀传统文化、革命文化、社会主义先进文化教育，引领学生树立正确的历史观、民族观、国家观、文化观，陶冶高尚情操，塑造美好心灵，增强文化自信；坚持"学校美育，人人有责"的精神，健全面向人人的学校美育育人机制，以美育人、以美化人、以美培元；坚持深化学校美育综合改革，加强各学科有机融合，强化实践体验，完善评价机制；坚持发挥学校、家庭、社会三结合教育优势，整合美育资源，提升学校美育品质，让美育充满整个校园。

我校加强和改进美育的体会和做法是：

一、提高认识，坚持改革创新，明确小学阶段美育的目标任务

美育作为全面发展教育的重要组成部分，旨在培养学生的审美素质，培养学生对美的追求，陶冶情操，促进学生创造力的发展，通过培养学生认识美、体验美、感受美、欣赏美和创造美的能力，从而使学生拥有正确的审美观，具有美的理想、美的情操、美的品格和美的素养。

2018年8月30日习近平总书记在给中央美术学院老教授的回信中指出："要坚持立德树人，扎根时代生活，遵循美育特点，弘扬中华美育精神，让祖国青年一代身心都健康成长。"我校在办学实践中，不断加强对美育重要性的认识，重视美育在实现立德树人根本任务中发挥着不可替代的作用，把美育纳入学校人才培养的全过程，作为实施素质教育不可或缺的重要组成部分，科学定位美育课程目标，开设丰富、优质的美育课程，实施美育实践活动的课程化管理，整合美育资源，积极调整美育手段，与德育、智育、体育、劳动教育和校园文化建设紧密结合，力求在美育实践中营造适合每一位学生的教育环境，努力打造在三结合教育理念指导下以美育人的办学特色。

艺术教育是美育的基本途径，学生心理活动是实施美育的基本方式，感性直观是美育需要遵循的基本方法论原则，情感是贯穿美育的中心和主线。小学生因为年龄较小，正处于形成正确人生观、价值观、世界观的重要时期，美育对小学生思想品格的发展和"三观"的形成有着重要作用。美育是为了建设社会主义精神文明和培育学生心灵美、行为美而服务的，它用生活中美好的事物、艺术作品中的思想情感和活动来感动受教育者，广泛而深入地影响着学生的情感想象、思想意志和性格，它能丰富学校的文化生活，激

发学生的情感体验，有助于培养高尚情操，提高社会主义觉悟，鼓舞学生为实现社会主义理想和创造一切美好的事物而奋发向上。

德国著名诗人席勒说："美是对我们的一种对象，因为思索是我们感受到美的条件。但是，美同时又是我们主体的一种状态，情感是我们获得美的观念的条件。美是形式，我们可以关照它，同时美又是生命，因为我们可以感知它。"（《美育书简》第130页）为了让艺术教育真正发挥美育的功能，我校发挥三结合教育优势，根据基础教育小学阶段的特点，实施学科整合，优化艺术教育的美育渠道，呈现了多维艺术空间，注重美育的通识性、普及性教育和特殊人才的培养，实行自低年级到高年级的一体化教学管理，以开放的思维整合各类资源，以深化改革为契机加大投入，完善设施，积极创造条件，改善美育环境，让美育充满整个校园。

二、深化美育教学改革，完善美育课程体系

课程是美育的重要载体，美育课程包括艺术课程、融合课程、校本必修和选修课程。我校以全面发展的课程体系为载体，将美育课程与学校各科目的教育教学相融合，在学校整体性教学改革中，积极推进美育课程的规划与实施。

艺术课程是学校美育实施的主阵地。艺术课程主要包括音乐、美术、舞蹈、书法等。要求全校每名学生都要会唱一首歌、会演奏一种乐器、能手绘一张画、会跳一段舞蹈、会写一种字体的书法、会一个小表演。在保障国家课程、地方课程开足开齐的前提下，学校对艺术课程进行整体规划，关注每个学段的适应性和衔接性，充分运用校本课程选修课、社团活动，课余时间增加校园艺术活动，让人人有机会、人人能参与、人人得到艺术素养的提升。

　　严格落实学校美育课程开设的刚性要求，不断拓宽课程领域，丰富课程内容。在艺术课程教学中，注重激发学生艺术兴趣和创新意识，培养学生健康向上的审美趣味、审美格调。逐步完善"艺术基础知识基本技能+艺术审美体验+艺术专项特长"的教学模式。在学生掌握必要基础知识和基本技能的基础上，着力提升文化理解、审美感知、艺术表现、创意实践等核心素养，帮助学生形成艺术专项特长。

　　为了保证学校美育质量，培养学生审美情趣，教师们在美育课堂实践中注重引导学生鉴赏艺术作品的内在含义、形式价值和共享体验。美的教育是通过具体可感、鲜明生动的形象打动人、浸润人，对于艺术作品的解读，重要的是引导学生理解艺术作品更深层的含义，而不能只是单纯从表象上欣赏，这就必须充分调动学生的感知能力、想象能力、思维与情感等多方面审美心理功能，引导学生深入感受和理解艺术家的创作思维，感知艺术家的创作方法，从而激发出作品所带来的审美情感与审美创造，培养学生发现美创造美的情趣。同时引导学生认识艺术作品的形式价值，帮助学生理解艺术的美，从而学会欣赏艺术的形式美，注重学生对艺术作品的共享审美体验，将审美体验交流环节作为课程中常设环节，让学生说出自己的感受，分享对作品的艺术体验，实现艺术作品的审美体验共享。

　　美育课程是实现美育目的的重要渠道。我校在"五育并举"的原则下，努力构建美育的融合机制，夯实美育主阵地，实现美育课程设计一体化、美育课程实施一体化、美育课程评价一体化，达成美育目标。美育课程设计一体化，即对现有课程予以改进或重新组织，制订三结合美育校本课程，让课程展现新的生命力。根据美育各学段目标要求，明确美育课程体系，形成分层递进、有序衔接的美育内容，开发更多可供学生选择的美育类课程，满足学生不同的艺术爱好和发展需要。

以音乐课程为例，小学音乐教育是实施美育的重要途径，是培养学生想象力和创造性思维能力、进行思想道德教育和小学生健全人格教育的重要手段，音乐给学生创造一个轻松愉快的学习环境和艺术氛围。在小学音乐教育中，培养学生的学习兴趣尤为重要，音乐教师应该把握音乐课程的基本理念，要遵循"以音乐审美为核心""以兴趣爱好为动力""注重个性发展"等原则进行教学，促进小学生德、智、体、美、劳全面发展。

学校在美育课程实施中，除了开好音乐、美术、书法等美育课程，让学生在专业课程引领下有所成长，其他学科也要和美育相融合，发挥美育职能。例如：在语文学科教学中融入美术、音乐等知识，从而达到以智益美的效果；在道德与法治课中引导学生关注内在品质即"内在美"，达到以德促美的效果；在体育学科中，引导学生欣赏赛事中的健康之美，达到以体健美的效果；在劳动、综合实践中感受收获累累硕果的美好体验，达到以劳怡美的效果。课程评价是美育课程实施的指挥棒，有什么样的美育课程评价，就有什么样的美育发展导向。我校倡导五育并举、家校合力，立足《深化新时代教育评价改革总体方案》，建立"五彩星"评价机制，运用评价引导学生坚定理想信念、厚植爱国主义情怀、加强品德修养、增长知识见识、培养奋斗精神、增强综合素质。以美育课程的评价改革助力美育课程的一体化实施，推动"双减"工作和"五项管理"工作落实，进一步提高教育教学质量，努力构建全方位美育育人新格局，发挥美育的最大价值。

三、将美育融入各学科教学

在学校美育教学中，让美育与各科教学有机结合，构建协同育人机制，是推进美育发展的迫切需要。学校注重从美学角度，培训提升各学科教师的艺术素养，引导教师树立学科融合理念，研究各个学科中蕴含的美育要素，使各学科教师意识到美育与本学科的密切关系，有对美育内涵和途径价值的认同和参与欲望，并学会恰当运用相应的艺术手段解决本学科问题，将美育植根于每一名学生的成长过程中，融入各学科课程与教学之中。

加强美育与德育、智育、体育、劳动教育相融合，充分挖掘和运用各学科蕴含的体现中华美育精神与民族审美特质的心灵美、礼乐美、语言美、行为美、科学美、秩序美、健康美、勤劳美、艺术美等丰富的美育资源，有机整合相关学科的美育内容，推进课程教学、社会实践和校园文化建设深度融合，大力开展以美育为主题的跨学科教育教学和课外校外实践活动。

学科整合指的是：在教学中通过多种学科的知识互动、综合能力的培养，促进师生合作，从而实现以人为本的新型课程发展形式。在小学美术教学实践中，通过各学科之间相互渗透，有机结合，能够不断地充实教学内容，创新课堂教学方法，从而提高学生的综合能力。

如在德育课程中融入美育理念，在学生品格、思想、道德情操锻炼中，坚持弘扬社会主义核心价值观，强化中华优秀传统文化、革命文化、社会主义先进文化教育，引领学生树立正确的历史观、民族观、国家观、文化观，陶冶高尚情操，塑造美好心灵，增强文化自信。

再如，我校在美育教学的过程中不断尝试，将美术绘画课程与语文结合，实现学科间的互补，发掘语文学科与美术学科在培养学生的想象力、创造力以及实践能力等方面的共同目标。通过视觉和文字两种艺术的结合，将优秀的文学作品和优美的画面进行完美融合，激活学生的思维，发展各自的想象力，培育创新意识。另如，进一步拓宽思维视野，将美育引入自然科学知识。小学阶段的自然科学课程是自然、生物、地理等相关学科的综合，开设的目的是让学生了解社会、生物发展与自然环境。美育与科学的整合，让学生从视、听、触觉等多种感官感知自然的美，体验人为美与自然美之间的区别，有助于学生理解艺术的美，增加学生对艺术的感悟和了解，从而更好地运用到艺术学习中。这些跨学科美育尝试，让学生在实践的过程中体会美，创造美，提升审美品位，在潜移默化的审美教育中感受到学科间的普遍联系与实用价值。

在三结合教育理念指导下，将多学科的育人优势整合到小学美育实践中，凸显文学的优美，凸显数学的理性，凸显科学的奥秘，为学生创造开放的教学空间，让他们通过艺术学习，寻找快乐，体验快乐，享受快乐，课堂教学的生命力也因此得到了升华。在这样的课堂中，学生不仅学习了绘画技能，更提升了学生审美情趣和艺术修养。

四、强化美育师资队伍建设

没有专业性强的艺术师资队伍，很难进行高水平的美育工作。我校发挥三结合教育优势，建立了一支专业水平较高的专兼职结合的美育师资队伍。同时做好艺术教师培养工作，聘请高水平专家、艺术家进校园，定期开展教学指导工作，革新艺术课堂面貌，培养提升美育专业教师教育教学能力水平。并采取师徒结对子的形式培养学校艺术课教师，提高艺术课教师的专业素养。

如三结合委员会常委、邮票设计专家、著名画家徐明教授多年来义务指导学校全体美术教师，为教师举办美育讲座。他要求美术教师"要有新时代的眼光，认识美育对于整个社会的重要性，在教学中不能仅仅局限于教给学生绘画技巧，而要着眼于以美育人。"由于他的精心培养，使教师在专业上受益，极大地提高了美术教师的教学水平。2018年9月，在有关领导、教育专家及全体教师的见证下，学校举行了隆重的拜师仪式，美术组全体教师拜徐明为师。随后，徐明听了所有美术教师的课，组织了以听课评课和如何提高教学实效为主题的讲座，并通过教学示范、师徒交流互动、教师互帮互学和个人训练，全面提升教师业务素养，使教师团队形成了浓厚的业务学习氛围，促进教育教学质量的提高。为了让美术组的老师们学习书画少走弯路，徐明冒着酷暑去图书城，自己出资为教师们选购适合自学的书画范本和字帖，带领教师外出写生，有针对性地对教师们进行具体指导。拜师三年来，美术组的老师们在教育教学工作、业务能力上都有了显著的提高。

艺术家和师生共同参与艺术实践活动是我校三结合美育的重要特点。艺术家们作为对学生进行艺术指导的"顶级教师"，指导、参与艺术实践活动，不仅提高了学校艺术活动的水平，更重要的是保证了学生艺术社团活动的教育性。艺术社团活动是学校艺术实践的常态，艺术家和艺术课教师共同指导学生的艺术活动，有助于学生将在艺术课学到的审美技艺在艺术实践中加以综合应用，促进学生审美素养的提高。艺术家参与师生艺术实践活动，更是师生学习美、欣赏美、陶冶情操、提高素养的极好机会。每逢重要节日，学校举行艺术展演活动，如每年一度的六一儿童节、"百灵鸟歌会"、三结合教育联席会等，都有艺术家们的精心策划和具体指导，并与学校师生同台演出，极大地激励了师生参与艺术实践的热情，提高了艺术实践的质量。在学校的读书节上，大家都能听到著名播音艺术家关山和范东升以及话剧名家闫美怡的朗诵，在六一儿童节和各种大型活动中欣赏到京剧艺术家李莉、康万生的精彩演唱，观赏到著名快板书艺术家张志宽和他的徒弟们的生动表演，著名影视演员、导演郑天庸编导的课本剧表演，指挥家吴季麟的合唱指挥，歌唱家于淑珍的优美歌声，在给参与者美的享受的同时，都为美育的发展提供了典范。

著名歌唱家、三结合教育委员会
常委于淑珍与学生同台演出

著名京剧表演艺术家、三结合教育
委员会常委李莉与学生同台演出

著名快板书表演艺术家
三结合教育委员会常委张志宽与
曾培养的毕业学生、家长同台演出

天津市少儿艺术团
原指挥、三结合教育委员会
常委吴季麟指导学生指挥

五、丰富艺术实践，将美育融入学校各项活动

为丰富学生的艺术实践活动，学校将美育融入各项活动，建立了面向人人、常态化的学生艺术展演机制，大力推广惠及全体学生的合唱、合奏、集体舞、课本剧、绘画、剪纸和博物馆、非遗展示传习场所体验学习等实践活动，广泛开展班级、年级、校级等群体性展示交流。将"以美育人"理念渗透于学校各项活动中，在各项艺术活动中采用美育融入方式，作为锻炼和提升学生全面素质的最佳阵地，对美育传播发挥了事半功倍的效果。

学校积极为有特殊才艺的学生搭建多样学习平台，带领学生到博物馆、美术馆参观学习；大力支持并组织学生参与各类比赛，展示自己的实力；组织、策划学校艺术作品展示，通过对社会资源的整合和利用，学校通过有计划、有目标的培养，帮助学生提升核心素养能力，为学生的人生发展夯实基础。

为推进三结合艺术教育特色发展，帮助学生树立良好的思想品德，培养文明有礼的美德少年，学校建立艺术兴趣小组和艺术社团，以艺术为载体，开展主题鲜明的文艺活动，有方案、有师资、有场所，每周定期开展活动，激发培养学生的艺术兴趣，在寓教于乐中潜移默化地在学生心中种下"美"的种子。

六、构建学校环境美育，让学生在美的环境中接受美的熏陶

校园是师生每天学习和生活的地方，构建学校环境美育，使"学校墙壁也会说话"，让学生在美的环境中接受美的熏陶，对于儿童少年来说尤为重要。在硬件上，我校运用艺术手段规划和打造校园环境，采用雕塑、壁画、绘画等形式，在图书馆、体育场、教室、走廊等设施中，学生们在教师指导下动手创造并保护美的环境和教室布置，突出学校文化特色。

著名雕塑家罗丹说，生活中并不缺少美，而是缺少发现美的眼睛。学校

办学的目标就是从德智体美劳"五育并举"角度出发，实现培养全面发展的人才，重视培养学生的综合素养。另一方面，以提高学生审美和人文素养为目标，着重培养学生美的品格、美的文化、美的体魄、美的判断力、美的创造力，使学生成为具有创新精神和审美能力的人。

营造学校美育氛围群，建设学校艺术大环境，让学生经常身处美的环境中，有助于学生在美的环境中接受无形无声的影响、感染，学校的环境美化不仅能使学生得到美的环境享受，更会获得心灵的熏陶。我校发挥三结合教育优势，从体现学校特点与适宜学生精神、心理成长发展的角度，整体设计营造美的育人环境，在校园教学楼的美化布置中，根据不同学科特点，采用中华传统文化、先进科技、快乐音乐等不同装饰内容，让学校充满美育大环境，让学生不仅感受到身处著名的"天津五大道"建筑群中的校园建筑美，更能体会到学校三结合教育精神之美，底蕴之美，内涵之美，使三结合教育特色之美成为学校发展的灵魂和学生发展的基石。

七、重视艺术实践的家校共育，充分发挥美育社会资源的作用

充分发挥艺术教育的育人功能既是学校的责任，同时也要高度重视家庭教育中以美育人的重要性，充分发挥社会美育资源的作用。学校利用家长学校、家教论坛、校园微信等多种渠道，让家长认识到艺术教育的重要，懂得一些艺术教育的基本方法，在家庭环境中丰富学生的课外艺术实践，丰富学生的情感意识，培养学生在各类自然环境和社会环境中发现美、感受美、欣赏美的能力。

为了培育学生形成正确的价值观、历史观、文化观，开阔眼界，我校还聘请校外声乐、舞蹈、戏剧、曲艺、诗歌、作曲、交响乐、民乐、绘画等领域的专家指导师生进行艺术教育实践，学校美育的高质量运行离不开家庭、社会多

方面的支持，三结合教育的实施也为美育高质量运行创造了优化条件。

党的十八大以来，以习近平同志为核心的党中央高度重视历史文化遗产的保护和传承工作。习近平总书记指出："要系统梳理传统文化资源，让收藏在禁宫的文物、陈列在广阔大地上的遗产、书写在古籍的文字都活起来。"①博物馆、美术馆作为收藏、研究、展示、传播人类及人类环境的物质和非物质遗产的公共文化机构，承担着实证阐释历史、引导价值取向、培育审美情趣的重要责任。社会拥有丰富的美育资源，实施三结合教育，为统筹整合社会美育资源创造了有利的条件，充分利用博物馆、美术馆、剧场、少年宫、民间非遗工作坊等积累审美丰富经验和审美能力的真实场景开展艺术教育，优化整合社会教育资源，让广大学生在艺术学习过程中更好地了解到中华文化变迁，触摸中华文化脉络，汲取中华文化艺术精髓。

逸阳梅江湾国际学校自建校以来，发挥三结合教育优势，整合学校、家庭和社会三方面的教育资源，在实现教育资源增量的同时优化教育资源，适应学生发展需求，保障包括美育在内的全面发展教育的有效实施。通过多年的不懈努力，学校在加强美育方面取得了喜人的成绩，获得了全国"中华优秀传统文化艺术传承校""和平区艺术教育先进校"等荣誉称号，学校艺术团在省、市、区各类艺术比赛活动中表现突出。2021年，在三结合教育委员会常委、邮票设计艺术家徐明教授的指导下，我校邮票设计取得优异成绩，并荣获全国团体第一名、天津市第一名的好成绩。

学校美育，以美育人，是全面落实立德树人根本任务的重要保证；学校美育，人人有责，人人都应成为美育的传播者；学校美育，无处不在，让美育充满整个校园；学校美育，面向人人，让三结合教育团队所有成员都受到新时代美育的温润。

---

① "平语"近人——习近平谈文物工作。

党史学习教育

——给师生最丰富最宝贵的精神滋养

本文写于2021年3月

2021年，我们满怀豪情地迎来了中国共产党百年华诞。

习近平总书记在2021年2月20日党史学习教育动员大会上强调指出："在全党开展党史学习教育，是党中央立足党的百年历史新起点、统筹中华民族伟大复兴战略全局和世界百年未有之大变局、为动员全党全国满怀信心投身全面建设社会主义现代化国家而作出的重大决策。全党同志要做到学史明理、学史增信、学史崇德、学史力行，学党史、悟思想、办实事、开新局，以昂扬姿态奋力开启全面建设社会主义现代化国家新征程，以优异成绩迎接建党一百周年。"

学习习近平总书记的重要讲话，结合学校工作的实际，深感在两个一百年交汇节点，以建党百年为契机，在全校师生中开展党史学习教育，正当其时，非常必要。习近平总书记的重要讲话深刻阐述了开展党史学习教育的重大意义，对新时代学习党的历史、弘扬党的传统、开启新的征程、创造新的伟业作出动员和部署，深刻回答了百年大党以什么样的精神状态奋进新征程、书写历史新辉煌这一重大问题，鲜明提出了一系列富有创见的新思想新观点新举措，不仅阐明了为什么学、学什么，而且指出了怎么学、怎么干，激励我们在全校师生中掀起学党史、悟思想、办实事、开新局的热潮。

学校党总支首先组织全体党员和广大教师通过研读习近平重要的党史著作《论中国共产党历史》、观看党史宣传教育视频、请老党员讲党课、宣讲党史故事、参观党史纪念地等形式,深入开展党史专题学习教育活动。在党史学习教育中,把学习习近平新时代中国特色社会主义思想作为学重点任务和中心内容,坚持读原著、学原文、悟原理。从党的非凡历程深刻领悟强党之路、复兴之路,把党的光荣传统和优良作风学习好、传承好、发扬好。同时,结合实际学习习近平总书记关于教育工作的重要论述和最新重要讲话精神,做到知史爱党、知史爱国,在学习领悟中坚定理想信念,激发信仰,获得启发,汲取力量,在奋发有为中践行初心使命,自觉树立践行社会主义核心价值观,自觉做中国特色社会主义的坚定信仰者和忠实实践者,落实到为党育人、为国育才的本职工作中。

通过党史专题学习教育,全体党员和广大教师受到党的初心使命、性质宗旨、理想信念的生动教育,深刻地认识到:我们党的一百年,是矢志践行初心使命的一百年,是筚路蓝缕奠基立业的一百年,是创造辉煌开辟未来的

平津战役英雄史德山、馆长王培军来校进行四史教育专题党课

一百年。我们党的历史是中国近现代以来历史最为可歌可泣的篇章，一百年来，中国走过的历程，中国人民和中华民族走过的历程，是中国共产党和中国人民用鲜血、汗水、泪水写就的，充满着苦难和辉煌、曲折和胜利、付出和收获，这是中华民族发展史上铭刻在心的壮丽篇章。

党史学习教育使广大党员和教师进一步感受到，百年前中国共产党建党时的开天辟地，70多年前中华人民共和国成立时推翻三座大山的改天换地，40多年前改革开放时的翻天覆地，党的十八大以来党和国家取得历史性成就、发生历史性变革，建设中国特色社会主义新时代的惊天动地，是中国共产党领导全国各族人民矢志不渝，前仆后继，艰苦奋斗，取得伟大成就的具体体现。经过百年的积累，我们国家从"站起来""富起来"到"强起来"，巍然屹立于世界的东方，迎来了历史性跨越的新阶段。中国共产党从诞生之日起，就以为民族求解放、为人民谋幸福为己任，领导全国各族人民

教师党史宣讲团进行交流

创造了一个个人间奇迹。特别是党的十八大以来，在经济建设方面取得的重大成就、在全面深化改革方面取得的重大突破、在民主法治建设方面迈出的重大步伐、在思想文化、生态文明建设方面取得的重大进展、在从严治党方面取得的显著成效以及在人民生活方面的不断改善提高，我们的这些亲身感受都雄辩地说明：中国共产党具有无比坚强的领导力、组织力和执行力，是团结带领人民攻坚克难、开拓前进最可靠的领导力量。正是由于党与人民心连心、同呼吸、共命运，坚持一切为了人民、一切依靠人民，才更赢得人民对党的信任，得到人民支持，党才能够克服任何困难，能够战胜各种艰难险阻，能够无往而不胜，把14亿中国人民凝聚成推动中华民族伟大复兴的磅礴力量。我们党的百年历史，就是一部践行党的初心使命的历史，就是一部党与人民心连心、同呼吸、共命运的历史。

在党史学习教育中，学校党总支邀请曾荣获纪念世界反法西斯战争胜利和中国人民抗日战争胜利七十周年纪念勋章的老战士史德山、平津战役纪念馆党总支书记、馆长王培军为教师们讲"学党史悟初心"的专题党课。93岁高龄的革命老前辈史德山与教师们分享了为建立中华人民共和国英勇奋战的峥嵘岁月和红色斗争故事。在抗日战争时期，史德山走上革命道路，跟着部队从沈阳打到海南岛，大小战斗参加过30多次，先后立大功两次、小功三次。为中国人民的解放事业、为建立中华人民共和国作出了卓越的贡献。他用自己的亲身革命经历，将教师们带回到在中国共产党的领导下前仆后继、历经艰辛的历史画卷中，用红色记忆对大家进行了生动形象的党史、新中国史的教育。平津战役纪念馆党总支书记、馆长王培军，用一个个生动的事例、一串串精准的数字向教师们讲述了发生在平津战役中的红色故事。王培军馆长还代表天津市平津战役纪念馆向学校赠送馆藏红书，勉励师生将红色基因一代一代传承下去。平津战役波澜壮阔的历史让教师们无不感慨，大家纷纷表示：参与党日活动，聆听专题党课，将永远铭记革命志士的英雄事迹，向革命先烈表示崇高的敬意，珍惜烈士们用生命铸就的红色江山，在自己的工作岗位上把他们的精神发扬光大。

随着党史学习教育的逐步深入，为了引导全体教师知党史、感党恩、跟党走，传承红色基因，旨在更好地营造学党史、悟思想、办实事、开新局的浓厚氛围，学校成立了由9名党员教师组成的党史学习教育宣讲团，组织召开了以"继承革命前辈传统　铭记百年初心使命"为主题的党史学习教育系列宣讲会。一场场生动形象的宣讲仿佛把每个人又带回到那个战火纷飞的年代和激情燃烧的岁月。《红船启航》《五四精神》《李大钊——"青春中华"理想的先行者》《真理的力量——瞿秋白追求真理、临难坚定、坚贞不屈的意志和品格》《意志如钢的"军神"——建国元勋刘伯承》《永远不倒的旗帜——解放天津的军旗卫士钟银根》《传承红色精神　砥砺无悔青春》等一段段生动的宣讲，一个个鲜活的党史故事，既表达了宣讲人传承红色基因，听党话、感党恩、跟党走，以实际行动践行的理想信念的深厚情感，又使教师们深受教育。大家纷纷表示：通过参加党史宣讲教育，进一步感悟了无数革命先辈、英雄先烈、共产党人践行初心使命的信念，进一步激发了学习的激情，一定要继承革命先辈遗志，学习他们为真理而不懈努力的革命精神，用习近平新时代中国特色社会主义思想武装头脑，把自身的成长和国家发展命运紧密联系在一起，做有情怀、有担当的新时代好教师。要不忘立德树人的初心，牢记为党育人、为国育才的使命，用新的担当、新的作为，为学校的发展、为提高教育质量创造新的辉煌。

"明镜所以照形，古事所以知今"。学校第一、二党支部组织党员开展学习《中国共产党简史》、观看《百炼成钢》建党百年视频宣传片等党史学习系列教育，让大家重温我们党领导人民进行革命的百年奋斗历史。通读全书，大家深刻认识到人民群众在党的领导下艰苦奋斗的历程，在百年党史中间涌现出的无数英雄和锻造的伟大精神深深打动了党员教师。雷锋、王进喜、"两弹一星"科学家等，一个个光辉的名字彪炳史册，一件件伟大的壮举历久弥新。《中国共产党简史》以无可辩驳的事实阐明：中国之所以取得举世瞩目的伟大成就，是由于中国共产党的坚强领导，是由于党始终同人民群众保持血肉联系，依靠人民创造了历史伟业。

学习党史既是继承与发扬党的成功经验和优良传统，也是领悟党的方针、坚定党的信念，增强对党的认同感与归属感。教师们一致表示：党史贯穿于整个中国近代史，不但涵盖了其他史学知识和规律，更涵盖着民族解放和中国特色社会主义道路的经验和基本规律。在学习党的历史过程中，只有了解历史，才能开阔我们的视野，才能坚持正确路线、方针与政策，才能有助于提高自身的组织观念与工作能力，有利于保持党的优秀传统作风，有利于严格遵守党的方针与政策，从而树立正确的思想观念，强化党性，在各项工作中坚持奉献在前，发挥党员的先锋模范作用，砥砺奋进。

在党史学习教育中，学校党组织还召开严肃认真的专题组织生活会和民主生活会，引导广大党员干部教师对照党的创新理论，对照党章党规党纪，对照初心使命，对照先辈先进，深入开展党性分析，用好批评和自我批评的武器，主动查找、勇于改正自身存在的问题。党员教师通过专题学习，深刻领悟到作为共产党员，要带头学好党史，在学党史、懂党史、讲党史、用党史中加深理解和感悟初心使命，坚定不移听党话、感党恩、跟党走，更好地肩负起立德树人的根本任务。

革命是历史的火车头，精神是革命的主动力。广大教师在党史学习教育中深刻地认识到：在党的百年非凡奋斗历程中，一代又一代中国共产党人顽强拼搏、不懈奋斗，涌现了一大批视死如归的革命烈士、一大批顽强奋斗的英雄人物、一大批忘我奉献的先进模范，形成了一系列伟大精神，筑起了中国共产党人的精神谱系，为我们立党兴党强党提供了丰厚的精神滋养。比如红船精神、长征精神、井冈山精神、沂蒙精神、延安精神、抗战精神等。这一系列伟大精神一直在激励着我们，教育着我们，形成我们心中永远的丰碑。早在庆祝建党84周年前夕，时任浙江省委书记的习近平就对中国共产党建立时的"红船精神"内涵进行了概括和论述，指出"红船精神"是"开天辟地、敢为人先的首创精神，坚定理念、百折不挠的奋斗精神，立党为公、忠诚为民的奉献精神。这既是'红船精神'的深刻内涵，又是中国革命精神之源。"党的十八大以来锻造形成的"上下同心、尽锐出战、精准务实、开拓创新、攻坚克难、不负人民"伟大脱贫攻坚精神，在2020年抗击新冠肺炎疫情中铸就的"生命至上，举国同心，舍生忘死，尊重科学，命运与共"伟大抗疫精神，更是集中体现了中国人民深厚的仁爱传统和中国共产党人以人民为中心的价值追求；集中体现了中国人民万众一心、同甘共苦的团结伟力；集中体现了中国人民敢于压倒一切困难而不被任何困难所压倒的顽强意志；集中体现了中国人民求真务实、开拓创新的实践品格；集中体现了中国人民和衷共济、爱好和平的道义担当。教师们在党史学习教育活动中回望历史事件，弘扬英雄事迹，深入领悟精神谱系的内涵，从革命精神中汲取奋进力量，"举精神旗帜，立精神支柱，建精神家园"，在历史的悠远回声中弘扬伟大的创造精神、伟大的奋斗精神、伟大的团结精神、伟大的梦想精神。

革命先烈、英模人物的榜样力量，是优良传统的人格化身，是红色基因的鲜活体现。红色基因是革命历史的积淀、光荣传统的结晶、伟大精神的凝结，信仰信念的源泉和定力。红色基因蕴藏于人心、作用于精神，需要不断地传承和培育，不断地呵护和激活，让红色的基因、革命的信仰、奋斗的精神、崇高的思想、高尚的品德代代相传不断线，永葆生机与活力。教师们表示：要做红色基因的传承人、革命血脉的赓续者，向广大少年儿童传承红色基因，赓续共产党人的精神血脉，引导他们坚定永远跟党走的信心和决心，传承好红色基因是每个党员的神圣责任，是我们每一位基础教育工作者的光荣使命。

学校党总支向全体教师发出《学习百年党史，崇德敬业，铸魂育人，争做"四有"好教师》的倡议。在学校教育中，小学阶段的少年儿童是为人生奠基的重要时期，我们的一切工作都要立足于培养堪当民族复兴大任的新时代建设者和接班人。在党史学习教育中，为引导学生热爱党、铭记党的光辉历程，传承党的优良传统，学校有计划地开展了适合儿童少年年龄特点的党史学习教育。在以"党在我心中 永远跟党走"为主题的升旗仪式上，学校邀请天津市人大常委会原副主任、天津延安精神研究会会长李润兰和师生一起升国旗，他向学生们讲了"传承红色基因 做党的好孩子"开学第一课。学校还邀请了全国优秀共产党员、全国劳动模范、全国道德模范、全国五一劳动奖章获得者、"新时期产业工人"的代表、逸阳梅江湾国际学校三结合教育委员会常委孔祥瑞担任主升旗手，他在庄严的国旗下对全体师生深情寄语，号召大家弘扬民族精神，树立爱国意识，从自我做起，从身边小事做起，用点滴行动践行爱党爱国之心。在主题升旗仪式上，党员教师代表和被推荐参选"2021年天津市新时代好少年"的学生代表在发言中倡议全校师生肩负起时代给予的历史使命，追逐梦想，坚定理想，锤炼品格，勇于创新，奋发图强。升旗仪式后，师生还观看了党史学习教育集锦纪录片，进一步激发了师生们的爱党、爱国热情，坚定理想信念，唱响"永远跟党走"的时代主旋律。在我校学生杨依晨被评为2020年全国"新时代好少年"的基础上，2021年5月25日，天津市文明办、市教委、团市委、市妇联、市关工委等部门宣布逸阳梅江湾国际学校五年一班学生王奥然当选为天津市2021年度"新时代好少年"。

为了在学生中扎实推进党史学习教育，弘扬英雄精神，把红色基因一代代传承下去，学校组织开展了"传承英雄精神，做党的好孩子"大讲堂活动。邀请到曾任战斗英雄董存瑞班第22任班长、天津市和平区关工委副主任、优秀共产党员马廷起为师生讲述自己的军旅经历和百年党史，讲述战斗英雄董存瑞的故事。他说：英雄董存瑞在抗日战争时期很小就参加了儿童团，听党话、跟党走，12岁担任了儿童团团长，16岁参军后入党，参加了解放战争，在1948年解放隆化的战斗中承担爆破任务，为掩护战友和战斗的胜利，高呼着"为新中国，冲啊！"托举炸药包，炸掉了敌人的堡垒，把自己年轻的生命奉献给党，奉献给祖国和人民。他在宣讲中告诫学生们，正是像董存瑞一样的千千万万英雄们的流血牺牲才换来了新中国的建立，要牢记没有共产党就没有新中国，珍惜当下的美好生活，发奋学习，继承和弘扬革命先辈的优良传统，长大做能担当民族复兴大任的时代新人。

在党史学习教育中，学校根据儿童少年的特点，创新学习方式，用好用活天津的红色资源，组织参观展览，充分发挥三结合教育委员会委员们的优势，以他们参加革命、建设、改革的亲身经历，根据儿童少年的特点，具体生动地讲好中华民族的故事、中国共产党的故事、中华人民共和国的故事、中国特色社会主义的故事、改革开放的故事，特别是要讲好新时代的故事，讲出伟大历程、辉煌成就，让红色资源活起来，让党史故事活起来，引导广大学生永远听党话、跟党走，厚植爱党、爱国、爱社会主义的情感，让红色基因、革命薪火代代传承。

为引导少年儿童知党爱党，继承和发扬党的优良革命传统，营造积极向上的心理健康氛围，学校还开展了"2021年学生健康心理月"活动，举行以"百年奋进续新航"为主题的"讲心声诵情怀"大赛，学生们通过绘画、共读党史故事书、讲述党史故事等多种形式认真学习党的历史，感受党的伟大，在深情的朗诵和讲述少年儿童爱国、励志的故事中展现出积极的心理体验与人生态度，并结合自己的亲身感受，进一步体会到党的光辉奋斗历程和儿童少年热爱中国共产党、热爱祖国、热爱生活、自尊自信、不畏困难的积极心理特质。

教师们充分用好红色资源开展教学，把党史学习教育与教学改革有机融合，教育学生热爱党、热爱祖国、热爱人民，好好学习、天天向上，用自己的实际行动做新时代好少年，为成为能够担当民族复兴大业的有用人才而努力。学校还以学生杨依晨被评为"全国新时代地好少年"为契机，在全校开展了"向身边榜样学习，争做新时代好少年"活动、"新时代好少年红心向党"主题教育读书活动、"我和我的学校"微视频制作活动以及请大学生进校园进行党史宣讲主题教育等。许多班级召开了"以史为鉴，学习红色经典，争做新时代好少年"主题班会，请校外辅导员讲述党的光辉历史和个人的经历感受。引导学生了解到党的光辉历史，感受老一辈革命者可歌可泣的英雄事迹，认识当下生活来之不易，汲取自己的奋发学习的动力。

为了帮助一年级少先队预备队员了解并掌握少先队知识，强化加入少先队组织的光荣感和责任感，提高他们加入少先队的积极性和主动性，营造良好的少先队文化氛围，学校对一年级学生进行了入队前教育的系列活动，大队辅导员教育大家要牢记中国少年先锋队是在中国共产党领导、共青团组织的带领下建立的少年儿童组织，建党100周年，是加入少先队的最好时机。要听党话，跟党走，做党的好孩子，要认真学习少先队知识，在各方面严格要求自己，争取早日加入少先队。六一儿童节前夕在天津体育馆隆重举行的"红心向党 颂辉煌百年 庆六一大会"，使"红领巾心向党"系列活动达到高潮，一批新入队的少先队员幸福地带上了红领巾。

党的十九届五中全会审议通过的《中共中央关于制定国民经济和社会

发展第十四个五年规划和二〇三五年远景目标的建议》明确提出，要"健全学校家庭社会协同育人机制"。这是对"十四五"时期建设高质量教育体系、形成广泛共识和协调行动提出的新的更高要求，是全面贯彻党的教育方针、坚持立德树人落实到基层，在学校、家庭、社区和社会各方面汇集更大合力，为把一代代青少年培养成为实现中华民族伟大复兴中国梦的"梦之队"，共同营造健康成长环境和良好文明风尚的重要要求，是传承弘扬中华优秀传统文化、加强社会主义精神文明建设的基础环节。健全学校家庭社会协同育人机制，形成学校家庭社会各方的协调一致行动，更是党史学习教育中最有效的方式。我校在长期的办学实践中所形成的学校、家庭、社会三结合教育运行机制，在党史教育中充分发挥了"协同育人"的合力作用。

社会、家庭蕴含着丰富的党史教育资源。抗日将领、爱国英雄吉鸿昌的女儿吉瑞芝，自20世纪80年代中期以来，一直担任学校三结合教育委员会常委，承担革命传统教育部主任的工作，始终把对广大学生进行革命传统教育、爱国主义教育、提高学生的思想道德素质、树立正确的世界观、人生观、价值观为工作目标。她走进学校，走进课堂，来到教师和学生们中间，宣讲吉鸿昌烈士的英雄事迹，传承红色基因。她说："回顾党的历史，放眼当今世界现实，我们更深切地认识到，只有中国共产党的领导，凝聚民族力量，领导亿万人民，中华民族才能屹立于世界民族之林。那些曾经浴血奋战的英烈将永远被历史铭记，我作为逸阳梅江湾国际学校的三结合教育委员会成员，要把父辈的奋斗史讲述给儿童少年，培养他们成为勇于担当民族复兴大任的时代新人。"

近年来，吉瑞芝由于年事已高，行动不便，就由她的女儿、中国人民解放军后勤保障部队大校、天津市政协委员郑吉安接替了她在学校三结合教育委员会担任常委和革命传统教育部的工作。母女共同的心愿是："我们是英雄的子女、烈士的后代，有很好的条件，不光我们要继承老一辈的革命遗志，还要积极热情地向广大青少年学生讲述吉鸿昌烈士的事迹，进行革命传统教育。"在辅导少先队中队的"党旗在我心中"活动时，她把吉鸿昌"我是中国人""一个瓷碗""一封家书"以及吉鸿昌烈士被国民党反动派迫害英勇牺牲前大义凛然的英雄气概讲给学生们听。她说："弘扬革命先烈的爱国主义精神，传承红色基因是一项非常重要的工作。当年无数革命先烈担着国家民族于肩，扛着使命前行，不惜流血牺牲，用生命诠释了信仰的力量。今天，我们要学习和继承先烈精神，向他们那样勇于担当，不辱使命，让爱国主义精神在青少年学生心中扎根，做勇于担当民族复兴大任的时代新人。"

在学校举行的"学党史 强信念 学英雄 跟党走"党史学习教育专题讲座中，郑吉安大校再一次为全体教职工进行党史主题宣讲。她生动地讲述了吉鸿昌将军充满英雄气概的一生：苦难的童年让吉鸿昌明白了"好男要当兵"；回家探亲时，他创办了鸿昌学校；父亲病重时，对吉鸿昌的谆谆教诲——"做官不许发财"成了他一生的信仰；在被蒋介石强迫出国考察时，面对美国人的无理行为，吉鸿昌做了一块"我是中国人"的木牌挂在胸前，令当时的中国人无不感到精神振奋；面对国家危难，吉鸿昌让夫人胡红霞变卖家产，买了六万大洋的枪支弹药解决同盟军筹组时期武器弹药不足的状况，经过激烈的战斗，收复了重镇多伦，这也是全国抗日战争的第一次胜利。在他英勇就义前写下了"恨不抗日死，留作今日羞。国破尚如此，我何惜此头"诀别诗。短短的诗句道出了抗日名将吉鸿昌将军一生的信仰，壮志未酬身先死，英雄精神贯长虹。郑吉安大校满含热泪地说："讲述抗日名将吉鸿昌将军的故事，使我们深入理解学习党史的重大意义，让我们共同学习英雄精神，传承先烈遗志，全面了解中国共产党百年奋斗的光辉历程和历史性贡献，为弘扬传承党史精髓、学思践行开创全新局面贡献力量。"

在党史学习教育过程中，我们的主要体会是：

一、党的百年历史，是一座博大精深的精神宝库，是随着实践而发展的科学体系，是一笔宝贵的蕴含丰富经验和智慧的精神财富，真正学懂弄通绝非易事，必须下苦功夫，花大气力，掌握其真谛。我们要不断向党史这个"老师"请教。习近平总书记指出："世界的今天是从世界的昨天发展而来的。今天世界遇到的很多事情可以在历史上找到影子，历史上发生的很多事情也可以作为今天的借鉴。"党史学习教育要做到常学常新无止境，提高理论素养和实践水平无止境，成为每一名共产党员和广大教师的常修课，并成为对学生进行革命传统教育、传承红色基因，赓续革命血脉的重要内容。

二、学习党史必须注重学好原著，学好原文，悟好原理，遵照习近平总书记教导我们的"大党史观"，准确把握党的历史发展的主题主线、主流本质，正确认识和科学评价党史上的重大事件、重要会议、重要人物。特别是要深刻领会和继承发扬党在百年奋斗中所铸就的精神谱系，把各个时期的伟大精神内化于心。有计划地向广大师生进行党史、新中国史、改革开放史、社会主义发展史的宣传教育，及时跟进，前后贯通，联系实际，弄清楚中国共产党为什么能、马克思主义为什么行、中国特色社会主义为什么好等基本道理，加深对党的历史的理解和把握，加深对党的理论的理解和认识。

三、学习党史必须理论联系实际，真正求得实效。实践性是党史最鲜明最根本的特性。学习党史一定要以新时代全面深化改革开放和实现中华民族伟大复兴的中国梦的实际问题、以我们正在做的事情为中心，着眼于对实际问题的理论思考，着眼于新的实践和新的发展。今天学习党史，尤其要注意结合党的十八大以来党和国家事业取得历史性成就、发生历史性变革的进程，深刻学习领会新时代党的创新理论，不断增强"四个意识"、坚定"四个自信"、做到"两个维护"，增强带头贯彻执行党的路线方针政策的自觉性。把党史学习教育作为立德树人的重要内容，把党史学习教育期间的资源长期持续地用于教书育人、学校思想政治工作、构建高质量教育教学体系之中，狠抓工作落实，把学习与推动工作密切结合起来，把党史学习教育的成效转化为工作的动力和成效。在学校工作中认真贯彻"教育必须为社会主义现代化建设服务、为人民服务，必须与生产劳动和社会实践相结合，培养德智体美劳全面发展的社会主义建设者和接班人"的教育方针，把贯彻党的教育方针同学习贯彻习近平总书记关于教育的重要论述相贯通，同贯彻落实党的十九届五中全会精神相衔接，同开展党史学习教育相结合。

四、在党史学习教育中，必须增强针对性和实效性，不断推进内容、形式和方法的创新。引导全体党员和教师密切结合思想和工作实际，使党史学习教育求深求实，入脑入心，学深悟透，把自己摆进去，把职责摆进去，把工作摆进去，更好地完成"立德树人"根本任务，切实提高教育质量。务求做到学、思、用的贯通。要教育学生永远听党的话，知党恩，跟党走，从小做到知、信、行的统一。

五、在党史学习教育中，学校党组织充分发挥领导核心作用，充分彰显学校、家庭、社会三结合教育协同育人的优势，充分展现校外教育基地作为党史学习教育重要地方资源的作用，充分发挥三结合教育委员会革命传统教育部多位老干部、老党员、英雄模范和革命烈士后代在传承红色基因、赓续革命血脉中的教育作用，从而保证党史学习教育活动取得实效。

党中央决定，作为中国共产党成立100周年庆祝活动的重要组成部分，首次颁发"光荣在党50年"纪念章，以增强党员的荣誉感、归属感、使命感，汇聚全党为实现"十四五"规划和2035年远景目标持续奋斗的磅礴力量。我作为长期受党的教育、为党的教育事业工作的一名老共产党员，在深切感受到以习近平同志为核心的党中央关怀和温暖的同时，更感到责任的重大。深深为党和国家各项事业取得的辉煌成就感到自豪，更对党和国家的未来发展充满信心。重温党的百年非凡奋斗历程，回顾自己70年来在教育事业的岗位上，是党的长期培养教育，是三结合教育的协同合力，是全校师生的齐心努力，得以在办学实践中不断创新发展，得到社会和学生家长的肯定，有关领导部门给予学校和我本人许多荣誉，中华全国总工会还在学校建立了"全国示范性劳模和工匠人才创新工作室"。这也是全国唯一一所小学得到这一命名的殊荣。我要永远保持中国共产党人的奋斗精神，永远保持对人民的赤子之心，引导身边党员特别是青少年一代大力发扬红色传统、传承红色基因、赓续共产党人的精神血脉，以永不懈怠的精神状态，朝着实现中华民族伟大复兴的宏伟目标，为办好人民满意的教育继续作出自己的贡献。

党史学习教育给了师生最丰富、最珍贵的精神滋养。站在"两个一百年"的历史交汇点，开启全面建设社会主义现代化国家新征程，我们要深入学好党史这门必修课，不断校正自己的世界观、人生观和价值观，坚定不移地把内化于心的理想信念、道德情操、党性原则、宗旨使命，激励我们为办好人民更加满意的教育而奋力前行！要在党的百年历程中深刻认识教育事业的巨大变化，准确把握教育发展的思想经验，深入汲取教育报国的精神力量，深刻感悟教育的初心使命，为加快推进教育现代化、建设教育强国、办好人民满意的教育作出新的更大贡献，以实际行动和优秀业绩庆祝中国共产党成立100周年。

为青少年的健康成长撑起朗朗晴空

——依靠公安派出所、法院对学生实施法治教育

本文写于2008年

在我国改革开放和教育改革发展的新形势下，我于1979年开始倡导实施"学校、家庭、社会三结合教育"，聘请社会各界关心支持教育的仁人志士成立了三结合教育委员会。如今，三结合教育已经走过了43个春秋，在实施三结合教育的过程中，发挥学校、家庭、社会的协同育人合力，对学生进行法治安全教育，是实现立德树人根本任务的重要内容，公安派出所和法院成了我们对学生进行法治教育的重要依靠力量。

青少年法治教育是一项基础性、系统性、长期性的工程，我们面对的是一群不满12岁的小学生，必须教育他们增强法治观念，立志做知法、懂法、守法的时代好少年。这就需要久久为功坚持和源源不断的投入，社会各界要发挥思想教育的引领作用、重视青少年法治教育，广泛开展青少年普法宣讲和有关活动，为青少年健康成长撑起朗朗晴空。

把公安派出所和法院作为学生的法治教育实践基地，有利于护航青少年健康成长，预防和减少青少年违法犯罪，提高公民道德素质。法院把青少年权益保护和犯罪预防工作落实落细，定期到校做法治宣传教育；派出所等相关部门则发挥职能优势，整合资源要素，在社区、街道共同营造关心支持青少年健康成长的良好氛围。学校有计划地组织学生积极参与法治教育基地活动，近距离接触和感受法律文化，养成遵纪守法的好习惯，踏踏实实地走好人生的每一步路。

慰问消防英雄天津市道德模范郭少博

带领学生走进国防教育实践基地五马路消防站

法制讲座——认识民法典

法制讲座——交警进行安全教育

一、提高认识 树立法治理念

随着社会的进步，人们对教育的关注越来越多，对教育的要求越来越高，而教育本身也需要了解社会的需求，需要得到社会的理解和支持，学校要满足社会需要和适应时代发展，就必须加强学校与社会的联系与沟通。正是基于这种认识，学校始终坚持"依法治教，以德立校"的办学思想，不断推进内部管理体制改革，有力地促进了学校民主管理，提高了学校的整体办学水平。

我校在法治教育工作中，始终把依法治教、依法治校内容纳入学校工作总体规划内，在研究制定学校年度工作计划时，明确法治教育工作目标，健全法治教育工作网络，落实法治教育工作措施。

在办学实践中，学校从转变观念做起，重视抓好干部教师的教育法律法规的学习，深入开展普法教育。通过开展"依法执教，做新时期合格教师"大讨论、撰写心得体会等形式，转变思想，牢固树立全体教职工的依法治教观念，特别是进一步提高行政领导人员的现代法治理念，在学习和实践中努力提高依法决策、依法管理、依法治教、依法行政的能力与水平。教师的每月生活会安排一定时间用于普法，新教师的岗前培训加大普法的分量。抓好学校管理人员、教职工对《事故处理办法》的学习，重点学习《宪法》《刑法》《未成年人保护法》《预防未成年人犯罪法》《义务教育法》《国防教育法》以及有关如何处理学生伤害事故等方面的法律法规。把做好对学生的法治宣传教育，培养学生的法律素质，作为学校素质教育的重要内容，切实做到计划、课时、教材、师资"四落实"。同时，把深入普及法律常识，增强法制观念，减少犯罪作为小学生法制教育的重点，通过开设法治讲座、举行法治知识竞赛、设立法治宣传月等多种形式，向学生宣传有关法律常识，从小培训学生学法、懂法、守法、用法的法治意识。

二、开展"警校共建"，对学生进行法治教育

开展"警校共建"是对学生进行法治教育的有效形式。学校聘请公安派出所的警官、法院的法官担任"法治辅导员"，定期到学校进行专题讲座，充分发挥法制辅导员在法治教育中的作用。针对小学阶段的学生特点，法治教育着重普及宪法知识、养成守法意识和行为习惯，让学生感知生活中的法、身边的法，培养学生的国家观念、规则意识、诚信观念和遵纪守法的行为习惯。

学校坚持开展"法律进学校"活动，充分利用国家宪法日、国家安全教育日等开展形式多样、丰富多彩的主题教育活动，加大《未成年人保护法》和《预防未成年人犯罪法》的宣传力度，通过活动课、班队会、板报、知识竞赛，向学生进行爱祖国、爱人民、爱劳动、爱科学、爱社会主义的教育以及社会公德教育、纪律教育、品德修养教育，抓好日行为规范的养成，坚持贯彻学生日常行为规范，加强校风校纪建设，营造校园法治教育氛围。

在对学生进行法制教育中，注重知行统一，坚持落细、落小、落实，与法治事件、现实案例、常见法律问题紧密结合，注重内容的鲜活，注重学生的参与、互动，提高法治教育的质量和实效。

三、狠抓安全，营造良好的育人环境

学校安全工作重于泰山，学校把安全工作当作头等大事来抓，切实防止麻痹大意，心存侥幸。我们认真组织学习《学校伤害事故处理办法》，坚决落实学校安全保卫工作领导责任制、责任追究制、考核奖励制，坚持"安全第一，预防为主"的方针，把安全教育、安全管理的各项制度、措施落到实处，积极依靠公安派出所等单位和相关部门，做好校园及周边环境的综合治理工作，确保学校稳定和师生生命财产的安全。

在学校内部安全管理中，我们根据"安全第一，预防为主"的原则，制定了严格的安全管理网络，从校长到每名教师，层层签订安全责任书，做到层层抓落实，处处责任到人，全体教职工人人参与抓安全。同时进行安全隐患大排查，定期检查伙食卫生和安全、教学设施设备安全，及时排除隐患。

四、规范办学行为，依法管理，加强校园法治文化建设

长期以来，学校全面落实依法治校要求，把法治精神、法治思维和法治方式落实在学校教育、管理和服务的各个环节，健全学校相关的规章制度，完善学校管理服务制度，将校内常规管理中行之有效的经验上升为配套制度，抓好制度的落实，使各项管理有章可循，使学校各方面的工作纳入规范化管理轨道，纳入法治轨道，不断提高依章管校的水平。学校重视教师队伍教育和管理，使教师在教书育人、管理育人、服务育人、依法办事等各个方面都能为人师表。通过制定《教师管理制度》《班级管理办法》等，落实责任，保证安静、和谐、健康的学习环境，保证学校正常的

教学、科研和生活秩序。在实际工作中，不断进行学校章程的细化工作，使相应的规章制度更具有可操作性，把学校管理工作纳入法制轨道。

深化民主管理、坚持校务公开是依法治校的重要任务。我们对校务公开工作做到：规范操作，严格管理，形成制度。学校成立了校务公开工作领导小组、监督小组，齐抓共管，定期研究校务公开工作。首先，在范围上，实现由学校面向各部门、各年级公开；其次，在程序上，实现由单纯办事结果公开向办事过程公开；第三，在校务公开内容上由一般内容扩展到群众关心的所有热点问题、敏感问题以及影响到本校发展的深层次问题；第四，校务公开做到重大事项、职称评定、竞争上岗、支出公开、公示，增加工作的透明度，体现学校领导班子的民主工作作风。充分发挥教代会在校务公开中的基本载体作用，学校重大决策以及关系到教职工切身利益的事项，坚持通过教代会进行公示。学校规范教代会制度，建立了齐全科学的教代会资料档案，将审议建议权、审议同意权或否决权、评议监督权、选举权等一一落到实处。

将校务公开和执行学校的各项规章制度相结合，逐渐成为我校管理的重要组成部分。通过实行校务公开，提高了决策的民主性、科学性，学校领导自我约束，学校重大事情科学民主进行决策，工作过程严格按程序进行操作，促进了学校的发展。学校领导者清清白白做人，亮亮堂堂办事，促进了廉政风气的形成，有力地推动了学校各项工作的开展。校长管好了自己，也带动了全体职工，工作起来腰杆子硬了，劲头也就更足了。

我校以行风评议为契机，规范办学行为，认真制订符合校情的"行风评议实施方案"，依据"以评促纠、以评促建，以建互促，优化行风"的宗旨，确定了"办学行为、教师职业道德建设、政务校务公开、社会宣传"四个工作主题，向全校师生、学生家长公开评议工作电话，设置投件箱，畅通了监督渠道，将服务意识贯彻到办学过程中，牢固树立了教育行风正气。

学校对学生家长的建议做到及时反馈，得到了学生家长的一致肯定。同时要求教师进行学生家访，走进学生家庭，深入调查了解不同学生的家庭情况，给予学生学习指导上的帮助，受到了社会、家长的好评。

通过走依法办学、依法治校之路，促进了学校教育改革的发展，推动了学校现代化建设的进程，真正使教育成为为人民服务，"为党育人，为国育才"的伟大事业，在习近平新时代中国特色社会主义思想指引下，贯彻党的教育方针，办好人民满意的教育。

天津市教科院方芳所长做落实教育部《中小学教育惩戒规则（试行）》讲座

学校教育、家庭教育、社会教育的定位、协同与边界

——学习党的十九届五中全会精神的体会

本文写于2020年11月十九届五中全会胜利闭幕之际

党的十九届五中全会通过的《中共中央关于制定国民经济和社会发展第十四个五年规划和二○三五年远景目标的建议》明确提出，"健全学校家庭社会协同育人机制"。这是对"十四五"时期建设高质量教育体系、形成广泛共识和协调行动提出的新的更高要求，是将全面贯彻党的教育方针、坚持立德树人落实到基层的重要要求，是传承弘扬中华优秀传统文化、加强社会主义精神文明建设的基础环节，是我国教育事业"五育并举"和"三全育人"相结合的实现方式。

习近平总书记曾强调指出：基础教育是全社会的事业，需要学校、家庭、社会密切配合。学校要担负主体责任，对学生负责，对学生家庭负责。家长要尊重学校教育安排，尊敬老师创造发挥，配合学校搞好孩子的学习教育，同时要培育良好家风，给孩子以示范引导。各相关单位特别是宣传、文化、科技、体育机构要积极为学生了解社会、参与实践、锻炼提高提供条件。

学习党的十九届五中全会精神和习近平总书记关于教育工作的一系列重要论述，回顾在办学实践中40多年来实施"学校、家庭、社会三结合教育"的实践探索、改革创新、与时俱进、逐步完善的过程，深切地感到：健全学

校家庭社会协同育人机制，既是全面贯彻党的教育方针，坚持立德树人，进一步提高教育质量和办学水平的重要任务，也是在"十四五"期间进一步完善"学校、家庭、社会三结合教育"体制机制新的更高的要求。为此，必须在已有实践体会的基础上，进一步明确学校教育、家庭教育、社会教育的定位；进一步健全学校、家庭、社会协同育人机制；进一步厘清学校教育、家庭教育、社会教育的边界，实现"德智体美劳五育并举"和"全员、全程、全方位三全育人"相结合。

一、明确学校教育、家庭教育、社会教育的定位

实现学校、家庭、社会教育的协同，必须首先明确学校教育、家庭教育和社会教育的定位。教育史上最早的教育职能是通过社会教育来实现的，以后随着家庭及家庭教育的出现，直至学校教育的产生，开始逐步地分化为三种独立的教育形态，即学校教育、家庭教育和社会教育。在我国，自清光绪二十九年（1903年），在《游学译编》第九期《教育泛论》一文中就曾把教育划分为家庭教育、学校教育和社会教育三大类。从现代大教育观、终身教育的观念来看，教育依然包括家庭教育、学校教育和社会教育三种形态，三者相互联系又相互影响。儿童青少年的成长是受家庭、学校和社会的影响、教育制约的，接受家庭、学校和社会各方面的教育，这样生理上的禀赋才能得到发展。

对学校教育、家庭教育、社会教育三种教育形态的定位，概括表述如下：

（一）学校教育

学校是传承文化、培养人才的主要平台。学校作为专门从事教育工作的机构，是培养塑造人的重要阵地，学校教育的目的在于培养一代新人，为社会发展服务。在历史发展的进程中，学校教育逐步完善，形成包括初等教

育、中等教育、高等教育，普通教育、职业技术教育、师范教育等各级各类学校系统。

学校教育具有组织性、计划性、系统性的特点。就基础教育阶段的学校而言，学校是学生获取知识、养成品格、形成能力的主要场所。学校教育是有目的有计划地向儿童和青少年进行政治思想品德教育、知识技能传授、行为习惯养成、健康体魄锻炼、审美情操陶冶、劳动行为准备的主渠道，学校也是影响他们的心理情境、发展个性的重要场所。学校教师通过言传身教，传授给学生知识和技能，并在潜移默化中帮助学生从小树立正确的世界观、人生观、价值观，让学生在集体生活中培养能力，开阔视野，增长知识，形成优良的品格。

（二）家庭教育

家庭是社会的基本细胞，从人的发展序列而言，家庭是个体生命成长的最初始的场所，是人发育、成长、生存的首要基地。从社会结构而言，家庭作为社会的最基本单元，营造良好的家风、弘扬家庭美德是构建和谐社会最为重要的基础，更是社会文明程度的重要标志。家庭是孩子人生的"第一所学校"，父母是孩子的"第一任老师"。

家庭教育是一切教育的基础，是先导性、示范性的教育，对于孩子的影响是终身的。孩子与家长具有天然的血缘关系，每一个家庭监护人都应有教育孩子的责任与义务。家庭对孩子的教育是无时无刻不在进行着的潜移默化的过程。儿童从呱呱坠地就向父母学习，模仿家长的行为举止，慢慢地学会社会所需要的思想和行为，成为他走向社会生活的起点，因此，家庭教育为孩子的成长奠定了重要的基础。

家庭教育是以子女和家长的亲情、经济关系以及家长在日常生活中的表率作纽带，具有早期性、持续性、亲和性的特点。家庭教育所涉及的内容和形式比学校教育更为丰富和广泛，并与家庭生活的各个方面相融合，其教育影响是深刻而具有继承性的，在许多方面是学校教育所不能代替的。

在我国，千百年来，传统家教积累了一笔宝贵的财富，正是在优秀传统家教理念基石上，构建起现代家教大厦。传统家教通过家规、家训、家风等形式，对家庭教育进行规范，用制度和仪式对儿童进行教育；传统家教强调以德为先，把做人作为教育之根本，与现代教育理念"立德树人"是一致的；传统家教注重父母的以身作则榜样示范，主张"其身正，不令而行。其身不正，虽令不从"，强调身教重于言教。

党的十八大以来，以习近平同志为核心的党中央高度重视家庭、家教、家风建设，发表了一系列重要论述，立意高远，内涵丰富，思想深刻。习近平总书记在2016年12月12日会见第一届全国文明家庭代表时的讲话中指出："广大家庭都要重言传、重身教，教知识、育品德，身体力行、耳濡目染，帮助孩子扣好人生的第一粒扣子，迈好人生的第一个台阶。""孩子们从牙牙学语起就开始接受家教，有什么样的家教，就有什么样的人。家庭教育涉及很多方面，但最重要的是品德教育，是如何做人的教育。也就是古人说的'爱子，教之以义方'，'爱之不以道，适所以害之也'。"2021年1月20日，备受瞩目的《中华人民共和国家庭教育法（草案）》提请十三届全国人大常委会第二十五次会议审议。家庭教育正式纳入国家教育事业发展规划和法治化管理轨道。家庭教育从"家事"变成了全社会都关注的"大事"。

（三）社会教育

社会是人谋生发展、相互交往的基本环境，是一个比家庭和学校更广阔的天地。社会具有广泛的教育资源，是对儿童、青少年具有最广泛影响的宏大空间。在社会教育中，人人都是施教者，又都是受教育者。在人们的学习生活工作中，任何人的一言一行，一举一动，无不影响着周围的人们，而本身也无时无刻地受着别人的影响。对儿童青少年的教育，一点也不能忽视各种社会因素的制约和影响。同时，学生在社会所受的教育影响，一般是在充分尊重自主精神的状态下获得的，因此有利于儿童、青少年独立精神的培养与发展。

我们所指的社会教育，是指专门面对儿童青少年与学校教育、家庭教育并行的影响个人身心发展的社会教育活动。现代学校教育同社会发展息息相关，青少年一代的成长更迫切需要社会教育密切配合。社会要求青少年扩大社会交往，充分发展其兴趣、爱好和个性，广泛培养其特殊才能，因此，社会教育对广大青少年的成长来说，有极其重要的意义。同时，现代信息传播手段的发展，教育技术的不断完善，也为社会教育的广泛发展提供了现代化的物质条件。良好的社会教育有利于对学生进行思想品德教育，有利于学生增长知识、发展能力，有利于丰富学生的精神生活，有利于发展学生的兴趣、爱好和特长。

二、实现学校教育、家庭教育、社会教育的协同

随着社会的发展和教育的现代化进程，学校教育、家庭教育、社会教育正在由儿童少年个体中发挥各自作用转变为一种新的"重叠模式"，三方在儿童青少年成长的每一个阶段都在发挥着各自的作用，共同影响着孩子的成长和发展，实现三方的"协同"成为立德树人的重要保证。

（一）健全学校家庭社会协同育人机制的重要意义

《中共中央关于制定国民经济和社会发展第十四个五年规划和二〇三五年远景目标的建议》明确提出：要"健全学校家庭社会协同育人机制"。其主要目的，就是在"培养什么人、怎样培养人、为谁培养人"这一根本问题上凝聚更大共识，在完善立德树人体制机制上探索更好方式，在学校、家

庭、社区和社会各方面汇集更大合力，为把青少年培养成为实现中华民族伟大复兴的接班人，共同营造健康成长环境和良好文明风尚。

概括说来，强调学校家庭社会协同育人，首先是传承弘扬中华优秀传统文化、加强社会主义精神文明建设的基础环节。中国教育源远流长，很早就注重学校、家庭、社会共育后代的责任关系，成为维系中华文明绵延不绝的价值理念之一。随着时代的发展，学校家庭社会的协同配合显得格外重要。学校教育特别是在基础教育上的薄弱及缺失，难以靠家庭和社会教育弥补，往往影响人的一生发展；家庭教育失当，易导致孩子品行不良，给学校和社会教育增添难度；社会教育环境欠佳甚至恶化，又可能使家庭和学校教育处于事倍功半境地。而和谐、融洽、稳定的学校家庭社会关系，对优化育人制度建设将发挥"1+1+1>3"的良性倍增效应。这就需要靠健全学校家庭社会协同育人机制，形成学校家庭社会各方的协调一致行动，更好地付诸实践。

健全学校家庭社会协同育人机制，是我国教育事业"五育并举"和"三全育人"相结合的实现方式。以习近平同志为核心的党中央高度重视德智体美劳"五育并举"和全员全程全方位"三全育人"相互结合、密切衔接。家庭是人发育、成长、生存的首要基地，学校是传承文化、培养人才的主要平台，社会是人谋生发展、相互交往的基本环境。三者纵贯每个人从小到大、到老的一生，构成促进人的全面发展的基础链环。当前，按照推进"五育并举"和"三全育人"相结合的方向，重点是把立德树人融入思想道德教育、文化知识教育、社会实践教育等各个环节，从而一体推进学科体系、教材体系、教学体系、评价体系、管理体系、督导体系等改革，全面提升育人质量。

学校、家庭、社会这三类不同领域的教育各有特色，三者主导性的教育目标、内容、途径、方式、手段和方法各有特点，功能上各有优劣，三者的教育功能是不能互相代替的。但是，这三方面教育在内容、方法、效果上是有交叉的，各责任主体必须强化协同意识，要善于从系统的整体的观点看待和理解青少年的培养教育问题，各司其职、各扬所长、功能互补、协调统一，以更宽广的视野实现家校社协同共育，使学生获得快乐健康的成长，推动教育品质的提升。

总之，健全学校家庭社会协同育人机制，是将全面贯彻党的教育方针、坚持立德树人落实到基层的重要要求，是传承弘扬中华优秀传统文化、加强社会主义精神文明建设的基础环节，是我国教育事业"五育并举"和"三全育人"相结合的实现方式。

（二）健全学校家庭社会协同育人机制的实现方式

在三结合教育中，因为学校教育是唯一按照国家意志，有组织、有计划、有目的地对学生进行教育的一方，我们将学校教育置于"龙头"的地位，依据《教育法》关于"学校、教师可以对学生家长提供家庭教育指导"的规定，发挥其对家庭教育的引领与导向作用；以《教育法》规定的"企事业组织、社会团体及其他社会组织和个人，可以通过适当方式，支持学校的建设，参与学校的管理"为依据，按照儿童少年发展的需要，将社会上先进的、积极的教育要素组织和引进学校文化建设中来，建立三结合教育委员会及常委会，并按专长设立六个职能部，实行下沉班级，每年召开一届三结合教育联席会，使学校教育在三方面教育力量的整合过程中承担起主导性作用。同时，学校坚持积极、主动为家庭和社区的文明建设服务，提供智力支持、注重回报社会。

在长期的教育实践中，我深切地感到，学校教育、家庭教育与社会教育各有优势与局限性，在对儿童少年的教育中，既要相互分工又要合作互补。家长有在家庭中教育孩子的责任，社会应向学生提供学校和家庭所不具备的条件和设备，传递各方面的及时信息，各社会组织也应关心教育儿童青少年的健康成长。同时，学生家长、社会组织有对学校教育参与、监督的义务和权利。在儿童青少年的成长过程中，学校教育、家庭教育和社会教育构成互相联系又互为作用、立体交叉的三维结构，单纯孤立地依靠学校、家庭或社会任何一方都无法完成全面培养人的任务。只有学校、家庭、社会教育的有机结合、紧密相连、协同育人，才能形成教育的合力，才能发挥教育的整体功能，形成一个人的学习系统。学校、家庭、社会三者联系的目的具有互惠性，三者联系的内容具有共需性，三者联系的范围具有全面性，三者联系的工作具有计划性，三者联系的行为具有互动性，这些都是在实施三结合教育中应注意搞好协调的。

为使三方面教育力量"和谐互动"，我校在实践中曾推出8项措施：1.采用引人入胜的多种形式，宣传党和国家的教育方针和实施素质教育的要求，使家庭和社会两方教育在培育儿童少年的目标上，与学校教育取得一致的认识，这是三方教育力量协同整合的思想基础；2.学校、家庭、社会明确在教育未成年人成长、促进未成年人发展中各自应承担的任务，发挥各自的特色，体现以学校教育为主导，以家庭教育为基础，以社会教育为依托；3.学校以提供优质的教育为家长和社会服务，家庭、社会从多方面支持学校的发展；4.学校、家庭、社会在教育资源上应该是共享的，包括物质资源、信息资源、人力资源和精神资源等；5.学校与家庭、教师与家长、家长与家长之间有顺畅的沟通渠道，关系融洽；6.学校教师在为家长、社会服务的同时，虚心向家长和社会学习，实现自身的专业发展；7.学校有责任指导家庭教育，通过家长学校、家校互访、家教论坛、学校开放日等形式，促进家庭教育科学化，在提高学生全面素质的同时，提高家长的教育能力；8.家长和社区对学校教育有更多的知情权和参与权、不断健全家长、社区参与学校管理的组织体制，学校有对家长、社区关于教育改革的意见和建议及时作出反馈的机制。

（三）构建协同育人机制的效应

构建协同育人机制的根本指导思想或者说核心理念就是"合力育人"，就是将学校、家庭、社会作为一个统一教育整体中的三个要素，构建起三维一体化的结构，三方面和谐互动，从整体上为学生营造出适合他们成长需要的教育条件和环境，促进学生的全面发展。

我校长期实施的"学校、家庭、社会三结合教育"，从核心理念到实施过程与协同育人机制是完全相通的。坚持实施三结合教育、构建协同育人机制的效应是显著的，集中一点最突出的就是充分发挥了教育的整体效应。可以说，整体效应是协同育人机制的优势所在和本质特征。

历经多年的实践探索与理论研究，构建学校、家庭、社会协同育人机制，深化实施三结合教育，其显著效益表现为：首先，受益的是学生，有力地促进了学生的全面成长。众多学生家长和社会各界人士赞扬学校培养的学生"爱祖国，有理想；基础牢，眼界广；重实践，善思考；体质好，崇尚美；能动手，勤劳作。"二是提高了家庭教育的科学化水平，增强了家庭的教育功能，促进了新型家庭、家教和家风建设。家校合作让亲子之间因为共同成长而愉悦，家庭生活因此而幸福完整。三结合教育的开放性也意味着学生家庭之间的互相交往，让具有优良教育经验的家庭变成更多家庭的典范。三结合教育的各项实践活动，推进了学生家长不断学习先进的教育理论，吸取成功的教育经验，思考教育内容、形式、方法的改进，给家长们提供了一个重要的学习机会和成长平台。三是深化实施三结合教育，促进了师德、师风、师能水平的提高，使广大教师有更多的成就感。对于教师来说，家校社协同育人，能让日常教学工作之中增添了许多动力，教师从学生家长和社会各界人士身上获得了丰富的教育资源，教师充分利用家庭和社会的教育资源，使学生接受的教育更全面。有些三结合教育委员会中的教育专家就直接成为年轻教师的"师傅"，建立常态化的师徒关系，从而使教师的本职教育生活更加幸福完整。四是深化实施三结合教育，促进了社区各种相关人员学习与成长。学校、家庭和社区彼此敞开大门，尤其是作为合作主导方的学校，要向家庭和社区开放，吸纳更多的社会力量参与教育。无论是各类公益机构的支持，还是各种教育项目的合作，都是促进教育的有生力量。家庭、学校、社会以孩子为纽带，通过构建"学习共同体"合作共育紧密地联系在一起，就能够为构建和谐社会奠定坚实的基础。五是深化实施三结合教育，推进了学校管理的民主决策，强化了学校的自我管理，提高了学校管理科学化的水平。三结合教育委员会作用的充分发挥，使学校管理的每一个环节都能做到与学生家长、与社区发展以及时、准确、完整的信息沟通作为基础，及时调整学校的工作，使学校更好地为学生服务、为学生家长服务、为社区服务，更好地落实"建设依法办学、自主管理、民主监督、社会参与的现代学校制度"的要求。

学校、家庭、社会教育协同育人，三者和谐互动就会产生合力效应，有利于达到教育目标要求的整体一致，共同的教育要求使学生努力方向更明确，有动力，能够得到事半功倍的效果。有利于实现教育内容的相互补充、教育方法的配合多样和教育机制的协调互促，取得最佳的教育效果，更好地让学生的才华得以提升，自我价值得以体现。有利于促成教育衔接的紧密性。学校、家庭、社会这三方面从不同的空间、时间上占据了学生的整个生活，让教育过程中衔接得更为紧密，促进实现整体化教育。

三、厘清学校教育、家庭教育、社会教育的边界

如何厘清学校教育、家庭教育和社会教育不同教育类别的边界，避免相互错位、越位、重叠、推诿，使三方面有机结合在一起，形成协同整合优

势，有效地实现协同育人，是新时代基础教育面临的重要课题，也是我们在实施三结合教育中需要不断思考和认真对待的重要课题。

三结合教育作为一种关系理念，学校、家庭与社会在教育问题上，应该是目标一致，内容衔接，方式互补的。实施三结合教育可以用家庭教育、社会教育的优势来弥补学校教育的不足，来支持和强化学校教育，这样才有利于学校、家庭、社会教育形成合力，更好地促使学生全面健康成长。同时，学校教育、家庭教育、社会教育的实施应注意各自的边界，只有三者切实履行各自的职责，才能更好地推进三结合教育的实施。

在现实的教育实践中，部分教师和家长对"家校社协同育人"的理解还不够到位，责任边界还比较模糊，导致家校社共育难以实现预期效果。厘清学校教育、家庭教育、社会教育三者的边界，建设好有序、有效、完备的家校社协同育人机制，没有标准的固定模式，我校在长期实施三结合教育中的主要体会是：

（一）协同育人机制的构成主要表现为：学校教育是协同育人机制的主体，家庭教育是协同育人机制的基础，社会教育是协同育人机制的依托。

1.学校教育是协同育人机制的主体。从上述关于学校教育、家庭教育、社会教育的定位可以看出，学校是有目的、有计划、有系统地向学生传道、授业和解惑的场所，也是精神文明建设的主要阵地。学校教育在青少年的发展过程中起主导作用这是毋庸置疑的，青少年在学校接受教育期间，正是他们身心发展的最好时期，求知欲、接受能力最强。学校是专门的教育机构，有专业的教育工作者，在教育理论、经验等方面往往比其他两方面更科学。同社会教育、家庭教育相比，学生在学校接受的教育时间最长，所获取的知识和教育影响也是最为系统，通过学校有目的的正确教育和引导，学生可以有规律地全面地发展自己。这就决定了学校在协同育人机制中具有主导地位，担负着"主体"的作用，其他两种教育是"两翼"，只有"主体"发挥积极的枢纽、能动作用，把握方向，统筹兼顾，积极协调，"两翼"才能振翅高飞、并驾齐驱，三类教育才能目标一致，步调统一，真正实现有机的结合。

2.家庭教育是协同育人机制的基础。家庭教育是我国国民教育的一个重要组成部分，是学校教育和社会教育的基础，在儿童青少年成长过程中，家庭教育起到了不同于学校教育和社会教育的独特作用，家庭在对待孩子的启蒙教育、品德教育、劳动教育、智力开发等方面发挥着重要作用。我们必须重视家庭教育的独特优势，充分发挥其能更好地因材施教、具有广阔的教育范围和丰富的教育内容的特点，发挥家庭教育在造就人才的启蒙教育和终身教育中无可替代的基础作用。

3.社会教育是协同育人机制的依托。社会是个广阔的天地，具有广泛的教育资源，是对儿童、青少年具有最广泛影响的宏大空间。它能向学生提供学校和家庭所不具备的条件和设备，及时传递各种信息。社会教育的特殊性在于其信息量大，信息载体多，信息的传递渠道丰富，动态与静态共存。学生的学习、生活、成长离不开社会的影响，社会上形形色色的言行都会直接或间接影响学生。社会教育是一种活的教育，无论是内容的广泛性、实用性、及时性和补偿性，还是形式的多样性、灵活性和独立性，都是学校教育和家庭教育所欠缺的。要有计划地组织引导学生深入社会大课堂，体验各种不同的社会角色，学习社会规范，扩大社会交往，养成现代素质，把学生的兴趣爱好、个性特征引导到为将来参加祖国和家乡的现代化建设当中，使他们的智慧潜能得到充分发挥。

在实践中应做到：学校到位不越位，应该由学校完成的任务不推给家庭和社会，应该由教师完成的任务不推给家长，同时加强对家庭教育指导，提高家庭教育的科学性，依托社会教育，充分发挥三类教育形态各自的作用，形成协同的教育合力。

（二）厘清学校教育、家庭教育、社会教育的边界，关键在于构建家校合作机制。

家庭教育与学校教育最大的区别在于：家庭教育是个别化的教育，是终身性、示范性的教育；从教育内容上看，家庭教育的任务主要是生活教育、人格教育和行为养成教育；从法律责权利上看，孩子与家长具有天然血缘关系，每一个家庭监护人都应有教育孩子的责任。

由于家长不是专业的教育工作者、各个家庭有各自的诉求，老师与家长沟通不到位等原因，在实践中家庭教育与学校教育就可能产生一些矛盾。一些家长在教育过程中由于没有明确的聚焦点而焦虑，在没有方法、缺乏方向的时候，就会向学校推卸责任。家庭教育的基本职责和主要任务在于对孩子进行如何做人的教育，保证孩子的身心健康。关于智力开发和知识教育方面，则主要是激发子女的学习兴趣，调动其学习积极性，培养良好的学习习惯，创造良好的学习环境和气氛，帮助掌握科学的学习方法。

健全学校家庭社会协同育人机制，家校之间要把各自在教育孩子职能上的责任和权力划分得比较清晰，学校要发挥引领作用，让家庭教育更符合规律，更好地配合学校发挥效用。这需要的不仅是提升家长的认知，学校还可以从空间入手，营造提升家校合力的场景，激发家长的主动性和积极性。要通过对学校更深入的了解与互动，参加学校开放日活动等，和孩子一起参与到具体的课堂场景中，更直观地了解学校的教学形式，并和孩子共同创造课堂作品，共享课堂，使家长的教育资源能够充分地参与到孩子的教育中来，从而形成由内而外的教育合力。

在协同育人机制建设过程中，依据有关政策与法律，老师和家长之间要以平等相待，相互尊重，相互了解，相互协商为基础。处理好家庭和学校之间的关系，还需要整个社会的支持，包括社区、社会舆论的支持。形成各个方面相互包容、相互合作、相互尊重的环境，更有利于促进家长和学校关系的改进。

我们既要防止家庭教育责任的"缺位"和"不到位"，又要杜绝家庭教育职能的越位。当代的学生家长很少有把孩子交给学校后做"甩手掌柜"，无论是学校还是家庭，都希望把孩子教育好，任何一方都不能也不会将责任推给对方。只有明晰了学校教育和家庭教育的边界，各司其职，才能更好地发挥合力，助力孩子成长。

（三）厘清学校教育、家庭教育、社会教育的边界，应该做到"五同"，即同心、同向、同策、同步和同力。

学校教育、家庭教育和社会教育如何协同？简要地说，就是要做到："同心，同向，同策，同步，同力"。即三方心往一处想，所实行的一切活动都是为了实现"为党树人，为国育才"，所采取的行动策略符合教育规律，步调协调一致，发挥的力量互促互补。

学校教育、家庭教育、社会教育的目的、内容与方法三者既有相对的独立性，又是紧密联系而不可分割的。一般地说，有什么样的教育目的，就要求有什么样的教育内容；有什么样的教育内容，就要求有什么样的教育方法，可见这三者是应当保持协同一致的。而这种协同的基础是：教育目的是一个系统，各子目的之间必须是协同的；教育内容丰富多彩，各种内容应当配合适当；教育方法多种多样，各个方法必须优化组合，只有这三方面的各自"小协同"，才会有目的、内容与方法的"大协同"；而只有这种"大协同"，才能培养出和谐发展的人。总之，只有准确定位，完善协同，不越边界，才能最大限度地发挥学校教育、家庭教育、社会教育"1+1+1>3"的良性倍增效应。

根据党的十九届五中全会关于"健全学校家庭社会协同育人机制"的要求，学校教育、家庭教育、社会教育之间要相互协调和紧密合作，各方共同搭建协同育人的有效运行机制和资源网络平台，从而以良好的学校环境、家庭氛围、社会风气巩固育人成果，促进每一个学生健康成长，使其努力成为德智体美劳全面发展的建设社会主义现代化国家的有用之才、栋梁之材，齐心协力谱写社会主义现代化教育新征程的壮丽篇章。

我对新入职年轻教师的期盼

——怎样做一名"好老师"

本文写于2021年教师节前夕

逸阳梅江湾国际学校作为一所建校14年的年轻的民办学校，为适应学校发展的需要，每学年都要招聘一批新教师。2021年暑期又有21名年轻教师入职，使35岁以下青年教师占到全体教师的80%以上。在办学实践中，学校一直把教师队伍建设摆在重要位置，认为"教师是办好学校的第一资源""教师队伍是学校发展的核心竞争力""只有教师的发展，学生才能发展，学校才能发展"。校长的重要职责之一，就是发展教师、成就教师。青年教师是教师队伍中的生力军，青年教师的素质状况不仅直接影响着当前的教育质量，而且决定着学校明天的教育质量。一次性能有21名新老师加入我们的团队，这是让全体师生和家长欢欣鼓舞的一件大事！新教师培训应该是新学年开始前意义非凡的活动，我和学校的同事们十分重视为新入职教师上好第一堂课。

我作为一名在小学教育岗位从教70年的老教育工作者，对新入职教师有以下四点殷切的期盼。

一、为热爱启航

从现在入职开始，我们的共同称呼将是"老师"！老师这个称呼，既表明了职业角色，也承载了国家、学校、老师、学生、家长沉甸甸的期待。

"国将兴，必贵师而重傅。""教育大计，教师为本"。习近平总书记指出："教师是国家富强、民族振兴、人民幸福的重要基石，教师工作事关社会主义现代化强国的建设进程，事关教育事业改革发展的成败，事关社会主义建设者和接班人的培养。"党和国家对于教师寄予如此重大的期望。国家希望我们牢记立德树人的根本任务，把学生培养成合格的建设者和接班人；学校期待我们给孩子最美好的童年，给人生最坚实的起步；同时希望我们互相配合、形成教育合力，互相帮助，互相学习，共同进步；学生希望我们爱他们，帮助他们快乐成长；家长希望我们是孩子遇到的人生中的贵人。

对"老师"，人们曾给予许多比喻性的美好赞誉，我最喜欢的是把"老师"称作"托起明天太阳的人"和"人类灵魂工程师"。教师肩负着培养民族复兴大任时代新人的重任。习近平总书记指出："教师重要，就在于教师承载着传播知识、传播思想、传播真理、塑造灵魂、塑造生命、塑造新人的时代重任。"这一重要论述深刻阐明了教师的重要使命和责任担当。

我国人民教育家陶行知先生教导一切从事教师工作的人们：都要"捧着一颗心来，不带半根草去。"我们应该捧着一颗什么样的心来呢？最根本的就是对教育事业、对学生的热爱。我常说："爱是一切教育的基础。"也就是说，爱是教育的灵魂，没有爱就没有教育。作为一名"好老师"，最基本的条件是什么？那就是必须拥有一颗爱学生的心，对学生的一切教育和引导应该是充满爱心和信任的。从一开始就要把自己的温暖和情感倾注到每一个学生身上，用信任树立学生的自尊、用欣赏增强学生的信心，让每一个学生都享受成功的喜悦，都健康地成长。

有爱才有责任。新入职的年轻教师必须懂得，你选择了当老师就是选择了责任。一个人是否喜欢自己的职业，决定了他将来的生存状态；一个人对自己职业意义的认识高度，决定了他能走多远。爱自己的职业，才会从工作中获得乐趣，享受工作，才会钻研，走到更高层次。亲其师才信其道，人们小时候最喜欢的老师，无一不是遵循儿童的成长规律，发自内心地爱学生的老师。因为亲近老师，所以模仿老师，听从老师教导，爱上老师教的科目，学业成绩很自然上去了。我们这些从事教育工作几十年的老教师，正是因为爱教育、爱学生，才有了一辈子为可爱的孩子们默默奉献的力量。

爱心是学生打开知识之门、启迪心智的开始、爱心能够滋润浇开学生美丽的心灵之花。衷心希望新入职教师能从任教一开始就做到：通过真情、真心、真诚拉近同学生的距离，滋润学生的心田，尽快使自己成为学生的好朋友和贴心人。

习近平总书记2014年9月9日在北京师范大学师生座谈会上的讲话指出："一个人遇到好老师是人生的幸运，一个学校拥有好老师是学校的光荣，一个民族源源不断涌现出一批好老师则是民族的希望。"我希望新入职的年轻教师都能成为学生、学校、民族所遇到的"好老师"，都能成为"托起明天太阳"的人，都能成为"人类灵魂的工程师"。

那就让我们以对教育事业、对学校、对广大学生赤诚的热爱，勇敢地启航吧！

二、让学习铺路

做"党和人民满意的好老师"应该是每一位新入职的年轻教师毫无例外的理想追求。那么，如何做一名"好老师"呢？习近平总书记在2014年教师节前夕同北京师范大学师生代表座谈时提出了四点要求，即要有理想信念，有道德情操，有扎实学识、有仁爱之心。

在中国教育史上，被人们所称道、为历史所铭记的好老师，无一例外都是把自己的教书育人事业与国家、民族的奋斗目标、前途命运联系在一起。唐代韩愈说："师者，所以传道受业解惑也。"我认为，在这里"传道"是第一位的，好老师必须是"经师"和"人师"的统一。既做人类文明的传播者，又做学生人生道路的引路人。陶行知先生说："教师手里操着幼年人的命运，便操纵着民族和人类的命运。""千教万教，教人求真；千学万学，学做真人。……教育就是教人做人，教人做好人，做好国民的意思。"

新入职的老师们都是具有大学本科毕业及以上的高学历者，但是，千万不要以此为满足而停步不前。一位好老师必须要有扎实的学识，掌握精深的专业知识，视野开阔，充满智慧，这应该是老师"传道"的基本前提。随着网络普及化的程度不断地提高，学生获取知识的途径不断拓宽，当今教师需要不断加深自己专业领域的知识，拓展其他领域的知识。必须努力提高自己的专业水平，抓紧时间进行学习、进修，不断反思、不断总结。面对小学生，你可能认为自己能在知识海洋中遨游，可以称得上是某一方面专业知识的博学者，但是你将怎样引导学生进入这个知识海洋去遨游，并以此作为自己的使命，把带领学生踏上求知之路当作自己的职责，并大无畏地踏上征途，这确是自己需要奉献毕生精力仍去求知的，这样的教师才能成为有魅力的教师。同时，无论是否系统接受过"教师职前教育"，都必须在职后发展过程中，深化教师专业化发展实践，深入学习和研究如何面对孩子们的认知特点和教育规律、如何运用合适的教学方法，不但能"授人以鱼"而又能"授人以渔"，不断提高教育教学质量。这就需要牢固树立终身学习的理念。我们做教师的人，必须天天学习，天天进行再教育，才能有教学之乐而无教学之苦。

新入职教师如何前行？一定要把学习摆在前面，让学习铺路。首先必须认真学习习近平新时代中国特色社会主义思想，学习党和国家关于教育的方针政策；认真学习相关的教育理论，深入钻研传授专业知识的方法，学习理解学校长期实行的"学校、家庭、社会三结合教育"的核心理念和价值，同时向三结合教育团队中的教育专家学者认真学习，要向身边有经验的老师和同伴们学习，积极参加教研和各项学习活动。入职伊始，大家都希望在如何进行教学方面能及时得到老教师的指导，学校在这方面将有计划地为年轻教师安排优秀老师当"师傅"，全方位指导大家，希望大家在老教师带领下，尽快进入角色，尽快成长。学校将进一步完善教师学习制度，继续有计划地请天津师范大学教授、天津教科院研究员、文化和科技领域的专家为教师进行教育教学改革的专题讲座、现代教育技术的专题培训、教育科研的专题辅导，加大学习力度，着力提升教师的课程开发力、教学实施力、教育科研力，并利用集中学习时间，组织老师们观看名师课堂实录、教学讲座，学习先进的教学理念，促进教师专业成长。新教师可以有计划地去听有经验教师的课，请几位同学科的教师来听自己的课，要抱有一颗谦虚的心，仔细地看，专心地听他们对自己课堂教学的评价，用心地去思考，留意学生的课堂反应，课后注意自己的课堂效果。在经过一段时间之后，对课堂教学驾轻就熟了，就可以尝试着进行创造，创造出适合自己的特点和所教学生特点的教学方式来。

　　教师的天职是："自化化人。"天津师范大学的校训中，突出提出了"自树树人"的要求。都是说要坚持"教育者必先受教育"。要坚持做到组织上对自己的教育引导与自我修养相结合，把教书育人和自我修养结合起来，严格遵守教师职业的规范，爱岗敬业，为人师表，以高尚的师德和人格魅力感染学生，以模范的言行举止为学生树立榜样，立志做一名"为党育人、为国育才"的好老师。我希望每一位新入职的老师和学校的全体教师，都能像当代著名教育家于漪先生所说的："一辈子做教师，一辈子学做教师"，都能成为"终身学习"者，都能成为"学而不厌，诲人不倦"的"四有"好老师。

三、以践行奋进

教师承担着教书育人的职责，教学是学校工作的主阵地。实现"立德树人"的宗旨，必须不断实践，不断总结，不断升华，在神圣的岗位上奋力前行。教师大量的实践行动是教学活动，而教学活动是一种创造性劳动，需要通过备课、听课、评课、反思等各种实践活动来了解和逐步掌握教学艺术。

什么是"教学艺术"？法国教育家卢梭说："教学艺术就是使学生喜欢你教的东西"。我认为，教学艺术就是教师鼓励学生乐学、善学，达到最佳教学效果而采用的手段、方法、技术并富有个性的完美结合，就是教学"合规律性"与"合个性"的统一，就是在每个40分钟内，通过诱发与增强学生学习效果，有益于学生在身心健康、积极愉悦的求知气氛中获得知识的营养和美的享受，体现师生和谐之美、启发思考之美、语言表达之美。教学艺术不是一天就可以掌握的，需要老师们长期的实践和磨炼，在磨炼中形成自己独特的风格。

做一名"四有"好老师，还必须坚持潜心问道与关注社会相统一，以家国情怀关注社会现实，积极参与社会实践，在实践中服务，在服务中提高。逸阳梅江湾国际学校坚持实施的"学校、家庭、社会三结合教育"，开放式办学，为教师们参与各种实践活动创造了广阔的空间。三结合教育委员会的顾问、常委和来自各行各业先进模范人物的三百多位委员，都是教师们向实践学习、协同育人的指导者和合作者。长期以来合作共建的校外实践基地，更为师生们在教育教学活动中做到理论联系实际、使教育教学与生产劳动和社会实践相结合提供了广阔的天地。无论在学校还是在社会，都要把学习同思考、观察同思考、实践同思考紧密结合起来，注重知行合一，以知促行，以行求知，把学到的东西落实到行动上。教师们还要和学生家庭经常联络，指导家庭教育，搞好家校合作。

要严谨治学，勇于创新。教育教学工作的特性决定了我们的实践活动不可能是千篇一律的模式，必须由教师去自由创造。要坚持不断创新教育教学方法，深化教育教学改革，新时代的人才培养必须坚持德智体美劳全面发展的观念，推进素质教育，提高教育质量。新教师还要逐步掌握班级管理能力，要培养学生良好的学习习惯，小学阶段是学生行为习惯养成的关键期，对学生的一生成长有着至关重要的作用，比如日常教室布置，上课听课姿势，下课行为规范等多个细小的环节，希望老师们在以后的工作中能从细节着手，培养孩子们良好的学习习惯，发扬良好的学风、班风、校风。

教师队伍是学校发展的决定性因素，是不断提高育人质量的关键。逸阳梅江湾国际学校在长期实施三结合教育中，构建三结合教育"大教师"队伍，将社会各界知名人士和学生家长作为教育资源引进学校，形成了由学校专职教师队伍、校外辅导员队伍、家长教育队伍这三支队伍组合而成的一体化的"大教师"集体，形成一支符合时代发展要求、不断进取、专兼结合、现代化的新型教师团队，充分发挥合力育人的最佳功能。新入职教师作为"大教师"集体中的新生力量，必将进一步提升"大教师"团队的活力，为提高教育质量和办学水平作出应有的贡献。

四、谋人生规划

新入职教师朝气蓬勃、充满活力，砥砺奋进，前程似锦，每个人的心中都有一个对自己未来的完美规划。希望大家从入职开始，为了立志做一辈子的"好老师"，要认真谋划好自己的教育生涯规划。

所谓"教育生涯规划"，也就是在工作一段时间后，采取个人与组织相结合的方式，对自己的兴趣、爱好、能力、特点进行综合分析与权衡，在对个人教育生涯的主客观条件进行测定、分析、总结的基础上，结合时代特点，确定奋斗目标，即做出个人教育生涯的近期、中期和远景规划、阶段目标、路径设计、评估与行动方案等一系列计划与行动，并为实现这一目标做出行之有效的安排。

新入职的每一位年轻教师的成长一般都需要经历一个从"不适应"到"适应"、从"适应"到"成长"、"成熟"阶段。例如开始时教学方法不灵活、课堂控制能力不强等。这一阶段也是教师认真学习、实践探索、反思改进、充分发挥自己的才能，事业得以迅速发展的时期。从适应阶段的茫然中找到自己的发展方向，明确自己的发展目标，为长远的职业发展打下坚实的基础。

职业生涯规划对教师自身的成长有着极其重要的作用，能够促进教师从新手型教师到熟手型教师，从熟手型教师到专家型教师的成长。每一位教师必须谋划好职业生涯规划，这样才能成为自己生命的主角，做自己人生的设计师，真正为学生和自己负责。通过谋划职业生涯规划，促进教师专业化的发展。

在谋划教育生涯规划中，为了把自我的发展计划与学校的发展愿景紧密地联系在一起，大家需要了解学校的发展历史、基本情况、规章制度和发展规划。

逸阳梅江湾国际学校自2007年建校至今，在党的教育方针和习近平新时代中国特色社会主义思想指引下，坚持"学校家庭社会三结合教育""德智体美劳五育并举""全员全程全方位三全育人"的办学理念，在三结合教育团队的齐心努力下，取得了令人瞩目的成绩，得到了社会各界的高度认可和一致好评。学校先后被评为全国文明校园、全国读书活动先进集体、天津市师德建设先进单位、全国家庭教育创新实践基地。这些成绩离不开每一位逸阳老师的共同努力，今天新教师的加入更是为逸阳教育事业的发展注入了新的活力。

　　逸阳梅江湾国际学校作为民办学校，更加重视教师队伍建设特别是青年教师的培养。学校着重从师德师风方面提出严格要求，引导教师树立坚定的理想信念，自觉地坚持对社会主义核心价值观的认同，并使之成为自己教育行为的基本遵循，同时强调以"立德树人"为目标，突出"师德为先，能力为重"，强化自身的道德修养，处处以身作则，率先垂范，为学生树立人格标杆和道德典范。学校要求教师秉持严格的师道，坚守崇高的师德，每一位教师都要有当好人民教师的责任感和荣誉感，忠诚于党的教育事业，树立高尚的道德情操和精神追求，自尊自励，刻苦钻研，坚持以学生为本、以言传道、以行垂范，用真理、真言、真行教化学生，用真情、真心、真诚感化学生，努力成为受学生爱戴、让人民满意的好教师。学校根据教师职业道德规范的要求，建立和完善了有关的规章制度，特别是有关教师职业道德行为的管理和评价制度，激发教师热爱工作、无私奉献的责任感，为教师积极营造和逐步优化教育生涯的环境，使每位教师在良好的校风中，做到精神上的熏陶和行为上的规制，在教育工作实践中成长、成熟。这些既为新入职教师谋划教育生涯规划奠定了基础，也为制定规划目标指明了方向。

　　谋划教师职业生涯规划，必须在充分认识教师职业角色丰富内涵的基础上，根据自己的个性、能力、爱好等进行综合考虑，制定切实可行得以实现的目标，职业目标的定位可分为短期目标、中期目标和长期目标。要充分挖掘自己的潜能，提高专业化水平，在促进教师自身全面发展的同时，逐步实现自己的职业梦想，由"学习型教师"进而逐步成为"反思型教师""研究型教师""专家型教师"。比如，作为教育教学工作的主渠道——课堂教学，第一步是让自己的课堂符合课程标准，符合学生认知规律，成为有效课堂；进而经过反思自己的教育教学实践，认识如何改进自己的教学策略和教学方法、提高自身的教学能力和教学水平，找出自己与身边有经验教师、学科带头人和专家型教师的差距所在，让自己的课堂成为优质课堂；再进一步，让自己的课堂打上自己的烙印，体现出自己的风格，实现教师专业化要求，成为专家型教师。当然走完这三步需要较长时间，但只要潜心向学，扎实前行，每一步可以很快达到。

教育生涯规划是指导行动的方案，而不是写在纸上的白话，关键在于落实规划的目标要求。需要通过自我评价实现阶段性推进。自我评价是行为主体对行为的自我检查与评定，可以帮助教师及时调整职业生涯规划，应该贯穿于教师职业生涯规划的始终。自我评价主要包括：在日常的教学过程中觉得哪方面的能力需要加强，哪方面的能力需要进一步完善。在自我评价中，要注重教学观念的评价和个性特征的评价，及时研究和调整专业化发展的路径。

希望新教师不忘初心，牢记使命，虚心请教，与时俱进，发扬逸阳优良的校风，携手共进，一起为逸阳的教育发展贡献自己的力量。当你们遵照习近平总书记关于"教师要做学生锤炼品格的引路人、学习知识的引路人、创新思维的引路人、奉献祖国的引路人"的要求，心系学生、献身教育若干年后，既成就了自己，又成就了学生。到那时，正如习近平总书记所强调指出的："做老师，最好的回报是学生成人成才，桃李满天下。想想无数孩子在自己的教育下学到知识、学会做人、事业有成、生活幸福，那是何等让人舒心、让人骄傲的成就。"

在真正的师者眼里，教育是创造，育人是本真；奉献即享受，耕耘即收获。祝愿每一位新入职教师学习有成，行远升高，积厚成器，福泽绵长。

教育实践与教育科研总是相伴相助而行的

——三结合教育的实践离不开教育理论的介入和引领

本文写于2020年初庆祝三结合教育实施40周年之际

回顾在办学实践中实施"学校、家庭、社会三结合教育"40多年的历程，有一项重要的体会就是：三结合教育的实践离不开教育理论的介入和引领，教育实践与教育科研总是相伴相助而行的。

教育部发布的《关于加强新时代教育科学研究工作的意见》指出："教育科学研究是教育事业的重要组成部分，对教育改革发展具有重要的支撑、驱动和引领作用"，"进入新时代，加快推进教育现代化，建设教育强国，办好人民满意的教育，迫切需要教育科学研究更好地探索规律、破解难题、引领创新。"长时期奋战在教育第一线的教育实践，使我越来越深刻地感到：在党的教育方针政策指引下，在各级教育主管部门的领导下，教育实践者们不仅要行动，而且必须掌握基本的教育理论，要有自己的教育信念，更要不断学习研究、总结形成教育行动的理论。如何处理好教育实践与教育理论之间的关系，对于教育实践者和教育理论工作者来说，虽然是并不相同的领域，但在教育实践中却是"物质变精神"十分重要的一步。

时代是思想之母，实践是理论之源，理论来自实践经验的总结。在40多年的三结合教育实践中，我和三结合教育团队的广大成员不断思考在实施三结合教育中遇到的问题，探索改进工作、解决问题、创新实践的方案，通过实践获得了很多带有规律性的新认识，积累了许多经验，形成了学校、家庭、社会"协同育人"的核心理念，实施了学校、家庭、社会"合力共育"的行动策略，完善了学校、家庭、社会"和谐互动"的运行机制，取得了学校、家庭、社会"三全叠加"的实践效应。

实践告诉我们：三结合教育既是一种理念，这一理念的核心是根据党的教育方针、基础教育的规律和根本任务而确立的"协同育人"；三结合教育更是一种实践，即植根于基础教育实际的脚踏实地的各种教育实践活动；三结合教育还必须有科学的运行机制予以和谐互动；三结合教育追求的是实现全员、全程、全方位的"1+1+1>3"的叠加效应。这就需要始终坚持以教育科研总结提升三结合教育的科学含量，引领三结合教育的深化发展。而"在行动中研究，在研究中行动"，将研究与三结合教育的深化发展紧密结合，则是三结合教育的生命之光。教育实践变革从来离不开理论的介入和引领，两者一直在实施三结合教育的过程中相伴相随。我们虽然不能要求二者必然同步更新，但能够做到相向而行，进而共生共长，则对双方都会大有裨益。

40多年来，我们既把三结合教育作为办学的基本策略付诸实践，又把三结合教育作为一项课题，一直不间断地进行实践与理论相结合的行动研究。在实施三结合教育的各个阶段，形成和积累了几百万字的研究成果，获得了较多奖项，进而以研究成果指导实践，升华实践。

习近平总书记在2021年的两会期间提出，教育界要重视理论创新。一个召唤教育理论创新、彰显教育理论创新、推进教育理论创新的新时代已经来临。这个时代需要教育理论创新为之赋予理论的深度与高度，用理论的远见去引领实践的未见，去洞察和照亮充满不确定性的未来。这个时代的教育改革实践，需要有新的教育理论体系去引领和推动。

教育改革实践充分证明，实践是理论的本源，理论是实践的产物，而一切行动又必须要有理论指引，理论研究要适度先行，使行动实践沿着正确的方向前进，不走或少走弯路。对于基层学校和一线教师来说，我们的研究主要是是"为了学校，在学校中，基于学校"的"校本行动研究"。

奋战在教育第一线的小学教师，都是教育教学工作的"行动者"。我记得一位哲人曾说过："伟大的思想只有付诸行动才能成为壮举。"另一位学者说："没有任何东西比人的行动更重要、更珍奇了。"还有人说："现实是此岸，理想是彼岸，中间隔着湍急的河流，行动则是架在川上的桥梁。"我国"新教育"专家朱永新说："对于中国教育而言，最需要的是行动与建设，只有行动与建设，才是真正深刻而富有颠覆性的批判与重构。"另一方面，新时代教师的专业成长要求又必须成为研究型教师，在教师本身教学任务繁重，而且大多数教师都没有受过专业的科研训练的情况下，这就决定了教师进行教育研究的立足点应是解决教育工作的实际问题。在教育教学实践过程中进行行动研究，应是教师主要的研究模式，也是最适合一线教师的教育科研方法。

行动研究是基于实践的教育科研重要方法，研究的目的在于应用，研究的过程坚持"行动与研究结合，研究与行动共进"。"为了学校、在学校中、基于学校"，三者缺一不可，相辅相成。也就是说，校本行动研究，主要是着眼于解决学校变革中的实际问题，提升学校办学水平；解决问题的主体应该是学校的管理者和教师，解决问题的过程也主要是体现在学校场景之中，真正做到从学校的实际出发。我们的研究不同于教育科学专业研究人员的研究，而是群众性的研究。因此，它不是校长或者领导班子几个人的研究，更不是找一两位笔杆子写文章。在研究中切实防止"有行动无研究"，或者"有研究无成果""有成果无转化"。坚持行动研究一定要把研究课题的目标、内涵、要求转化为广大教师的自觉行动，防止脱离实际，关注成果转化，使教育科研成为推进学校发展，促进教育质量和办学水平，办人民满意教育的有效途径。

我们的主要做法和体会是：

一、坚持理念领先，深入贯彻各个时期党的教育方针政策

多年的三结合教育实践与研究说明，基础教育走"学校、家庭、社会三结合教育"之路是现代教育理念的具体体现，必须更新教育观念，贯彻新发展理念，始终坚持以党的教育方针和关于教育改革发展的重要决策为依据，从我国的具体国情和教育发展与改革的实际情况出发，牢牢把握教育为人民服务、为社会主义现代化建设服务的正确方向。

党的教育方针是党的理论和路线方针政策在教育领域的集中体现，在教育事业发展中具有根本性地位和作用。党的十八大以来，以习近平同志为核心的党中央高度重视教育工作，提出德智体美劳全面发展的总体要求。第十三届全国人大常委会第二十八次会议审议通过的《中华人民共和国教育法》将教育方针修改为"教育必须为社会主义现代化建设服务、为人民服务，必须与生产劳动和社会实践相结合，培养德智体美劳全面发展的社会主义建设者和接班人"。我们必须深刻理解新时代全面贯彻党的教育方针重大意义，深刻把握教育工作的政治属性、宗旨方向、目标任务，坚持以习近平新时代中国特色社会主义思想为指导，坚持马克思主义的指导地位，坚持党对教育工作的全面领导，坚持社会主义办学方向，办好人民满意的教育，努力培养担当民族复兴大任的时代新人，培养德智体美劳全面发展的社会主义建设者和接班人。

新发展理念和党的教育方针，为我们指明了在基础教育阶段实施三结合教育的发展思路、发展方向和发展着力点，我们不仅要从多视角深入理解、准确把握其科学内涵和实践要求，还要进一步增强以新发展理念和党的教育

方针指导三结合教育实践和科学研究的自觉性和坚定性，深入落实立德树人根本任务，将新发展理念和党的教育方针融入三结合教育的各个环节，融入学校行政管理、办学治校和教育教学、教育科研的全过程。

教师研究需要具有创新的视角和思维。一方面，借力现代技术，使研究真正成为老师所喜欢的、所需求的，从而有效地促进教育教学工作；另一方面，创新思维是以新颖独到的方式解决问题，常常能突破常规思维的界限，对老师们的思维方式能带来积极的影响。

教育实践总是走在理论的前面，教育科学研究要总结教育改革的新经验，提升到理论高度，起到推广引领的作用。一线的教师要增强科学研究意识，结合实际问题学习教育理论，不断提升自己的教育教学水平。教育科研是教师成才的必由之路，每一位教师都要做一个科研型的教师。

二、发挥三结合教育的团队优势，与教育理论工作者密切合作

在办学实践中，从1979年开始实施三结合教育时所建立的三结合教育委员会，逐步形成了包括社会各界人士、先进模范人物、专家学者、社区单位、学生家长、学校干部、教师组成的三结合教育团队，凸显了越来越强大的团队优势。在三结合教育委员会的组织设置中，包括革命传统教育部、思想品德教育部、科技劳动教育部、文化艺术教育部、家庭教育部和教育科研部。其中，由市区教育科研部门、教研部门专家学者组成的"教育科研部"，主要任务是协助学校搞好教育科研的选题论证，指导教育科研科研课题研究的运行，向教师介绍最新教育科研信息和前沿理论，系统介绍教育科研方法，组织教育科研成果的鉴定与推广等，同时协助学校把校本科研、校本教研、校本培训有机地结合起来，培训提高教师的教育科研能力。

　　三结合教育委员会教育科研部的专家学者，大多来自天津市教育科学研究院、天津市社会科学院、天津师范大学、天津大学、天津市教育科学研究室等单位，有长期专门从事教育理论研究的资深教授、研究员、有几十年奋战在教育岗位经历各级各类教育实践的专家、有充满学术活力的年轻博士、有深谙小学学科教学经验的行家。在实践中，他们除了为全校教师举行专题学术讲座外，有的以课题研究为纽带，以一对一方式进行具体指导，有的以学科组为基础，举行拜师仪式，教师们集体拜专家为师，建立固定的"师徒"关系。对一些重点研究项目的成果形成，则直接组成专业研究者与教师一对一的成果研究小组，共同完成成果的撰写任务。在专家们的指导帮助下，教师们的教育观念更新了，教育理论水平提高了，教育研究能力增强了，一批研究型教师在教育教学的研究过程中成长起来，同时，形成了一大批教育科研成果。

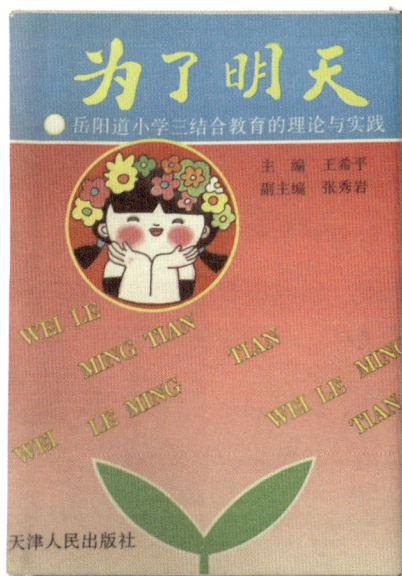

1990年王希萍主编
张秀岩副主编的《为了明天》出版

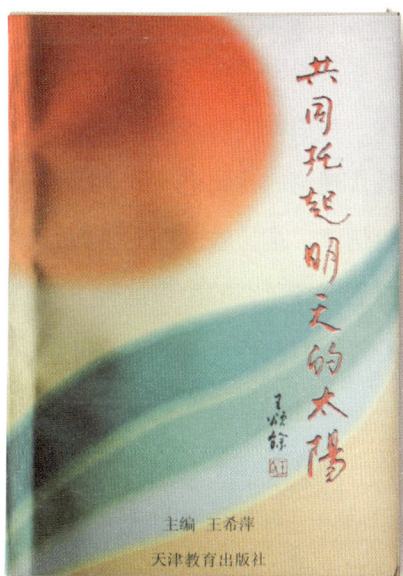

1999年王希萍主编
的《共同托起明天的太阳》出版

李剑萍、王毓珣主编，2019年出版　　　　王希萍主编，2019年出版

　　在实践中，教育科研部的专家学者们深入学校的教育教学实际，到课堂听课，参加师生的各项教育实践活动，深入教研组指导相关学科的教研，进行教育理论的专题讲座和教育科研方法的系列讲座，介绍国内外教育改革的前沿信息，指导教师们总结教育教学经验。对重要的科研课题研究，从选题论证到课题研究的组织运行、研究成果的形成、研究报告的撰写、成果转化提升等方面进行具体细致的指导。

　　三结合教育实践，是一个不断"发现问题、提出问题、研究问题、解决问题"的探索过程，教育第一线的广大教师由于最贴近教育实际、最贴近学生生活，应该是教育科学研究的主力军。我始终认为，广大教师也只有在教育科研中学会科研，离开教育实践的沃土，不仅不可能构筑起教育的"理论大厦"，也使教育科研失去了真实的意义与生命力。因此，坚持立足于校本，要求教师必须在研究状态下工作，每一位教师都要成为研究者，要从自己日常的教育生活出发，要向三结合教育委员会的专家学者虚心学习，通过教育科研，同样可以成为优秀的科研型教师。

三、积极承担专题研究和教育实验任务，纳入各级教育科学规划领域

在长期的三结合教育实践中，学校一直得到中国教育学会及市区教育科研部门和教研部门的悉心指导，围绕着"三结合教育"这一主题，以科研课题的研究活动为载体，在改革实践中奋力探索三结合教育理念的实践形式。从"七五""八五""九五""十五"到"十一五""十二五""十三五"期间，紧紧围绕三结合教育实践中的突出问题，连续承担并完成了多项市级、国家级教育科研规划课题。每一项研究成果的形成，都使我们对三结合教育的认识有了一次新的提升。同时，多家教育科学研究部门和学术团体把我校作为教育科研的实验基地，学校被确定为天津市教育科学研究院实验基地、全国中小学整体改革专业委员会实验基地、教育部现代教育技术实验基地、中央教科所"现代学校制度建设"直属实验校。

1989年，较全面地总结了实施三结合教育10年来的基本做法和体会，并根据国家教委的安排，承担了在中国教育卫星电视台进行"三结合教育管理经验"的专题讲座任务，三结合教育经验得到了社会和同行的认可。1991年，天津市教育科学规划指导小组办公室正式批准，将学校所进行的"学校、家庭、社会教育一体化体制研究"列为"八五"期间天津市教育科学重点研究课题，使三结合教育迈向了逐步深化的发展阶段。1994年，完成了天津市教育科学"八五"规划重点课题"学校、家庭、社会教育一体化体制的研究"，由天津人民出版社出版了《为了明天——岳阳道小学三结合教育的理论与实践》一书，书中对三结合教育的由来与发展、三结合教育的理论构

想、三结合教育与学校整体改革、社会参与办学、促进家庭教育科学化、建立学校、家庭、社会教育一体化的新体制等几个方面进行了概括。

随着教育改革的深化，在世纪交替的重要时刻，进一步思考以"大教育"的视野，迎接21世纪的挑战，如何构建适应新形势需要的"21世纪大教育"，推进学校、家庭、社会三结合教育深入发展。1999年，完成了天津市教育科学"九五"规划重点课题"面向21世纪大教育整体改革的研究"，总结提出了"积极构建全面实施素质教育的多元参与互动教育模式"的研究报告。这一研究成果，进一步深化了对三结合教育的理性认识，完善了多元参与互动教育模式，基本构建了"目标一致，内容衔接，功能互补，和谐互动"的运行框架，推进了办学水平的全面提高。在实践研究的基础上，出版了《共通托起明天的太阳》一书，书中收录了师生、家长和社会各界人士在三结合教育实践中的感人故事。《人民教育》杂志1999年第11期刊登了题为《共同托起明天的太阳》的长篇纪实报道。

进入21世纪，根据中央关于进行教育创新的指示精神，从2002年暑期开始，学校作为基础教育课程改革实验区的基层试点学校，把搞好课程改革作为学校实施素质教育，深化教育改革的核心内容。在实践中，组织教师系统学习新课程理念，聚焦课堂教学，积极探索新的教学方式，指导学生变革学习方式，积极开展校本教研，推进高效教学，使课堂教学面貌发生了许多新的变化，教育教学质量和效益不断得到新的提高。

2003年下半年，学校作为全国教育科学"十五"规划重点课题《基础教育阶段现代学校制度建设的理论与实践研究——社区、家庭、学校互动机制的探索》子课题承担单位，被确定为总课题组第一批六所直属"现代学校制度建设实验校"之一。根据总课题组和和平区现代学校制度建设实验研究课题组的安排要求，学校在进一步总结三结合教育已经形成的经验基础上，进一步重点进行了"构建与师生和谐共进的三结合教育文化"研究，新的课题研究，为建立现代学校制度的探索研究提供了重要的实践依据。2005年6月，由天津教育科学研究院院长张武升等主编的《王希萍与三结合教育》一书由天津人民出版社出版，该书系统总结了实施三结合教育实践探索和理论研究的成果，对三结合教育思想进行了比较全面的概况，标志着三结合教育经过近30年的与时俱进连续不断的实践、研究，已经从经验升华为科学，反映了三结合教育的系统理论性、显著实践性和反复验证性，使三结合教育的丰富经验和理论体系得以在更广泛的范围传播。

2010年初，为纪念实施三结合教育30周年，进一步系统总结了实施三结合教育的经验，并出版了纪念专集。经过多年的实践与研究，三结合教育已经形成一个较为完整的理论体系。长期以来，在所进行的各项课题研究中，始终围绕"如何深化实施三结合教育"这一主题，如"构建三结合教育与师生共同发展的学校文化""依靠三结合教育实施开放式教学的研究与实践""基于三结合教育，创建民办校品牌的研究"和"发挥三结合教育优势，发展小学生核心素养的研究"等课题研究，均取得较好的成果，得到有关部门的肯定与表彰，促进了学校教育教学改革实践，培养了一批有较高专业水平的骨干教师。经天津市教育科研规划领导小组办公室批准立项的"十二五""十三五"期间重点课题"三结合教育与学校现代化的研究"基于三结合教育创办民办校品牌的研究"成果分别被评为市级教育科研优秀成果。

2019年11月，适逢我在办学实践中提出实施"学校、家庭、社会三结合教育"40周年。为了更好地总结40年来实施三结合教育的心得体会，以进一步提高理论认识，深化实施经验，在天津教育科学研究院的支持、指导下，由天津教育出版社出版了《三结合教育理论与实践——王希萍教育思想研究》和《砥砺奋进四十年——三结合教育成果集萃》两部书，计93

万字。《三结合教育理论与实践——王希萍教育思想研究》每章作者天津市教育科学研究院的科研人员和逸阳梅江湾国际学校的领导、老师共同完成。其中既有年逾八旬的老专家，也有"80后"的青年学者，大家发扬理论联系实际的学风，分工合作，密切协作。《砥砺奋进四十年——三结合教育成果集萃》则以总结实施三结合教育的基本经验为重点，以丰富的实施三结合教育的实践成果和体会为基本内容，两书形成"姊妹篇"，彰显实施三结合教育四十年的理论著述和实践成果的结合。

四、发挥天津市三结合教育研究所组织机制的保证作用

2012年初，在天津市教育委员会的关心支持下，经天津市民政局批准成立的"天津市三结合教育研究所"，作为天津市基础教育中唯一的社会研究机构，附设在逸阳梅江湾国际学校。设置三结合教育研究所的宗旨是：立足学校长期实施三结合教育的实践，进一步研究三结合教育的历史经验和现实意义，推动三结合教育的不断深化发展。在研究过程中，以学校的三结合教育实践探索作为研究的载体和平台，在实践方面进行研究型管理和研究型教学，在理论方面坚持从三结合教育的日常教育实践中提炼教育理论，运用教育理论优化教育实践。

三结合教育研究所下设课题研究、期刊编辑和宣传培训三个职能部，为进一步深化三结合教育实践与研究，搭建了新的平台。顾明远先生为此在文章中指出："多年来，三结合教育的实践和研究取得了丰硕的成果，为此，天津市成立了三结合教育研究所，以学校为基地，在全市推广，这是非常有意义的工作。"天津市人大常委会原副主任、天津市关心下一代工作委员会常务副主任王成怀在三结合教育研究所成立一周年座谈会上的发言指出："天津市三结合教育研究所成立一年来，做了很多实实在在的

事情。在众多工作中，首先积极响应党中央的号召，把培育和践行社会主义核心价值观列入研究所的第一项工作，对深化培育和践行社会主义核心价值观重要意义的认识以及实施策略发挥重要的积极推进作用。"

三结合教育研究所成立以来，有计划地开展研究工作，组织各种形式的学术活动。2014年5月，成功举办了全市性的"培育和践行社会主义核心价值观 学校家庭社会携手奠基未来"研讨会。研讨会上，顾明远先生做了《学习贯彻党的十八届三中全会精神，深化教育领域综合改革》的学术报告，报告在系统阐释党的十八届三中全会通过的《中共中央关于全面深化改革若干重大问题的决定》总体精神的基础上，提出了如何深化教育领域综合改革的意见，特别指出："深化教育领域综合改革需要全社会的共同努力合作，学校、家庭、社会教育三结合，形成合力，才能取得应有的效果。学校应该把家庭、社会看成最丰富的资源，充分发挥它们的作用，不仅是物质上的资源，而是指教育上的、文化精神上的资源。"顾明远先生在报告中殷切期望大力推广实施三结合教育的宝贵经验，必须坚持去做，去实践，把三结合教育做得更出色。

三结合教育研究所的专家组，为推进教育科研的深入，多次召开学术研讨会，对学校承担的重点课题进行论证，具体指导课题研究方法的改进、课题报告的撰写等。

近年来的成果更体现在由三结合教育研究所主办的《三结合教育实践与研究（季刊）》杂志中。杂志发表的诸多文章，系统阐述了三结合教育的内涵与价值，回答了三结合教育最本质和核心的问题；进一步阐明了在实施三结合教育的形势下，如何积极推进学校管理的转型，构建学校、家庭、社会三结合教育和谐互动的运行机制，回答了人们最为关心的怎样按照三结合教育的核心理念建立和谐互动的运行机制问题；阐释了三结合教育中"家校社合作共育"所遵循的理念、原则、内容、载体和渠道。迄今已出刊35期杂志，合计发表文章700余篇。曾三次发表了我国资深教育家、北京师范大学教授顾明远的文章。还发表了天津市老领导、三结合教育委员会委员中的专家学者和先进模范人物的多篇文章。

《三结合教育实践与研究》杂志创刊后，更为教师们提供了展示教育科研成果，特别是在深化三结合教育实践与研究方面的心得体会，提供了宽广的阵地。目前，在35期刊物中，发表了300多位次的教师市内兄弟学校70所，家长代表50位撰写的近700篇文章，展示着教师、家长们的不懈努力和三结合育人水平的迅速提升。

五、把教育科研与"教研"紧密结合

教师所从事的教学工作是复杂的、富有创造性的专业性活动。任何教育教学实践活动都需要教育理论的引领和支撑，"教研"（即"教学研究"），是教师个体或群体自发地或有组织地探讨解决与教学有关的所有问题以推进教学不断进步的研究活动。2019年，中共中央国务院印发《关于深化教育教学改革全面提高义务教育质量的意见》，其中充分肯定了教研对于基础教育的专业支撑作用，对如何加强教研工作提出了一系列的任务和要求。

教研是促进教师"知行合一""学以致用""理论联系实际"的专业成长过程，也是实现教学专业化的必然要求。"教研"的关键就是一个"研"字。所谓"研"，是对教之法、学之法的探讨研究，它既可以是教师探寻教学内在基本规律的过程也可以是教师基于教学实际探求解决其中一切困难和现实问题的过程。"研"的过程中，教师在正确的教育理论和相应的教育观念的引领下，通过对自己的教学进行反思，对其他教师的教学进行观摩学习，与教师同伴间交流互动、切磋研讨，既是对教学规律和方法进行再认识，也能找到解决教学中各种实际问题的办法，进而促进教师专业认知的提升和专业能力的发展。教研不是一个单向接受的过程，而是一个有输入、有输出、有双向互动激发的过程。教研透过学校内部的真实教学场景，通过引导教师进行经常性的自我反思、持续不断地与教师同伴交流研讨，以及与更高层次的教学专家交流，来打造"研究共同体"，激发教师内在的学习热情和专业的内在需求，使教师获得对教学更为全面、更为准确、更为深刻的认知和理解，以更好地解决教学中的困惑、困难和问题。对教师来说，教研组织、教研活动是他们实现专业发展的主阵地。

"教研"和"教育科研"是紧密联系的，教育科研课题与教育教学问题之间有着不可分割的联系。可以说，教育教学问题是教育科研课题研究的起点，教育科研课题是寻求教育教学问题解决方式的过程。对于新时代的小学教师，进行教育科研重在基于课程教材、教学方法和教学设计所进行的反思，这是中小学教师做好教育科研工作的基础，也是一个重要的思想方法。青年教师要想快速成长，就要多反思、多总结、多实践、多向其他优秀教师学习。要用研究的态度、科研的思维对待难以驾驭的教学内容和教育教学中遇到的各种问题，解决这些问题的过程，既是教研的过程，也是教育科研的过程，也是教师快速成长的过程。

基于这样的认识，我认为，教育科研工作应该紧密围绕教育教学、学生培养等与学生成长发展有关的问题确定选题，围绕教书育人中的问题和新形势下的新问题、新现象确定选题，特别是要下功夫对尚未认识清楚的教育教学规律、影响教育教学质量的因素等重点进行分析和研究，为改进教育教学提供参考依据。对于青年教师来说，研究问题的提出，更便捷最有效的途径，是从自己的教育教学实践中选择一个值得研究和解决的具体问题，并将其转化成研究课题，这是教师教育科研选题的基本策略。

对一位教师而言，"教研"和"科研"，是难以严格区分的。完全可以做到教研和教育科研二者相得益彰，实现"教""研"相长。卓越的教研，造就卓越的教师。教师只有在教学实践中善于思考、善于研究、才能充满教育智慧，才能更受学生欢迎，教学才能更有成效。我认为，小学教师的第一要务当然是要把课上好、把学生培养好。我们更希望教师能专注本职工作、聚焦课堂教学和开展与教书育人有关的教育科研，并将科研成果反哺教学，这样"教""研"相长、循环往复、螺旋式上升，形成良性循环。进行教育科研是让新教师迅速掌握教育教学规律、熟悉课堂教学、站稳讲台的好方法，也是让教师个人及学校的教师团队快速成长、促进学生全面发展的好途径。

最适合一线的教育工作者的研究是进行基于实践的教育研究，要在平时的教育教学实践中，注意观察自己的、旁人的教育教学活动；要及时把看到的一切如实地记录下来，并且对自己所看到的进行批判性地理性思考，找出可以进一步改进的地方，找出需要完善的环节，找出值得保持、推广的地方，然后进一步在教育教学实践中把自己的思考付诸实施，如此循环往复，就是行动研究，把记录下来的文字加以整理，就是论文了。所以，教育科研是每一位教师都可以做的，是不难做的，关键在于：一是要勤，做与思都要勤；二是要思，对自己的每一个行为、每一个想法都进行反思。

与教研和科研密切相关的是坚持进行教学反思。教学反思是教师以自己的教学活动过程和课堂教学实践作为思考对象而进行全面、深入、冷静的思考和总结，以及由此产生的结果进行审视和分析的过程，是教师专业发展和自我成长的核心因素，是一个优秀教师在成长过程中不可缺少的重要环节。叶澜教授说："一个教师写一辈子教案不可能成为名师，如果一个教师写三年教学反思，就有可能成为名师。"教学反思能力决定着教师的教学能力和在工作中开展研究的能力。教师在教学反思中应做到："思所得，以发扬长处，发挥优势；思所失，以吸取教训，弥补不足；思所疑，加深研究，解惑释疑；思所难，突破难点，化难为易；思创新，扬长避短，精益求精。"

我们在长期办学实践中，由于有"三结合教育委员会"的组织保证，及时得到了以张秀岩研究员为主任的三结合教育委员会教育科研部一批教育理论工作者的理论引领和指导，但另一方面，我们并不只是教育理论发展的跟从者与践行者，更没有把自己限定为教育理论发展资源的提供者与输出者。教育实践者不仅要行动，而且要掌握基本的教育理论，要有自己的教育信念，更要研究教育行动的理论。实际上，作为教育实践工作者，同样可以成为教育理论生产的介入者与改变者，成为教育理论创新的参与者和推动者，最终成为教育理论的创新者或创造者。我们坚持教育实践探索和教育理论研究相伴相助而行，不断提升实践者的理论创新自信、理论创新自觉，进而赋予其理论创新的能力，也是新时代推动教育理论创新的重要环节。

我们正在经历一个前所未有的新时代，面对百年未有之时代大变局，随着我国教育改革发展的步伐，实施学校、家庭、社会三结合教育历经了40余年的实践，已经创生积累了许多体会和经验，取得了多方面的成果，形成了学校的办学特色。40多年来所进行的三结合教育实践探索和理论研究始终是相伴相助而行的。三结合教育之所以长盛不衰，正是依赖持续性创新，正是把教研与科研紧密结合起来，紧扣时代的脉动，努力提高三结合教育的科研含量，不仅从科研的视角研究三结合教育理论，更用科研的方法引领三结合教育实践。教育科研是推动教育教学改革、提高教育质量的动力，是培养高素质教师队伍的有效途径，教育科研是保持三结合教育常青、常新的原动力，也是创办特色学校的必由之路。

为京津冀教育协同发展助力

本文写于2021年暑期

天津市逸阳梅江湾国际学校与河北省承德市龙须门镇明德小学建立友好校照片

两校学生互赠礼物留念

正当我们共同庆祝中国共产党成立100周年，认真学习习近平总书记"七一"重要讲话的重要时刻，逸阳梅江湾国际学校与河北省承德市龙须门镇明德小学开展手拉手共建活动的签约仪式于2021年7月15日在明德小学隆重举行。

推进京津冀协同发展，是以习近平同志为核心的党中央在新的历史条件下做出的重大决策部署，是一个重大国家战略。我和学校理事会的同事们以及学校行政领导同志，通过认真学习习近平总书记关于京津冀协同发展的重大论述，深刻地感到，这是党中央着眼于京津冀协同发展的阶段性特征而作出的重大战略谋划，开启了京津冀协同发展的新阶段、新格局。习近平总书记关于京津冀协同发展的重大论述，提供了行动指南和基本着力点，具有极强的战略性、方向性和指导性，不仅为优化国家发展区域布局和社会生产力空间结构提供了重要遵循，也为推动京津冀协同发展提供了行动指南。在新的历史起点上，推进京津冀协同发展必须全面贯彻和落实习近平总书记新发展理念，深入学习，认真领会，有所担当，有所作为。

为深入贯彻落实京津冀协同发展战略，推动京津冀教育协同发展，北京市教委、天津市教委、河北省教育厅曾联合印发了《京津冀教育协同发展行动计划》，明确提出："今后将优化提升教育功能布局，推动优质发展，落实京津冀教育对口帮扶项目，助力河北，促进区域教育深度融合，推动京津优质中小学与河北学校开展跨省域合作办学。"

根据以上精神，通过与有关部门联系，学校确定与河北省承德市宽城县龙须门明德小学开展手拉手共建活动。早在2021年春节前夕，我校就与明德小学在两地团委的联络帮助下，进行了线上沟通，并开展了对该校185名学生"微心愿爱心捐助"活动。"手拉手，共建友好校"活动既是我们为京津冀教育协调发展的助力行动，也是我们响应习近平总书记"七一"重要讲话中向全体共产党员发出号召，要求"牢记初心使命，坚定理想信念，践行党的宗旨，永远保持同人民群众的血肉联系，始终同人民想在一起、干在一起，风雨同舟、同甘共苦，继续为实现人民对美好生活的向往不懈努力，努力为党和人民争取更大光荣"①的落实，是通过党史学习教育把"学史明理、学史增信、学史崇德"②转化为"学史力行"的具体行动。

在逸阳梅江湾国际学校师生代表团赴承德龙须门明德小学的预备会上，我和师生代表约定：一要认真学习领会习近平总书记关于京津冀协同发展重大论述的精神，把两校的共建活动作为落实中央重要部署的具体行动，作为共庆建党100周年、响应习近平总书记"七一"重要讲话号召的具体行动，圆满完成每一项具体任务；二要向河北省师生热情表达我校全体师生和天津市广大师生对河北省师生的深情爱心和"助力河北"的诚意捐助，为坚持做好"对口帮扶""合作交流""融合共建"奠定基础；三要认真学习明德小学的办学经验，学习友好学校干部、师生在农村脱贫攻坚取得成果的基础上，坚持立德树人，办好人民满意教育的崇高精神；四要切实注意旅途安全，准备好防疫物品以及必备生活用品。在代表团一行出发送行时，我又一次叮嘱师生一定要认真做到以上几点要求。

共建活动得到了承德市以及宽城县领导的大力支持，龙须门镇中心校校长对天津市逸阳梅江湾国际学校师生代表的到来表示热烈欢迎和衷心感谢。随后两校签署了友好校"共建协议"。逸阳梅江湾国际学校杨乃容校长在致辞中热情洋溢地说："从今天起，我们两所学校结为手拉手友好校了，这预

① 习近平总书记在2021年庆祝中国共产党成立100周年大会上的讲话。
② 2021年3月5日，习近平总书记在参加十五届全国人大四次会议内蒙古代表团审议时的讲话。

示着我们两所学校就成为一家人了。此次我们前来和明德小学牵手共建，不仅带来了满满诚意，还带来了明德学校亟须的一些硬件设备和文体用品，其中包括电钢琴、移动音箱、板羽球拍以及为明德小学全体学生每人一个书包和文具套盒等学习用品。虽然这些物品数量是有限的，但我们对明德小学浓浓的帮扶深情是无限的。祝愿两校的孩子们能以此为契机结成牢固的友谊，心手相连、取长补短，共同健康快乐地成长。"明德小学杨文怀校长回赠致谢锦旗后，两校师生分别献上了精心准备的节目，展现出不同的教育特色和交流融合。逸阳学校的师生还展示了体现三结合教育理念的教育教学成果。明德小学的学生代表发言感谢逸阳学校师生一直以来的关爱，不论是"微心愿爱心捐助"还是赠送的教学设施都流露着款款的深情，决心不负期望，努力学习，为祖国的明天贡献力量。还将自己精美的刻画作品赠送给了逸阳梅江湾国际学校的学生代表。

签约仪式在两校学生齐声高唱《唱支山歌给党听》的美妙旋律中落下帷幕。

仪式后，师生交流互换课堂，逸阳梅江湾国际学校的潘冬梅老师为明德小学学生讲授了一堂五年级语文课，同学们听得如痴如醉；明德小学也将特色课程丝网花制作、葫芦彩绘、刻纸让逸阳学生进行体验，大家都感到收获颇丰。

两校的领导以及教师代表分别针对学校建设及课程、教学改革进行了深入交流。

宽城满族自治县的领导还为天津的孩子们精心准备了实践体验活动，带领大家参观了满族文化纪念馆，以少数民族视角领略了党领导全国各族人民实现小康、共圆中国梦的伟大历程，再一次受到党史教育的洗礼；逸阳学校的师生走进新农村，体验脱贫攻坚取得的全面胜利，体验农作物种植过程，采摘可口的果实，感受到别样的乡村魅力。

两校友好校的建立只是开始，今后逸阳梅江湾国际学校将继续在已有友好校帮扶共建基础上拓展更大范围，辐射更多学校和基地，让手拉手活动一直走下去，更好地共同承担起"为党树人，为国育才"，培养堪当民族复兴大任的建设者和接班人的大任，让更多同伴感受到逸阳学子的热情和温暖，一起奔向更加灿烂辉煌的明天！

为手拉手友好校送去精彩的节目

向着教育家办学的方向奋力前行
——学习陶行知教育思想的一点体会

本文写于2021年11月，"十四五"教科研重点项目获天津市优秀成果

　　"有一位好校长就有一所好学校"，这句话早已成为社会共识，耳熟能详，不仅适用于大学，也适用于其他各级各类学校。事实上，大凡好学校，都有一位有思想、敢担当、善管理、勤反省的校长。好校长要有成为教育家的"志气"，教育家应该成为一名校长的追求。立志当教育家的校长会对教育的基本规律有清醒的认识，真正对教育事业拥有崇高的责任感和使命感，通过创造性的实践和研究，能够掌握教育的本质和规律，科学地谋划学校的发展愿景，制订学生的培养目标，立足高远，而不满足于现实，有一种"咬定青山不放松"的韧劲儿，会在这条路上行走得更远，攀登得更高。

　　我们国家的几届领导人都强调要造就一批杰出的教育家，要由教育家办学。那么，什么是教育家？哪些人可以称得上教育家呢？在我比较系统地学习的教育论著中，被毛泽东同志誉为我国"人民教育家"的陶行知先生的论述，给了我们以明确的回答。

　　陶行知是中国现代史上伟大的人民教育家，对我国教育的现代化做出了开创性的贡献。陶行知的教育思想和理论十分丰富，至今仍不失其教育价值，对我国今天的教育改革具有很强的借鉴价值和指导意义。我在办学实践中，经常以深入学习陶行知的教育著作而走近陶行知，体会一种思想，重温一种精神。

　　"生活教育理论"是陶行知教育思想的理论核心。我在学习中逐步认识陶行知先生提出的"生活即教育，社会即学校，教学做合一"三大原理的深刻含义。并以陶行知先生的"爱满天下"的大爱精神、"捧着一颗心来，不带半根草去"的奉献精神、"敢探未发明的新理，敢入未开化的边疆"的创造精神和"千教万教教人求真，千学万学学做真人"的求真精神激励自己。

　　2021年是陶行知先生130周年诞辰。他作为一位教育家，不仅是有很多很好的教育理念，同时他所从事的大量教育实践，包括在晓庄师范学校、江苏教育会的各种活动，都为我们提供了典范。在新时代，重温陶行知先生提出的教育思想，仍然具有重要的现实意义。我经常联系自己的办学实践进行自我教育，自我反思，不断坚定自己的教育信念，坚信教育在育人过程中的无穷力量，并从现实的教育问题出发，努力寻求教育改革之路，不断地思索着：怎样的学校才是人民需要的当代好学校？怎样才能办好这样的学校？怎样为我们的人民去培育新时代需要的能堪当民族复兴大任的德智体美劳全面发展的建设者和接班人？陶行知教育思想对我的办学实践特别是长期以来坚持实施"学校、家庭、社会三结合教育"中给予了许多重要的启示。

　　作为一名校长，应该怎样向着教育家的目标奋力前行呢？今天的教育家究竟应该具备什么样的素质素养、特征特质呢？陶行知先生曾经写过一篇文章专门讨论教育家的素质。早在1919年，陶行知曾对教育家进行过分类，在他看来，常见的教育家有三种："一种是政客的教育家，他只会运动，把持，说官话；一种是书生的教育家，他只会读书，教书，做文章；一种是经验的教育家，他只会盲行，盲动，闷起头来，办、办、办。第一种不必说了，第二第三两种也都不是最高尚者。"而"今日的教育家，必定要在下列两种要素当中得了一种，方才可以算为第一流的人物。一是敢探未发明的新理，二是敢入未开化的边疆。敢探未发明的新理，即是创造精神；敢入未开化的边疆，即是开辟精神。创造时，目光要深；开辟时，目光要远。在教育界，有胆量创造的人，即是创造的教育家；有胆量开辟的人，即是开辟的教育家，都是第一流的人物。"

陶行知先生提倡的教育家的第一种素质，就是"敢探未发明的新理"。我们在教育界任事、做事的人，要想成就一番事业，就必须有敢于探索的胆量，就要以实验精神向那"未发明的新理"深入探索，坚持下去，不怕辛劳、排除障碍，以巨大的魄力一心要把办好教育的"新理"发现出来。第二种素质，则是"敢入未开化的边疆"，进行开辟与创新。敢于探索未发明的新理，即是创造精神；敢入未开化的边疆，更是一种开辟精神。习近平总书记在接见清华大学师生时的讲话中要求，从事教育工作必须心怀"国之大者"，把握大势，敢于担当，善于作为，为服务国家富强、民族复兴、人民幸福贡献力量。①陶行知先生说所说的真正的教育家，更重要的是要有这样一种魄力，有这样一种意志品质，也就是今天我们所说的敢于创新。在实现立德树人根本任务的过程中要有一种创新精神。比如说教育评价，我们怎么样能够在学校中真正落实中央关于深化教育评价总体改革方案的各种要求，去改善结果评价，去丰富过程评价，包括增值评价和综合评价，怎么把各种评价结合起来予以创新？在基础教育阶段，我们要积极探索创新人才的成长规律，为将来的人才、特别是创新人才的成长奠定基础，真正把立德树人的目标贯彻到底，开辟一些新的更宽更多的道路去实现中华民族伟大复兴、为党育人、为国育才的宏伟目标，完成培养德智体美劳全面发展的社会主义建设者和接班人，提高中华民族国民整体素质的使命。这就是陶行知先生所说的教育家应有的一种创新精神。

陶行知先生讲的开辟精神，在今天，则是要我们开辟新的道路，开辟新的计划、开辟新的空间来培育年轻一代，促使他们成长。我们怎样把学校教

① 2021年4月19日习近平在清华大学考察时的讲话。

育和家庭教育、社会教育结合起来，从系统的观点和结构的角度强化协同意识，形成协同育人的合力，以更宽广的视野从整体上来深化协同；我们怎样开辟新的办学空间，在家庭中、社会中，尤其是通过网络资源、信息社会的力量，包括教育信息技术的发展、互联网智能化等，去开辟教育的新空间，这些都是我们需要深入探索的重要课题。

教育是国计，也是民生。教育事业关系着新一代人的成长，关系着祖国的未来，民族的希望，也关系着千家万户的幸福。陶行知先生说："校长是一所学校的灵魂，要想评价一所学校，就要评价这个学校的校长"。校长必须以正确的世界观、价值观、人生观来指导学校的发展，办好新时代人民满意的高质量教育。思想是行动的先导，一位校长思想水平的高下，决定着学校教育的方向，决定了所在学校整体教育发展的水平。只有富有思想的校长，才能起到引领方向的灵魂作用。校长应该把自己的教育思想清晰地传导至学校的整个团队，形成学校办学的共同价值认同，实现从校长个人办学思想到学校团队办学理念的升华。校长的教育思想不是天生固有的，它是从坚持不懈的学习中习得的，从不断的反思中获得的，从对教育的认知中研习的，从教育的实践中凝练出来的，从教育现象中琢磨与感悟到的。校长道德领导力是衡量领导力高低的关键所在，要用榜样的力量做校长。陶行知先生在《整个的校长》一文中说："国家把整个的学校交给你，要你用整个的心去做整个的校长"。"一个好校长就是一所好学校"，"一所好学校也需要一个好校长"。半个多世纪从事学校教育管理，让我体会最深的是，最有效的管理莫过于示范，最高效的领导莫过于榜样的力量。校长应该带着情感做教育，热爱教育事业，把学校当成自己的家，把职业演绎成终生的事业，并由此感受到学校的温暖，集体的温馨，团队的温情。

承蒙上级领导的信任，我在天津市和平区担任小学校长近50年，实现了自己的治校理想。半个多世纪的校长经历和管理工作的积淀，让我深刻认识到校长责任重大，关乎一所学校的兴衰；校长使命重大，关乎人才的培养，校长影响重大，辐射社区和促进学生家长的发展。处在新时代，面对新任务，迎着新征程，要有新作为。

作为教育工作者，如何努力追求，成为教育家呢？我认为，必须有"见"。这个"见"包括了教育工作者对社会、人生、教育以及三者关系的根本认识。比如早在民国初年，蔡元培先生就提出了"五育并举"的教育方针，这也是"见"。赫尔巴特被称为教育家，是因为他强调了教师、课堂和教材，这也是"见"。杜威之所以是教育家，是因为他强调了学生、活动和经验，这也是"见"。这些"见"或许有偏颇，但"片面的深刻"要胜过"全面的肤浅"，更胜过"人云亦云"。

作为教育工作者，要努力成为教育家，还必须要有"行"。只有"见"而没有"行"，虽不能说是"见"，但也只能说是一个教育理论家。中国教育不能说不缺少具有真知灼"见"的教育理论家，但更缺少的是有"见"并"身体力行"的教育家。陶行知先生是中国近现代著名的教育家，这不仅仅因为他提出了"生教育论"的"见"，更因为他以"捧着一颗心来，不带半根草去"的精神身体力行地实践着自己的"见"。晏阳初先生被称为教育家，也不仅仅是因为他有着对中国社会"愚、穷、弱、私"的"见"，而是因为他以"农民化"而去"化农民"，以身体力行"四大教育"和"三大方式"而著称。

所以，我认为，当下的中国教育工作者，要努力成为教育家，就必须有"见"和"行"。"行"就是臻于至善地去"做"。著名的苏联教育家苏霍姆林斯基（1918—1970）虽然只活了52岁，但给世界教育事业留下了丰富的精神遗产。比如现在老师们还经常学习阅读的《给教师的100条建议》。

苏霍姆林斯基总爱重复说的一句话是："人生下来，并不是为了像无人问津的尘埃那样无影无踪地消失。人生下来是为了在自己身后留下痕迹——永久的痕迹。"他作为一位有独创精神的教育家被载入世界教育的史册。

1978年12月18日召开的党的十一届三中全会，实现了中华人民共和国成立以来党的历史上具有深远意义的伟大转折，开启了改革开放和社会主义现代化的伟大征程。改革开放牵动着经济社会各个领域的改革发展，也迎来了教育改革的春天。在改革开放初期，我时任岳阳道小学校长。面对教育领域存在的若干弊端，面对在办学实践中诸多问题，如教育脱离社会、脱离实际，教育质量不高，教育管理制度不健全，社会道德面貌存在的问题影响青少年的身心健康，严重地阻碍着青少年学生的全面发展。实践告诉我们，教育领域存在的问题如果只靠学校单方面努力是难以解决的，必须依靠广大的学生家长、依靠整个社会的广泛支持和相互配合来共同解决。只有学校、家庭、社会三支力量相互配合，才能使学生获得全面发展。在改革开放新形势的催动下，根据党的教育方针，于1979年末，我明确地提出要在办学中实施"学校教育、家庭教育、社会教育三结合"，并成立了由对口支援学校的企事业单位、社区组织、学生家长代表组成的"学校、家庭、社会三结合教育委员会"，拟定了《三结合教育委员会章程》，开始了实施三结合教育的实践探索。党的十八大以来，在习近平新时代中国特色社会主义思想指引下，根据党和政府的教育方针政策，进一步深化三结合教育，从理念、管理机制、育人模式、教师队伍建设、课程教学领域、家校合作、教育科研、校园文化、办学特色等方面进行了创新。

实施三结合教育以来的40多年实践，特别是近14年来逸阳梅江湾国际学校坚持实施三结合教育的新成果、新经验，都充分说明，在基础教育阶段，实施三结合教育是一条符合教育规律的科学的正确的道路，是按照党的教育方针形成的办学优势和办学特色，它已经成为学校的办学之魂。这种全面实施素质教育的有效的开放式办学模式，促进了学生全员、全面、生动活泼地主动和谐发展，促进了家庭教育科学化水平的提高，促进了教师的专业发展和学校可持续发展，取得了丰硕的成果。

实施三结合教育，受益的首先是学生，发挥三结合教育"合力育人"的优势，有力地促进了学生德智体美劳全面成长，使学生接受的教育更完整。众多学生家长和社会各界人士赞扬学校培养的学生"爱祖国，有理想；基础牢，眼界广；重实践，善思考；体质好，崇尚美；爱劳动，勤动手。"仅逸阳梅江湾国际学校建校14年来就有多名学生被评为市区级"优秀少先队员""美德少年""津彩智慧少年""津彩创新少年""津彩文明少年"等。2020年10月27日，中央文明办、教育部、共青团中央、全国妇联、中国关工委五部门联合发布2020年度36名"新时代好少年"的名单和先进事迹，逸阳梅江湾国际学校杨依晨当选，五部门表彰了她品学兼优、朝气蓬勃，在勤奋学习钻研、勇于自立自强、传承红色基因、参与疫情防控、热心公益等方面的优异表现和突出事迹，推动全校掀起了学习杨依晨，争做新时代好少年的活动热潮。2021年，五年级学生王奥然获得天津市"新时代好少年"称号。

实施三结合教育，增强了家庭的教育功能，促进了新型家庭、家教和家风建设，推进了学生家长不断学习先进的教育理论，吸取成功的教育经验，思考教育内容、形式、方法的改进，提高了家庭教育的科学化水平，形成一种强大的教育正能量。

实施三结合教育，促进了师德、师风、师能水平的提高。教师从学生家长和社会各界人士身上获得了丰富的教育资源，有些三结合教育委员会中的教育专家就直接成为年轻教师的"师傅"，建立常态化的师徒关系，从而使教师的本职教育生活更加幸福完整，在学校与家庭、社会的互动过程中，有力地提升了教育教学质量。

实施三结合教育，学校、家庭和社区彼此敞开大门，是一种相互学习、相互受益的过程，家庭、学校、社会以孩子为纽带，通过构建"教育共同体"合作共育紧密地联系在一起，就能够为构建和谐社会奠定坚实的基础。

实施三结合教育，推进了学校管理的民主决策，强化了学校的自我管理，提高了学校管理科学化的水平。三结合教育委员会作用的充分发挥，使学校管理的每一个环节都能做到与学生家长、与社区发展以及时、准确、完整的信息沟通作为基础，及时调整学校的工作，使学校更好地为学生服务、为学生家长服务、为社区服务。

一切有志献身教育事业的同行们，特别是作为三结合教育团队的每一位教师，我们都应该努力做一名新时代教育家型的好老师，牢记初心，担当使命，立德树人，自树树人。我们要把学校看成是自己造福人民、报效祖国的一方热土。要以自己对理想学校的向往、与学校共荣辱的火一般的热情，始终给学生强烈的关爱和全面的教育。我们都要用先进的教育思想指导自己的教育实践，并在长期的教育实践中不断地完善和充实自己的教育思想，始终走在教育改革创新的前列。要以三结合教育的"学校观""学生观""教育观""教学观"，以崇高的理想指向国家、指向人民、指向学生。我们都要以教育家的思路办学，坚持从本校实际出发，走出一条个性化、特色化的办学之路。立根岩石，咬定青山，执著坚守。

我的信念就是无所保留地奉献，视学校为自己生命的一部分，坚定信念，开拓进取，奋斗不止。

下编

三结合教育团队精神　无私奉献

举精神旗帜，立精神支柱，建精神家园

——为三结合教育团队精神点赞

逸阳梅江湾国际学校作为成立14年的民办学校，砥砺前行，建校以来延续实施我在岳阳道小学任校长期间于1979年倡导的学校家庭社会三结合教育，在办学实践中取得了一定成绩，先后被评为全国文明校园、全国青少年读书活动先进学校、全国家庭教育创新实验基地、全国中小学优秀传统文化传承学校、全国示范性劳模和工匠人才创新工作室。

微信扫码看视频

三结合教育40周年晚会——为三结合教育做出突出贡献代表颁奖

这所学校应该仍然是一所正在成长和发展的学校。如果把学校作为事业的一个平台，那么，这个平台的决定因素是"人"，是维系学校发展的团队，这个平台的价值就是团队共同体的价值。当众多价值观和愿景相似的人汇聚在一起，围绕着"立德树人"伟大事业，追求一个共同的梦想，平台的价值就被最大化了。

长期以来，由学校干部教师、学生家长、社会各界有志于教育的有识之士组成的三结合教育委员会与上述理念恰相契合。在实施三结合教育过程中，重视发挥三结合教育委员会的作用，正是发挥了在长期实践中所形成的三结合教育团队作用。实践证明：在"合力育人，和谐互动"理念支撑下的学校家庭社会三结合教育，为了实现"为党育人，为国育才"根本目标，而进行的长期合作实践，必然形成一种团队精神，全体成员自觉自愿地通力合作，并产生一股强大而持久的凝聚力量，充分调动和发挥团队每一位成员的资源和才智，达到和谐互动的最高境界。三结合教育之所以坚持实施43年仍充满活力，重要的一条就是在党的教育方针指引下，能充分发挥和调动团队所有成员的集体智慧，高举团队精神旗帜，提升团队成员的凝聚力，为共同的目标一起努力、一起思考，集合团队成员间的优秀点子，取长补短，通过集体的努力完成好立德树人的根本任务。

1979年末，建立的三结合教育委员会，是推进三结合教育健康发展的组织保证。从初创时期的10几位委员，到目前已形成由社会各界人士和学生家长代表300多位委员组成的完善的组织体制和运行机制，并不断增加新生力量，这是保持三结合教育生机活力的基本条件。

三结合教育委员会经过初创、发展，在组织设置上逐步完善壮大，形成了有效的运行系统。其组织系统为：

三结合教育委员会常务委员会。这是三结合教育委员会的常设领导机构，由各职能部门负责人和有关方面代表组成，参与学校重大决策的制定，定期召开会议听取学校领导班子关于办学情况的通报，监督学校办学发展和校长履行各项职责，提供教育资源，发挥办学智囊作用。

三结合教育委员会的职能部门：

一、革命传统教育部。主要任务是向学生进行革命传统教育、弘扬和培育学生的民族精神，传承红色基因，培养学生的家国情怀。把现实的思想品德教育与中华民族传统美德教育相承接，与实现中华民族的伟大复兴相结合，激励学生成为既有国际视野、世界眼光，又有强烈的民族自信心和爱国精神的新一代。成员主要由早期参加革命工作的老干部、老红军、解放军官兵、革命烈士家属组成。主要成员有（除负责人外其他按姓氏笔画排序）：吉瑞芝（负责人）、马廷起、马智铭、王起宝、王培军、孔令莉、朱兆芳、刘鹏、祁雅楠、杜志荣、肖天友、肖家祥、佟德立、谷梅、张绍武、陆伟、周庆芳、郑吉安、宦忠立、徐银秀、郭绍博等。

二、思想品德教育部。主要任务是有计划地向学生进行理想信念教育、基本道德和法治教育、科学精神和人文素养教育、生命教育、心理健康教育。培养学生开拓创新、刻苦钻研、团结协作的科学精神，增强爱心和社会责任感，把社会作为大课堂，让学生在社会实践中学会做人。成员主要由部队官兵、公安干警、工人、企业家、科技工作者等组成。主要成员有（除负责人外其他按姓氏笔画排序）：刘金刚（负责人）、于大端、左林、卢成、田振惠、刘康、刘家朋、刘新年、孙太利、孙长亭、严希军、李明、李珊、李凤军、李邦红、李晓翠、肖洪林、何长江、张兆胜、张林强、邵伯平、尚丽琴、罗金琦、季世军、周海平、胡习华、胡时俊、候成刚、高丕信、陶开坤等及学校所在辖区内的公安五大道派出所、公安交管贵州路大队，五大道街所属社区、中国人民解放军警备区警卫连、南开区五马路消防站及平津战役纪念馆、周邓纪念馆、天津医科大学、天津师范大学思政基地等实践基地负责人。

三、科技劳动教育部。主要任务是配合学校的科技、劳动教育，发挥三结合教育实践基地作用，向学生进行科学知识、科学方法、科学思想和科学精神的教育，热爱劳动、尊重劳动人民、珍惜劳动成果的教育，培养学生的创新精神和实践动手能力。主要成员由各基地负责人和各行各业的劳动模范、创新能手、科普工作者组成。主要成员有（除负责人外其他按姓氏笔画排序）：王鸿林（负责人）、马丽莉、王秀红、尹发生、孔祥瑞、叶家良、田凤英、付玉玲、刘化英、齐俊桐、关志成、孙志敏、李立庆、李淑英、张金奎、张黎明、武秀芬、范霞、夏淑英、徐文华、曹凤林、董喜宽及天津工业大学、天津师范大学、天津科技馆等实践基地负责人等。

四、文体艺术教育部。主要任务是培养学生的艺术审美能力，发挥学生的艺术潜能，陶冶学生的审美情操，提高学生的审美素养。主要成员由著名作家、歌唱家、书法家、戏剧、影视、曲艺表演艺术家及青少年宫、体育馆教师组成。主要成员有（除负责人外其他按姓氏笔画排序）：吴季麟（负责人）、丁涵、丁瑾、于淑珍、王栋、王颖、王仲祥、王宝泉、云雁、尹怡、左杰、冯骥才、刘杰、刘子瑞、刘延年、刘俊杰、刘耀辉、齐军、孙阳、严美怡、苏芃、李茜、李莉、李文林、吴雪、谷岳、宋慧春、张志宽、张金元、张兆瑞、钟杰、范东升、卓玛、郑长宁、赵骞、赵宝起、钟杰、秦文虎、贾长华、徐明、高淑印、康万生、彭婧、颜美怡、戴勇、魏颖、魏月蘅、魏秋月等。

五、家庭教育部。主要任务是办好家长学校，沟通、协调学校与家庭、教师与家长之间的关系，促进学校与家庭的合作，同时对家庭教育发挥指导作用。主要成员由妇联干部、校级家长委员会代表、心理学专家、医疗营养方面的专业人员组成。主要成员有（除负责人外其他按姓氏笔画排序）：郭晓东（负责人）、丁长虹、马金萍、王菁、王冬梅、方志沂、孔繁玮、卢稳子、邢薇、任树牲、刘萍、关颖、许梅、孙绍强、李佳、李洋、李月霞、李志蓓、李竺津、李慧明、张婷、张睿、陈冲、陈琳、陈冬华、陈志红、邵宝生、武志刚、林怡、赵月月、郝山涛、贾强、徐红、崔英、梁茗、霍琳等。

六、教育科研部。主要任务是协助学校结合教育改革实践以及学校的发展搞好教育科研项目课题的选题论证，指导教育科研课题研究的运行，向教师介绍最新教育科研信息和前沿理论，系统介绍教育科研方法，组织教育科研成果的鉴定与推广等；协助学校把校本科研、校本教研、校本培训有机地结合起来，培训提高教师的教育科研能力。同时办好三结合教育期刊。主要成员由市区教育科研部门、教研部门的专家、学者组成。主要成员有（除负责人外其他按姓氏笔画排序）：张秀岩（负责人）、马开剑、丰向日、王宗敏、王珍元、王树泽、王毓珣、田本娜、史丽萍、邢真、刘延军、李剑萍、杨志平、肖凤翔、何穆彬、余强基、张凤民、张树林、张健昌、陈雨亭、赵丽霞、赵福楼、赵宝起、赵松涛、赵诗辉、秦泽明、高拉庭、黄丽珠、曹全璐、曹媛、康万栋、董惠民、董翠翠、詹嘉放等。

42年来，担任三结合教育委员会常委及关心指导三结合教育的市、区级有关领导有：陈浙闽、曹小红、李绍洪、于立军、李盛霖、吴振、邢元敏、曲维芝、何国模、王成怀、钱其璩、潘义清、邢军、陈洪江、周绍熹、苟利军、李润兰、刘长喜、李文喜、王文华、陈绍旺、贺亦农、梁春早、刘道刚、靳凡、李斌、孟冬梅、沙红、葛英秋、赵昔涛、金永伟、刘福生、荆洪阳、徐广宇、温继平、庞学光、王丹萍、吴方、赵红、于景文、黄永刚、刘琨、程树梅、陈志成、路彦青、高智、王之俅、王连金、明建平、靳昕、席一政、尹冬华、殷雅莉、董可亮、陈志红、靳润成、王洪华、刘崇秀、孙振棠、薛新立、樊本章、寇世昌、史金豹、李金迎、赵堃等。

成立于2013年的天津市三结合教育研究所，附设在逸阳梅江湾国际学校，旨在进一步深入研究三结合教育的理论与实践，研究三结合教育的历史经验和现实意义，推动三结合教育的不断深入发展。研究所在这个过程中，不仅促进逸阳梅江湾国际学校不断深化教育改革，而且为全市乃至全国的教育实践探索和基础教育理论研究作出应有的贡献。本所成立以来，曾多次召开学术研讨活动，北京师范大学资深教授、中国教育学会名誉会长顾明远先生曾应邀在研讨会上作专题报告。本所主办和编辑出版的《三结合教育实践与研究》，是联系学校与家长的桥梁，已发行36期季刊，发表论述三结合教育的文章700多篇，共180万字，出版著作300多万字受到教育界同行们的广泛欢迎和好评。

在目前的300多位三结合教育委员会委员中，既有从1979年开始坚持下来的老委员刘鹏、郭晓东、任树甡等，又不断充实新的血液，如我国改革先锋孔祥瑞、张黎明、徐文华等一批新时代模范先进人物。每学期一次的三结合教育委员会常委会，每年一届的三结合教育联席会，每学期的学校开放日以及三级家长委员会、不定期的专家座谈会、三结合教育委员会各部门的专题研讨会以及天津市三结合教育研究所各部门有计划的工作制度等都发挥了组织保证作用。

在历届的三结合教育委员会的委员、常委、顾问中，有的已经故去，张立昌、聂璧初、白桦、石坚、肖元、鲁学政、路达、张好生、王鸿江、虞福京、许明、刘惠根、刘天锁、马超、马三立、马承祖、王尧、邓玉林、田兆祯、年景林、杜镇海、李荼晶、吴金香、沈祯、夏至正、宋西陵、宋德福、张武升、张富群、陈骧龙、郑天庸、袁静、高鲁民、黄伦、曹火星、梁斌、彭义祥、穆凌飞、刘庭台、关山、王时一、李慎芝、杨润身、李有强、王颂余、王千、王成、王稼祥、白堤、李元兴、赵连甲，他们鲜活的音容笑貌仍不时浮现在我们的面前，引人追思，他们的精神永存。我们怀念他们，似乎看到他们仍把满腔的火热教育情怀和理想支撑的教育追求，演化成热切期盼的、永远慈爱的目光，时时向我们每个尊敬他们、怀念他们的人投射过来，从而勾起我们无限的遐想。他们为三结合教育的深入发展、为办好学校追求高质量教育所作出的巨大贡献，永远铭记在全校干部师生的心中，永远不会磨灭。

历经40多年实施三结合教育的实践，我深切地感到：三结合教育团队的成员个个都有一颗坚贞的诚心、博大的爱心、珍贵的童心、炽烈的热心、积极的进取心。大家一致认为，三结合教育团队多年来所形成的宝贵精神是：忠诚教育的敬业精神；真情真爱的爱生精神；甘为人梯的奉献精神；民主平等的协作精神；开拓创新的改革精神。充分发挥中国特色社会主义制度的优越性，保持了三结合教育的活力。

三结合教育团队精神的核心凝聚力，正是由于团队全体成员对教育事业在国家发展中重要地位的共识。党的十八大以来，习近平总书记立足世界发展大势和国家发展全局，着眼民族复兴伟大梦想，对教育改革发展作出了一系列重要论述，作为习近平新时代中国特色社会主义思想的重要组成部分，为新时代教育改革发展提供了根本遵循。习近平总书记指出："教育是国之大计、党之大计。教育是民族振兴、社会进步的重要基石，是功在当代、利在千秋的德政工程，对提高人民综合素质、促进人的全面发展、增强中华民族创新创造活力、实现中华民族伟大复兴具有决定性意义。必须坚持中国特色社会主义教育发展道路，培养德智体美劳全面发展的社会主义建设者和接班人。"[1] "办好教育事业，家庭、学校、政府、社会都有责任。家庭是人生的第一所学校，家长是孩子的第一任老师，要给孩子讲好'人生第一课'，帮助扣好人生第一粒扣子。教育、妇联等部门要统筹协调社会资源支持服务家庭教育。全社会要担负起青少年成长成才的责任。"

习近平总书记的科学论断彰显了我们党全心全意为人民服务的根本宗旨，饱含着深厚的人民情怀，是我国教育事业改革发展的出发点和落脚点，也是办好人民满意教育的根本遵循。我们举办逸阳梅江湾国际学校正是按照这一宗旨，努力提高教育质量，追求人民满意，回应人民对高质量教育的期盼。"三结合教育团队精神"是积40多年众多热心党的教育事业、为三结合教育做出贡献的学校干部教师、学生家长、社会各界人士共同造就的。

我深切地感到，团队成员忠诚教育的敬业精神，是一种基于热爱基础上的对教育事业全身心投入的精神境界。忠诚教育的敬业精神具体体现着团队成员对自己承担的教育工作的主人翁责任感、事业心，全心全意、恪尽职守、持之以恒、勤勉工作、脚踏实地、精益求精、无怨无悔的工作态度和高昂的工作热情，把对教育事业的奉献和付出看作无上光荣。

在长期的三结合教育实践中，我们曾经看到的是：多位市级老领导站在校园国旗杆下，以一名三结合教育团队成员的身份，精神矍铄地佩戴着红领

---

[1] 2018年9月12日，习近平总书记在全国教育大会上的讲话。

巾，和少先队员一起升国旗，并向可爱的少先队员们发出谆谆教导和渴望孩子们成长为社会主义事业建设者和接班人的期盼，使每一次的升旗仪式都赋予更多更殷实的教育价值与意义，使每次的国旗下讲话都聚焦教育主题，每一篇讲话都成为经典美文，每一位讲话者都成为校园示范，教育每一位学生升旗手和全校学生争做新时代好少年。

在长期的三结合教育实践中，我们还看到，已然年届高龄的老干部、老党员，不顾自身残疾，坚持给学生们讲述革命传统故事；各行各业的英模人物在面对师生的讲话中，以自身的成长经历，勉励学生们成长成才；革命先烈的子女在师生瞻仰烈士故居和遗物时，表达着共同赓续红色基因、继承光荣传统的心愿。

在长期的三结合教育实践中，我们曾听到团队的成员说："每次给学生们讲革命故事，看到学生们专注的眼神、看到他们聚精会神的可爱样子以及情不自禁爆发出的一次次热烈的掌声，我总是兴奋不已，为孩子们能与自己产生共鸣和他们发自内心的激动之情而感到特别欣慰。我好像从学生的身上看到了祖国的希望，看到了学生们长大成为国家栋梁的样子。我们都是自愿走进学校的志愿兵。"有的成员说："我给学校做些事情，忙些累些算什么，只要能让孩子们在更优化的环境中学习，我就高兴。"还有的成员说："我作为一名老共产党员，三结合教育委员会的老常委，我要把余生献给学校、献给孩子们，这是我的职责，也是我的光荣。"

通过多年来参加学校的三结合教育活动，有的成员总结自己突出的收获和感想是："由只爱自己的孩子到爱学校里其他的孩子，爱所有的孩子，有了一颗热爱孩子的心；由不懂教育到懂得教育事业的重要，热爱教育，再到进入教育工作的门道，逐步掌握一些教育的规律；认识到办好学校需要有像逸阳学校的领导那样爱学生、懂教育、干事业、甘于奉献、能够团结大多数的带头人。要有一批积极进取、奋发向上、辛勤耕耘，做到'学为人师，行为世范'的教师队伍。认识到现代的学校必须走开放的路，一刻也离不开家庭和社会的支持、配合。办好学校还必须具有改革创新的精神，不断深化教育改革，不断与时俱进。"

这由衷的行动、这铿锵有力的声音清晰地告诉人们：三结合教育团队精神就在这里，就在每一位委员的忘我工作、自觉奉献的工作里。有些三结合教育委员会的委员对自己到学校为学生讲课"约法三章"，即：一不要学校用车接送；二不在学校吃饭；三不要报酬和礼品。团队精神集中到一点，就是以崇高的教育情怀，不辞辛劳，无私奉献。

在长期的三结合教育实践中，我们看到：一些文化艺术界的成员40多年如一日，积极参与三结合教育的各项活动，在不同时期为学校办学条件的改善，为教师的培养提高，为促进学生的全面发展，特别是开展艺术教育、组织策划学校大型的文艺活动等方面干了许多实事，作出了突出贡献，成为三结合教育发展的历史见证者。我们还记得：80年代末，在学校办学条件比较困难的时期，他们为学校筹集办学资金而举行义演的活动，带动了京津两地12家艺术团体的著名艺术家们汇集一堂，在天津人民体育馆同台演出。广大教育工作者和观众，不仅能够欣赏甜美的歌声，观看精彩的表演，更能感受到艺术家们为发展教育事业无私奉献的美好心灵。有的成员多年来为学生撰写了十几部课本剧快板书，悉心辅导学生们在多种场合演出，有的获得市级大奖。1982年，正是老一辈革命作家梁斌、袁静建议学校在每年读书总结会的基础上建立了一年一度的读书节，使学生们的读书活动蔚然成风。学校没有辜负老同志的期望，至今仍在开展，曾连续多年被评为全国读书活动先进校。

在长期的三结合教育实践中，我们还看到：一些从事教育科研或教研的资深专家学者，以深邃系统的讲座、亲切畅通的座谈、精细深入的研讨、真诚交流的合作等形式，指导三结合教育与时俱进，形成各个时期三结合教育深入发展中颇具影响的实践与研究成果，并在教育行政部门的支持下在全市推广。他们深入课堂听课，跟随师生参加实践活动，指导教育科研课题研究的运行，向教师介绍最新教育科研信息和前沿理论，系统介绍教育科研方法，组织教育科研成果的鉴定与推广。他们向教师们传播自己提高教学质量的经验，对教师如何提高教学实效进行具体的指导，协助学校把校本科研、校本教研、校本培训有机地结合起来。有的科研人员为编辑学校的出版物，经常工作到深夜。有些成员通过学校组织的拜师仪式正式成为学校教师的"师傅"，深入课堂系统听课，与"徒弟"悉心切磋教法，为提高教师专业素养作出了突出贡献。

在长期的三结合教育实践中，团队成员坚持开拓创新的改革精神。根据习近平总书记在哲学社会科学工作座谈会上的讲话中提出的"揭示一条规律""提出一种学说""阐明一个道理""创造一种解决问题的办法"的创新标准来衡量，大家认为，经历43年实践研究的三结合教育，揭示了一条教育规律：合力育人规律；提出了一种教育学说：中国特色的三结合教育学；阐明了一个教育道理：学校、家庭与社会教育必须协同一致、相互配合，才能产生合力效应；创造了一种教育办法：解决了学校、家庭与社会教育分力的问题；开创了一种教育模式：以学校为本的三结合教育，体现了开拓创新的改革精神。

在长期的三结合教育实践中，三结合教育团队高高举起奉献精神的旗帜，以团队精神为支点，真正做到了"同心、同向、同策、同力"。对逸阳梅江湾国际学校来说，坚持实施三结合教育，是一个与时俱进的过程，也是一个不断精进的过程。我们对三结合教育的深化实施，信念坚定，坚韧不拔。三结合教育协同育人的办学模式，随着我国改革开放的步伐不断前进，随着我国教育改革发展的进程不断深入，也必将随着新时代前进的步伐，在"为党树人、为国育才"的伟大事业中发挥出新的更大的活力。

　　在实施三结合教育的长期过程中，我十分幸运地遇到很多理解三结合教育、热心于为三结合教育做贡献的市、区领导、专家学者和各行各业的先进人物、广大的学生家长和朝夕与我一起工作的教师们。是他们，用自己的默默奉献支撑起三结合教育之梦，是他们，用自己的无私奉献支撑起学校的一次次变革、一次次进步；是他们，给我爱护关怀，给我指导启发，给我鼓励安慰。我永远忘不了这些知我助我的人，我只能以努力工作回报他们的关怀。正是由这些人们组成的三结合教育团队，在40多年奋战中所形成的团队精神支撑着我，使我老骥伏枥，奋进不止。三结合教育应该是"常做常新"的。当三结合教育从初创到实施时是新的，当理念由模糊到清晰时是新的，当三结合教育由旧时的背景到现在的背景时也是新的，40多年是不断创新的。

　　团队精神是团队行动的主动力。三结合教育团队"忠诚教育的敬业精神，真情真爱的爱生精神，甘为人梯的奉献精神，民主平等的协作精神，开拓创新的改革精神"必将进一步发扬光大，团队的基础定会更坚固，团队的力量定会更强大，团队的凝聚力、影响力定会越来越深远。让我们在习近平新时代中国特色社会主义思想和党的教育方针指引下，高举三结合教育团队的精神旗帜，矗立三结合教育团队的精神支柱，共建三结合教育团队的精神家园。愿三结合教育团队精神之树长青。

2018年，三结合教育委员会顾问与部分常委参加学校庆六一活动

记助推三结合教育、为校歌作词的石坚主任

石坚主任在学校读书节闭幕式上讲话

石坚同志，一位关心支持教育工作的天津市老领导。在我担任岳阳道小学校长期间，聘请他为学校家庭社会三结合教育委员会顾问。他积极支持三结合教育的实施，经常到校参加有关的教育教学活动，为学校的教育改革出谋划策，在20多年的时光里，成为三结合教育的实践参与者和指导者、积极助推者和成果见证者。

石坚，原名马汉三，1938年加入中国共产党，曾任《冀中导报》电讯编辑科科长、《天津日报》编辑科科长。中华人民共和国成立后，历任新华通讯社天津分社副社长，《天津日报》副总编辑、总编辑。1983年当选为天津市第十届人民代表大会常务委员会副主任，兼秘书长；1988年当选为天津市第十一届人民代表大会常务委员会副主任。2014年5月3日逝世。

实施三结合教育，最根本的目的是根据党的教育方针，实现以学校教育为主导，以家庭教育为基础，以社会教育为依托，合力育人，和谐互动，培养德智体美劳全面发展的社会主义建设者和接班人，办好人民满意的教育。石坚主任在赞同和支持这一理念的同时，为如何具体实施和落实，提出了许多宝贵的意见和建议。他主张在德智体美劳全面发展教育中，必须坚持德育为先，通过多种途径，认真抓好学生的思想品德教育。他明确提出，教师们在实施教育的过程中，要有成效地推进素质教育，除了抓住课堂教学这个实施素质教育的主阵地之外，特别是对于负责一个班集体的班主任来讲，更要通过三结合教育的力量，搞好班集体建设，为学生营造一个团结、友爱、勤奋、向上的学习和生活环境，使学生们真正在这样一个集体中获得全面发展。

石坚还深入到学生班级，和班主任、学生交谈，教导和鼓励学生通过各项活动努力提高自己的品德素质，包括遵守基本道德和行为规范、树立正确的人生观、世界观和价值观，使自己成为热爱社会主义祖国、具有社会公德、文明行为习惯、遵纪守法的好公民，为能够成为担当民族复兴大任的建设者和接班人奠定基础。

石坚强调提出：必须重视班级文化和班风建设。为此，他积极主动、不辞辛苦地与各年级班主任进行交流，帮助指导他们认真反思，总结提升关于班集体建设的经验。石坚认为，加强班集体建设，需要落实两个方面：一是要组建好少先队组织，培养、选拔、确定一批班上的骨干，建立一个能起模范带头作用的"领导核心"；二是要树立一种班风，形成集体的号召力和约束力，使每一个学生都能积极主动地参加到集体活动中去。

在少先队的组建与班级干部的选拔培养方面，石坚指出：班级是学生走进校门参加的第一个社会组织，也是他们接触社会、开始全面社会化的第一步，对他们今后的发展，会起到重要的作用。尤其是对于低年级的学生，更具特殊意义。而组建少先队与选拔班干部，实际上也是对他们实施全面素质教育的实践。

在组建少先队过程中，石坚要求教师们既注重建队前的宣传、引导，利用黑板报、开班会等形式，使每一个学生都能够学习领会少先队队章的内容，人人争当优秀少先队员。同时，利用讲评会等形式，宣传一些好人好事，培养优秀学生，树立一些骨干，从而形成班集体的核心。对于建队后的工作，则要求学生们能自觉地起到模范作用，为班集体多做一些力所能及的事情，组织他们开展"每人当一天家""每人读一本好书"等活动，以此带动全班同学发展。

在石坚的建议和支持下，高年级各班班主任联合组织了"背诵比赛"。从《古文观止》中选取一些文言文，如《陋室铭》《师说》《五柳先生传》等一些超越当前课本的经典古文，要求学生骨干起到领头羊作用，发挥榜样力量，并对表现优秀的学生予以奖励。此举不仅锻炼了学生干部的工作能力，同时也增加了学生们的记忆力与对语文的学习兴趣，推动了学校全面实施素质教育的实践。实践证明，组建好少先队，培养好班干部，形成一个良好的集体核心，不但是班集体建设和开展素质教育的有力保障，也是学生们成长发展的极好契机。

在优良班风的建设方面，石坚认为，班集体建设，离不开每一个学生的参与。素质教育就是要将群体素质转化为个体素质，并通过个体素质的完善来提高群体素质。教育、培养学生树立集体主义观念和意识，不仅是实现班集体建设和德育工作的重要任务，而且是实施素质教育的重要途径。教育引导学生克服身上的不良心理和行为，树立和谐平等的人际关系，关键是要形成一个良好的集体风气，以集体的号召力和约束力，激发学生积极向上的热情，使他们自觉、自愿地来维护集体的利益。

石坚作为校外辅导员，在推进班集体建设中，不辞辛劳，想尽办法利用各种形式、创造一切可能，为学生开辟学习锻炼的机会和环境。石坚还参与布置班级图书角、小药箱等活动。在迎接香港回归时，组织学生们自己动手，收集各种图片和资料，汇集成册，互相交流。他还全程指导了我校一些班级参与的"雏鹰杯"全国五自竞赛活动。他指导学生组成课题组并帮助学生制定实施计划、商讨问题、研究设计问卷。学生们积极备赛，走出校门调查、走访一些革命老前辈，询问不同职业的家长，最后还召开了"自己的事情自己做"的主题班会。石坚感到深深的欣慰，更为这群孩子感到由衷骄傲。

石坚认为，自己作为校外辅导员、三结合教育的共同参与者，理应以身作则，成为学生们的良师益友，为学生们树立先进文化、高尚道德的标杆。为了加强校园文化建设，20世纪90年代中期，三结合教育委员会提出应该创编校歌。三结合教育委员会文化艺术教育部的老委员刘鹏主动承担起此项任务。他首先请石坚为校歌作词。石坚经认真思考很快就把歌词写出来了："我们是跨世纪的新人，未来世界属于我们，团结、勤奋、求实、创新，三结合教育育新人，理想、道德、文化、纪律激励我们永远前进，好好学习，天天向上，准备迎接时代重任"。当时正是向21世纪迈进，歌词中既有邓小平同志提出少年儿童要做有理想、有道德、有文化、有纪律四有新人的要求，也有当年毛泽东主席向少年儿童提出的"好好学习，天天向上"的期望。校歌中既有我们的校训，也有我们的办校理念。短短的65个字涵盖了那么丰富的内容，足以见得石坚同志思想底蕴之深厚。

除此之外，石坚老委员常以自身高尚的品质、善良真诚之心打动周围的每一个人。据石坚的孙子马达回忆，有一年冬季下大雪时，爷爷家院子中积满了厚厚的雪，爷爷说："院子里住的大多是老人，雪天路滑，老人们容易摔跤，我们出去扫扫雪吧"。他便带着孙子把十几个楼栋口的雪清扫干净。

石坚常说，要心中有他人，只要付出一点爱，即使在最寒冷的冬天，也会感受到温暖。石坚的孙子耳濡目染爷爷的风骨，也逐渐养成了热爱劳动的习惯，并把这个习惯带到了学校，不仅自己在值日做卫生时一丝不苟，还时常号召同学们一起做大扫除、一起清理校园垃圾。石坚正是以乐于奉献的情怀在潜移默化中推进着素质教育的发展。

石坚同志作为校外辅导员、三结合教育委员会的顾问，参与并见证了三结合教育从初创、探索到改革、创新、完善的全过程。可以说，他在其间的奉献如雨水阳光、润物无声而至关重要。在他的身体力行、开拓奉献下，在三结合教育团队的齐心努力下，三结合教育必将继续获得长足的发展。

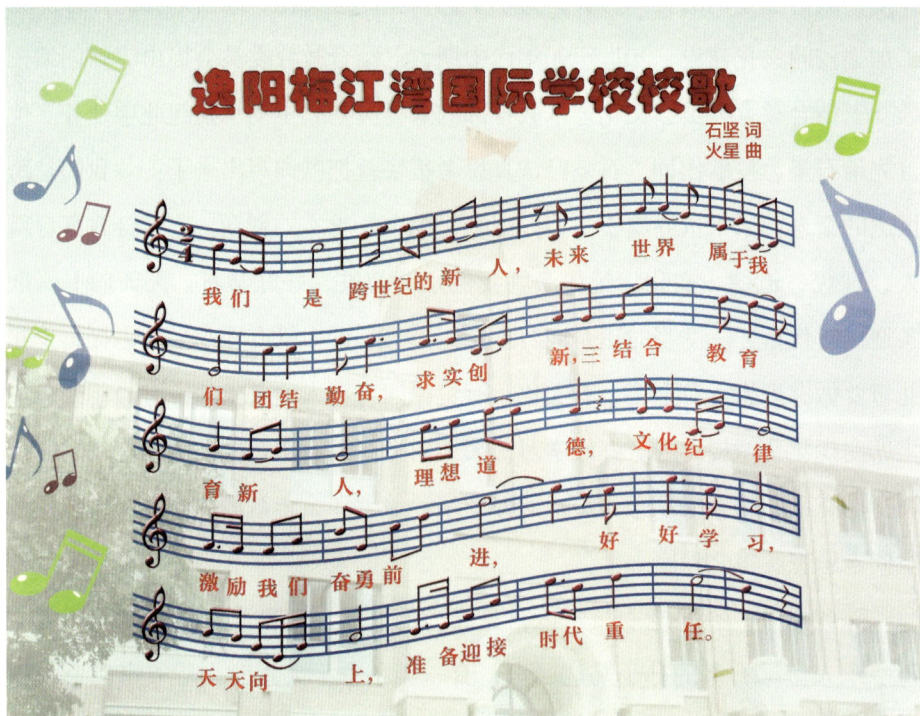

1994年由石坚作词、曹火星作曲的校歌（石坚：天津市人大常委会原副主任，曹火星：著名音乐家，曾为《没有共产党就没有新中国》作曲）

微信扫码看视频

童稚永驻育幼苗

——纪念袁静先生100周年诞辰

王希萍校长追思
著名作家袁静

20世纪80年代少先队员听袁静讲故事

在隆重纪念著名作家袁静先生100周年诞辰的日子里，逸阳梅江湾国际学校全体师生无比怀念她老人家。袁老一生创作了大量文学作品，晚年从事儿童文学创作，积极参加到少年儿童教育的实践中来。袁老非常重视教育，关心少年儿童的健康成长，她曾20多年担任校外辅导员，与师生结下了深厚的情谊。如今，一桩桩感人的往事历历在目。

1979年，唐山大地震造成学校校舍严重损坏。当新的教学楼刚刚建起，袁老就主动买了树苗送到学校，有苹果树、榆叶梅。她满怀深情地说："种苹果树是愿孩子们平平安安、健康成长；种榆叶梅是愿孩子们像梅花一样生活得灿烂。"回想当年袁老冒着早春的寒冷，手持铁锹，和学生们一起在校园里栽种树苗的情景，至今仍萦绕心间。她津津乐道地跟学生们讲："今天我和你们一起种树，就是希望你们跟着小树一起长大，树长高了，你们也长大了，我希望你们每个人都能像这小树一样茁壮成长。大家都知道，种好树要施肥，要浇水，要好好地保护它。现在社会上还有一些坏人，他们用各种各样的坏思想来影响你们，他们就像那些树上的蚜虫、火蜘蛛一样会损害你们，你们要特别注意，防止侵害。"袁老对学生寄予深切期望，引导学生健康茁壮地成长，将来成为国家的栋梁之材。如今，这些树苗早已枝繁叶茂，伴随着一批批学生毕业、升学，结出累累硕果。

学校的另一位校外辅导员、离休老干部高鲁民和袁老说："咱们俩承包学校的苹果树吧，你负责树苗健康成长，我负责施肥。"就这样，高鲁民爷爷就在家里利用各种条件积有机肥，每年到春季时，用小车推到学校给苹果树施肥，学生们也一直细心地保护着这些树木。他们说："我们对袁奶奶的印象非常深刻，我们是听着袁奶奶讲故事长大的。"袁老的故事激励着学生，塑造着他们的心灵，为他们的成长奠基。学校的毕业生蔺颖、李迎，至今都工作很多年，他们的孩子也都很大了，但他们一直牢记着袁奶奶给他们讲的故事。这些故事引导着他们树立高尚的思想品德，激励他们好好学习。他们从清华大学、北京大学毕业，继续出国深造，回国后都成为国家建设的精英。

袁老是那么平易近人、乐观豁达、童稚永驻，和学校的师生结下了深厚的感情，师生在她面前从不拘束。学生们都愿意到她家去，一到袁老过生日的时候，主动制作生日礼物，有的在蛋壳上画一个老寿星，有的用彩纸折个小动物，有的画张画、写幅字，老人是那么珍爱学生们的作品，一直整齐地保存在她的书柜里。

学校自1979年以来，探索实施学校家庭社会三结合教育，聘请各行各业的人士担任三结合教育委员会委员。学校聘请袁老做校外辅导员是通过当时任和平区教育局干部的秦文虎介绍的。秦文虎非常热爱写作，非常崇拜袁静先生，后来，秦文虎成为专业作家（国家一级作家）、与袁静先生合作出版了多部儿童文学作品。当时，他向袁老表达了学校的愿望，袁老欣然答应。从此，她不管多忙，放下手头的工作就来参加学校的活动。直到20世纪90年代，她的腿不灵便了，还自己骑着电动车到学校参加活动。教师们对此深受感动，袁老的精神和行动成为激励教师勤奋工作的动力。

袁静先生非常关心学生读书。她说：孩子们必须多读书，读书能增长知识。她经常给学生讲黄继光、小兵张嘎、草原英雄小姐妹、雷锋及吉鸿昌烈士的故事。她告诉学生们：故事就是事，把身边有意思、有意义的事用笔写出来，就是文章。袁老在给学生们讲故事的同时也指导了写作。她十分热爱少年儿童，发表了很多反映少年儿童生活、学习的作品。她向学生推荐她写的作品，并把她写的书《新儿女英雄传》《叮叮和铛铛的故事》等赠给学校。学生们在听故事中、在阅读中、在写作的感受中，升华了思想，提高了自己的写作水平。

1982年的读书总结会，学校想请袁老题词，她说："我的字写得不好，我给你们推荐作家梁斌来写。"在袁老的邀请下，梁老欣然写下了"为振兴中华而读书"八个大字。这幅题词至今仍挂在学校的图书馆里。梁斌先生向学校建议：应在每年读书总结会的基础上建立一年一度的读书节。学校把梁老参加的这次活动定为首届读书节。从此，在每年的读书节时，袁老和梁老都来参加。在读书节上，学生们读书、演书，袁老和天津市人大常委会副主任石坚还一起上台给师生表演延安时期的《兄妹开荒》。袁老去世后，石坚又和歌唱家于淑珍接续共同演唱，表达大家对袁老的怀念。师生没有辜负袁老和梁老等老同志的期望，学校曾连续多年被评为全国读书活动先进校。

袁老在病重的日子里还惦记着学校，我们去看望她，她念念不忘地问学校发展得怎么样，教师队伍建设得怎么样，学生们学习得怎么样……师生们也非常关心袁老的健康，有一次我们去看望袁老，问她想吃点什么，她说想吃饺子。那时学校有个小食堂，老师们就自己剁菜、和面，把热腾腾的饺子给袁老送去。饺子虽不是什么贵重的东西，但表达了师生的一片真情。

袁静先生虽然离开了我们，但她老人家的音容笑貌深深地定格在我们的记忆中，就像袁静老人亲手栽种的苹果树，深深地扎根在这片教书育人的沃土里。在纪念袁静先生100周年诞辰的时候，我们缅怀袁老，一定要更好地学习和发扬她的优秀品德，学习和发扬她的人生追求和价值观，在基础教育工作中，落实立德树人的根本任务，认真培育和践行社会主义核心价值观，全面深化教育教学改革，提高教育质量，继续深化三结合教育，办人民满意的教育，为培养德智体美劳全面发展的、堪当民族复兴大任的社会主义建设者和接班人而努力。

赓续红色基因 传承英烈精神

——吉瑞芝与三结合教育的故事

爱国将领吉瑞昌的女儿吉瑞芝在班会上讲述吉鸿昌烈士的事迹

　　实施学校家庭社会三结合教育40余年来，学校积极贯彻党的教育方针，落实立德树人根本任务，不断总结取得的成果和基本经验。在新时代进一步把三结合教育更好地推向前进，办好更高质量的人民满意的教育，这些都离不开三结合教育委员会的委员们对学校作出的贡献。

　　著名爱国英雄将领吉鸿昌的女儿吉瑞芝曾任天津市政协港澳台侨委员会常委，1985年接受学校的邀请开始担任三结合教育委员会常委，并任革命传统教育部主任。她随着时代的发展坚持走进学校、走进课堂，来到一代代孩子们中间。二十世纪八十年代、九十年代、跨世纪始终为学生做报告、讲传统，参加少先队中队活动。她带领学生们到吉鸿昌烈士故居，到威武雄壮的烈士铜像前，把父亲吉鸿昌烈士的英雄事迹讲给孩子们听，让他们感受英烈的崇高精神，激发他们的爱国之情、报国之志。

我深深地记得有一次，她参加五年级5班少先队中队的"党旗我心中的旗"主题队会的情景。她亲切地、动情地向学生们讲述着父亲为党和国家英勇奋战、凛然就义的故事，感动着每一个学生。

吉鸿昌，著名抗日民族英雄，是100位为中华人民共和国成立作出突出贡献的英雄之一。1895年出生于河南省扶沟县，1913年投笔从戎入冯玉祥部，从士兵递升至军长，骁勇善战。1929年任第10军军长兼宁夏省政府主席。1930年5月，参加蒋冯阎战争，任冯军第3路总指挥。9月，接受蒋介石收编，任第22路军总指挥兼第30师师长。他不愿替蒋打内战，称病去上海就医，与中国共产党中央军委接触。8月后，被蒋解职，强令出国"考察"，遂环游欧美，沿途发表抗日演说。吉鸿昌将军在美国纽约时到邮局向国内寄包裹，当时邮局的美国职员竟说不知道中国，吉鸿昌听了以后非常气愤，这时候他旁边的随从人员说，你只要说你是日本人就能受到礼遇。吉鸿昌听了以后更加气愤了，他说："你觉得做中国人耻辱，我觉得做中国人光荣。"随后他就回到旅店，找来了一块木牌，写上"我是中国人"，还在下边标注上英文。从此，每当吉鸿昌在大街上走的时候都要挂上这块牌子，昂首阔步地闯过人群，显示出作为一名中国人的骄傲。1932年，回国后寓居天津，秘密与中共华北政治保卫局联系，并加入中国共产党。在天津法租界内（今和平区花园路5号）购置了一座带庭院的三层英式小洋楼，亲题"松间明月长如此，身外浮云何足论"的楹联。他与妻子多次变卖家产，为抗日前线购买武器。为掩护抗日人士、藏匿武器，他还将客厅及二楼夹道都进行了改造，把这里变为党组织的地下交通站，进行筹措经费、搜集武器等秘密革命活动。这里也成为他生前最后生活战斗过的地方。这座楼，被大家亲切地称为"红楼"，不仅因为它的外观为红砖墙，更因为这里鲜红的革命故事和红色精神。在这幢小楼里，吉鸿昌创立了"中国人民反法西斯大同盟"，亲任中央委员会主任委员。并编印出版了《民族战旗》《华北烽火》等抗日刊物。1933年，他联合冯玉祥等在张家口组成察绥抗日同盟军，挥师率部北进，三战三捷，收复多伦，对中国抗日力量产生了极大鼓舞。在中国共产党的领导下，他在天津秘密开展抗日斗争，直至英勇就义，谱写了一曲曲高亢的抗日壮歌。他在给妻子的遗嘱中写道："夫今死矣，是为时代而牺牲。"

面对让他供出秘密的审判官，吉鸿昌慷慨陈词："我是共产党员，由于党的教育，我摆脱了旧军阀的生活，转到工农劳苦大众的阵营里头来。我能够加入革命的队伍，能够成为共产党的一员，能够为我们党的主义，为人类的解放而奋斗，这正是我毕生的最大光荣。"

1934年11月24日，经蒋介石下令，吉鸿昌被判"立时枪决"，年仅39岁。殉难当天，他披上斗篷，从容不迫地走向刑场。用树枝当笔，以大地为纸，写下了不朽诗篇："恨不抗日死，留作今日羞。国破尚如此，我何惜此头！"行刑前，吉鸿昌声色俱厉地对特务喝道："我为抗日而死，为革命而死，不能跪下挨枪，死后也不能倒下，给我拿把椅子来！"特务本打算从背后开枪，他再次大声喝道："我为抗日而死，死得光明正大，不能背后挨枪子！站到我的面前来！"

师生们听了这些感人肺腑的英雄故事，无不心潮澎湃，激动万分。大家都表示一定要向革命英雄先烈学习，为国旗、党旗、队旗增辉。

吉瑞芝走进学校，走进课堂，来到教师和学生们中间，一次又一次地宣讲吉鸿昌烈士的英雄事迹，为新入队的少先队员佩戴红领巾，参加少先队中队活动，传承红色基因。1993年，天津市政府决定在吉鸿昌旧居对面的中心公园建一座吉鸿昌烈士铜像，师生们得知这一消息后，纷纷捐款，以实际行动纪念英雄，向英雄学习。我和吉瑞芝带领师生代表一起参加了市、区政府举行的吉鸿昌烈士铜像揭幕仪式，看到了学校的名称深深地镌刻在铜像的底座上。

吉瑞芝来到教师们中间，和青年教师谈心、听课、参加研讨会，和教师们建立了深厚的感情。每学期开学初和期末，她还来到学校，参与学校计划的制订，为学校出谋划策，坚持参加每年一届的学校家庭社会沟通的盛会——三结合教育联席会。2015年9月3日，他作为抗日英烈吉鸿昌的后代，荣幸地参加了在天安门广场举行的纪念中国人民抗日战争暨世界反法西斯战争胜利70周年阅兵式，作为乘车方队的一员接受了检阅。她说："回顾党的历史，放眼当今世界现实，我们更深切地认识到，只有中国共产党的领导，凝聚民族力量，领导亿万人民，中华民族才能屹立于世界民族之林。那些曾经浴血奋战的英烈将永远被历史铭记，我作为逸阳梅江湾国际学校的三结合教育委员会成员，要把父辈的奋斗史讲述给儿童少年，培养他们成为勇于担当民族复兴大任的时代新人。"

吉瑞芝同志近年来还推荐热心教育的老英雄，革命干部参加学校的三结合教育工作，由于年事已高，行动不便，就由她的女儿、中国人民解放军后勤保障部队大校、天津市政协委员郑吉安接替了他在学校三结合教育委员会担任常委和革命传统教育部的工作。母女共同的心愿是："我们是英雄的子女、烈士的后代，有很好的条件，不光我们要继承老一辈的遗志，还要积极热情地向广大青少年学生讲述吉鸿昌烈士的事迹，进行革命传统教育。"在辅导少先队中队的"党旗在我心中"活动时，郑吉安跨越时空生动地把吉鸿昌"我是中国人""一个瓷碗""一封家书"以及吉鸿昌烈士被国民党反动派迫害英勇牺牲前大义凛然的英雄气概讲给学生们听。

郑吉安积极热情地配合学校的思想政治工作，给教师们讲党课，作形势报告，多次为学生们担当升旗手，作国旗下讲话，参加少先队活动，坚持每年和少先队员们到吉鸿昌烈士铜像前进行瞻仰祭扫活动。她说："和孩子们在一起，是我最高兴的事。弘扬革命先烈的爱国主义精神，传承红色基因是一项非常重要的工作。一代人有一代人的使命，一代人有一代人的担当。当年无数革命先烈担着国家民族大任与使命前行，不惜流血牺牲，用生命诠释了信仰的力量。今天，我们要学习和继承先烈精神，像他们那样勇于担当，不辱使命，让爱国主义精神在青少年学生心中扎根，做勇于担当民族复兴大任的时代新人。"

郑吉安在一次给学生们讲述吉鸿昌英勇事迹时，边讲边拿出一个写有"作官即不许发财"字样的瓷碗，她说："这是太姥爷吉筠亭留给姥爷的遗训，也成为他一生践行的座右铭，时刻提醒着自己，告诫着部下。"吉鸿昌强烈的家国情怀和高尚的民族气节，影响了一代代后人。郑吉安深情地说："妈妈告诉过我，姥爷最大的心愿，就是希望后人继续为党和人民的事业竭忠尽智、无私奉献，我们一定要将老一辈革命先烈的精神传承和发扬下去。"

郑吉安大校的女儿史如静，于2001年毕业于逸阳学校，她也是三结合教育的受益者。大学毕业后，史如静循着太姥爷当年征战的足迹，报名参加了共青团中央组织的西部支教工作，在甘肃省定西市的常川村小学担任一年的班主任。如今史如静在天津市某机关单位工作，在她看来，对家风最好的传承就是尽自己的力量为社会做些力所能及的事情。"我太姥爷临终前也有一个心愿，就是希望能够开发大西北。我觉得最大的践行就是通过自身的努力，实地去做一些事情。习近平总书记说过，作为共产党员，应该去传承红色基因，传承红色精神，让红色精神永远不断地推进下去。作为烈士的后人，我更应该通过自己的努力，多做一些对社会有益的事情，不光自己做，而且带动身边的人一起去做，这样才是一个比较好的传承。"史如静经常回到母校，为学弟学妹们介绍她继承革命传统，做新时代好青年的事迹，希望同学们集合在星星火炬队旗下，做新时代的好少年。

发扬革命家庭的优良传统，在促进少年儿童健康成长的作用上，是学校无法取代的。作为烈士后代，吉瑞芝、郑吉安、史如静三代人接续参加学校的三结合教育实践活动，让沐浴在阳光里的学生永远铭记革命先辈的功勋，赓续红色基因，传承英烈精神，不断谱写红色教育的新篇章。我们坚定地相信，有了各界诸多关心教育人士的强大教育合力，学校家庭社会三结合教育一定会不断焕发出勃勃生机，在"为党树人、为国育才"的伟大事业中，为培养德智体美劳全面发展的社会主义建设者和接班人作出更大贡献。

著名爱国将领吉鸿昌烈士的外孙女郑吉安大校
带领学生瞻仰爱国英雄吉鸿昌将军的塑像聆听英雄的事迹

情系下一代，传承"老八路"的革命精神

——记师生敬爱的高鲁民爷爷

"老八路"高鲁民爷爷参加少先队中队活动

在实施三结合教育的过程中，发挥学校、家庭、社会的协同育人合力，对学生进行革命传统教育，传承民族精神，是实现立德树人根本任务的重要内容，也是三结合教育委员会"革命传统教育部"的重要职责。

高鲁民老人自1980年成为学校三结合教育委员会常委、革命传统教育部的重要成员，矢志不渝，传承"老八路"的革命精神，培养学生热爱中国共产党、热爱社会主义祖国的情感，引导学生缅怀革命先烈的丰功伟绩，继

承红色基因，增强学生的民族自豪感和为民族伟大复兴的责任感和使命感，把全部精力奉献给"关心下一代"的教育事业。2014年，师生敬爱的高爷爷在100岁高龄离开了我们，为我们留下了永不磨灭的光辉事迹。至今只要提起高爷爷，学校的行政人员、师生都会竖起大拇指，也一定会有人抢先说出："高爷爷90多岁时，还骑着自行车来学校给学生们讲革命先辈们的战斗故事呢。"

高鲁民生于1914年1月，1938年参加八路军，1939年加入中国共产党。在抗日战争和解放战争中，参加过无数次战斗，曾荣立过三等功。抗日战争时期，被晋鲁豫边区政府授予劳动模范称号。作为老革命的离休干部，他非常关心青少年的健康成长，曾任天津市和平区关心下一代工作委员会副主任。他连续15年被评为优秀共产党员，2001年被评为先进离休干部、老有所为先进个人和社区精神文明创建活动璀璨之星，连续三届被评为全国关心下一代优秀工作者。他的事迹先后被《人民日报》、中央人民广播电台、中央电视台、《天津日报》《今晚报》、天津电视台等媒体报道。

高鲁民一直以来非常关心教育事业的发展。在我国改革开放和教育改革发展的新形势下，我于1979年开始倡导实施学校家庭社会三结合教育，聘请社会各界关心支持教育的仁人志士成立了三结合教育委员会。高鲁民在1980年被聘请为三结合教育委员会委员、常委、校外辅导员后，常说的一句话就是："学校信得过我，我就应该为学校多做点事。"他就是以这种真诚而朴素的情感投入到我校三结合教育工作中去，一直参与和见证学校的建设发展30余年。

20世纪80年代初，高鲁民老人的家离学校很近，在家里就能听到学校上下课的铃声。一听到学校放学的铃声，高爷爷就习惯性地跑出来，观察学生的行为。那时，学生基本上住在学校附近，不用家长接送，他看到个别学生在路上打逗、在路口踢球、在墙上乱画的现象，都会上前去阻止、劝说、教育，经过一段时间后，少数学生不文明的行为没有了，学生们还会主动热情地向他打招呼："高爷爷好！"

高爷爷有养花的专长，开春时节，他就在家育苗，如茉莉、美人蕉等，到该栽种的时候，就都送到学校来，还把自己养好的夹竹桃等移栽到校园里，并按不同的时间间隔来学校给花木浇水。放暑假时，天气炎热，花木需要增加浇水的分量，高爷爷来学校的次数也就更多了，有时还带着外孙女一起来给花木浇水、剪枝，为了美化校园环境，高爷爷总是积极主动，乐在其中。

最辛苦的还是"积肥"。一到冬季，高爷爷就在自家院子里积肥，而且积得很多，有机肥需要发酵，难闻的气味可想而知。春天该栽种施肥时，高爷爷就用小推车把积攒的肥料运到学校给花木施肥，肥料常会弄到手上，他丝毫不在意，只想着让芬芳馥郁的鲜花开放在校园里。他说："只要能让孩子们在更优化的环境中学习，我就高兴。"

为了培养孩子们的动手能力和从小爱劳动的品德，高爷爷还利用课余时间和召开班队会时给学生讲解养花技能：倒盆、换土、栽种、浇水等步骤，还带领学生们动手操作实践。有的学生爱上了种花，在自己家里种了一些花，家长们欣慰地说，学校培养了孩子从小不怕脏累和爱劳动的好品质。

高老来校时，我们常在一起聊起他年轻时的战斗生涯，于是我们共同商议决定：要有计划地以他丰富的革命经历对学生进行生动的革命传统教育。他明确表示：这是自己作为一名老战士、老共产党员义不容辞的责任和义务。接下来的30多年里，高老每年度都会给全校师生或他担任校外辅导员的班级讲革命传统课，进行爱国主义教育。

我清楚地记得，20世纪80年代初，学校把"两史一情"教育，即教育学生了解"中国近代史""中国现代史"和"中国的基本国情",写入学校的工作计划,并请高老配合学校做好教育工作。高老欣然答应,主动来学校给学生讲课。又如在1990年,纪念鸦片战争150周年时,高老结合学生们观看过的电影《林则徐》,给全校师生讲了虎门销烟的故事、三元里人民英勇抗英的事迹。为了能结合党史对学生进行教育讲解,他还购买了一些书籍,不仅自己学习还送给学生们。他还把自己"扛过枪、打过仗"的战斗经历整理成系列故事讲给学生听。他说:给孩子们讲课不能只讲大道理,要生动,用讲故事的方式使学生受到教育。当给学生讲起红军爬雪山、过草地、飞夺泸定桥、腊子口战斗时,似乎也引发了他自己参加各种战斗的回忆,他讲得生动、激昂,学生们似乎看到了高爷爷和无数战士当年在战场上英勇杀敌的样子。当给学生们讲1937年日本侵华,在南京大屠杀中我国有30万同胞遇害的情节时,高老的语气和眼神中充满对敌人的无比仇恨,对遇害同胞的万分哀痛。爱憎分明的情感,打动了听课的每一个学生。

高老为了激励学生们从小立志、长大成材,还给学生们讲了我国各个时期革命儿童组织和小英雄的故事,讲述年轻的共产党人为实现中华民族伟大复兴而不懈奋斗的故事。他每次讲课前总要查阅很多资料,使讲课内容有根有据,故事生动感人。他曾讲了北伐时期由工厂童工及工人、农民子弟、城市贫苦儿童组成的"劳动童子团"在党的领导下,以为劳动阶级服务为宗旨,以培养勇敢牺牲的精神和养成团体劳动生活习惯为主要内容,以红色领带为团员标志,以右手五指并拢举到额头作为团礼,以"准备着:打倒帝国主义;准备着:打倒军阀;准备着:做全世界的主人"为劳动童子团口号的来龙去脉。其中,朱长林、罗志群、邓金娣就是这个时期的小英雄,他们在撒抗日传单,写抗日标语时不幸被捕,小小年纪在敌人严刑拷打下毫不屈服,在赴刑场途中还高呼"中国共产党万岁",勇敢地献出了年轻的生命。

　　在土地革命时期，党组织委托共青团领导的儿童革命组织"共产儿童团"，也涌现了许多小英雄，欧阳立安就是这个时期儿童团的典型代表。小立安的爸爸妈妈都是共产党员，他从小受到革命教育，12岁时任儿童团第一纠察队队长，常在集会上发表救国演说，编写了《劳动儿童团歌》，1930年入党，同年8月随刘少奇同志赴莫斯科参加"少共"国际扩大会议，不久被捕，壮烈牺牲，年仅16岁。

　　高老还讲述了抗日战争时期的儿童团如何在党的领导下宣传打倒日本帝国主义、侦察敌情捉汉奸、站岗放哨送书信、帮助抗属做事、学习生产劳动等故事。后来被人们传颂的王二小、送"鸡毛信"的海娃就是抗日儿童团的小英雄。从解放战争时期的刘胡兰面对敌人铡刀英勇就义的感人故事讲到中华人民共和国成立后作为中国共产党领导下共青团预备队的中国少年先锋队，也同样出现了许多少年英雄。他带领学生们重温了为保护人民公共财产与窃贼搏斗牺牲的刘文学，在暴风雪中保护集体羊群的"草原英雄小姐妹"龙梅、玉荣的感人事迹。每当高老在讲课中看到学生们专注的眼神、发自内心的激动之情以及情不自禁爆发出的一次次热烈的掌声时，他好像从学生的身上看到了祖国的希望，看到了学生们长大成为国家栋梁的样子。每次讲课后，耄耋之年的高鲁民爷爷总是兴奋不已，为孩子们能与自己产生共鸣而感到欣慰。

　　每当他讲课后我代表师生向他表示感谢时，他总是对我说："我是一名老兵，一名老共产党员，是三结合教育委员会的常委，我要把余生献给学校、献给孩子们。这是我的职责，也是我的光荣。"

　　作为参加过平津战役的老战士，他多次向学生讲述在平津战役中先烈们的英雄事迹。1995年上半年，当他得知党中央决定在天津建立平津战役纪念馆时，主动拿出4106元捐赠给平津纪念馆，用以表达对在解放战争中牺牲的4106位烈士的怀念之情。开馆当天，他带领着儿孙四代来到平津战役纪念馆，向烈士鞠躬献花，用孙辈捐出的600元压岁钱，在纪念馆前种下了13棵国槐树，以寄托对革命先烈的缅怀之情。他还多次向受灾地区捐钱捐物，并为残疾儿童教育、贫困地区的发展和社会教育活动捐款。

在教育下一代工作中，他以炽热的爱心、崇高的情怀，不辞辛劳，无私奉献。他对自己"约法四章"即：一不要学校用车接送；二不要学校领导作陪；三不在学校吃饭；四不要报酬和礼品。一次，他举着一千元钱捐献给学校作为鼓励优秀教师的"园丁奖励基金"。对此，我和三结合教育团队的同志们都感动万分。大家都说：高爷爷的捐款虽然钱数不多，但有千斤重，因为这是他老人家节俭下来的钱啊！我们的责任重千斤，绝不能辜负高老的一片真情厚意，要更加努力地担负好立德树人的光荣使命。

高爷爷后来搬家住到距学校较远的南开区华苑社区，他以90岁高龄的身体仍然骑自行车到学校来。我多次对他说：您为学校作贡献几十年了，您用行动践行了"为党育人、为国育才"和三结合教育理念，学校非常感谢您，您年龄大了，我们要以您的健康为重。后来学校形成一项规定，逢年过节，行政代表、师生都会去高老家慰问，让师生懂得感恩，永远记住高老为教育事业付出的努力，为学校做出的贡献，永远学习老一代革命人的奉献精神。

高鲁民始终牢记自己的入党誓言，时时注意发扬共产党员的先锋模范作用，体现了一名共产党员应有的品格，坚守着共产党员的坚定信念，怀着为党的事业奋斗终生的执着精神，勤于奉献、精心育人。高爷爷已去世多年了，我和全校师生对高鲁民老人永志不忘，他的奉献精神永远激励我们奋勇向前。

抗美援朝老英雄、红色基因传承者
——记身残志坚的校外辅导员刘庭台

参加抗美援朝战争的一等伤残军人刘庭台与少先队员们过中队日

在三结合教育委员会中，有一位身残志坚的抗美援朝老英雄，他经常出现在师生中间，他手拄拐杖但精神矍铄，他就是一等伤残军人刘庭台。

从1979年开始，刘庭台成为三结合教育委员会革命传统教育部的校外辅导员，至今已有42年。每一位在校学习的学生都听到过刘爷爷讲述他苦难的童年。他还经常对青年教师们讲："我在旧社会所受的苦难是全中国穷苦人受苦受难的一个缩影，这是中华民族经受的苦难。如今我们过上了幸福生活，千万不要忘记曾经的苦难，忘记过去就意味着背叛。我们要把中华民族的传统美德传承下去，这是我们共同的责任。"他给自己规定了一条原则："对学校工作有求必应，有叫必到，主动登门，热情服务，尽心尽力，分文不取。"不管是酷暑夏日还是数九寒冬，他总是挂着双拐并拖着一条用牛皮做的假左腿吃力地摇着车往返十几公里来到学校讲述他苦难的童年和他所经历的战斗故事。

刘庭台1930年出生在河北省衡水市武强县。他经历着苦难的童年，1937年七七事变，抗日战争全面展开，日本侵略者到处实行杀光、抢光、烧光的三光政策。当时年仅7岁的刘庭台亲眼看着母亲在日本侵略者的刺刀下，被逼跳河惨死。父亲带着他和哥哥逃难到天津市宁河芦台镇，之后哥哥和父亲相继病饿而死，12岁时他成为孤儿。他挎着父亲留下的破篮子沿街乞讨，几乎在风雪中冻饿而死。刘庭台每每讲到自己苦难的童年时都声泪俱下，师生们听着也都情不自禁掉下眼泪，是中国共产党领导人民奋勇抗战，建立了新中国，让我们都过上了幸福生活。

刘庭台作为学校三结合教育委员会革命传统教育部的校外辅导员，经常结合自己的经历，对不同年级的学生讲述战斗故事。他说："1949年1月15日，天津解放了，我随即参加了中国人民解放军，成了第四野战军的一名工兵，生平第一次穿上了崭新的军装，心情无比激动。"为了解放全中国，跟随部队跨越黄河、长江。在激烈的渡江战役中，很多战士献出了自己宝贵的生命。他还经历了长沙战役、桂林战役并荣立战功。他于1950年9月15日，跨过鸭绿江参加抗美援朝。入朝一年多的时间里，他在两次战役中都圆满完成任务。1952年冬天，他在一次战斗中突然昏倒，被战友救出后三天高烧至摄氏42度，两个月一直处于昏迷状态，左腿、右脚也都冻坏了，转移了几个野战医院，最终被送回祖国。经过手术，他的左腿被锯掉了，为了防止右脚进一步感染，也被锯掉。刘庭台因战致残，被评为一等伤残军人。部队指导员亲切地安慰他说：革命战士为祖国流血是有价值的，是光荣的，鲜血不会白流，希望你安心养伤，继续为党工作。指导员的话鼓舞着他暗暗地下定决心：我的身体残废了，我的思想不能残废；我要顽强地活下去，继续为党工作。

记得那是1986年，刘庭台听说有一些学生在学习上遇到了困难，他决心为学校和孩子们做些实事。于是他把这些孩子组成辅导小组，由自己"承包"，每周二、四、六各抽两小时与他们交谈，还与老师密切配合关注每一位学生的点滴进步。在五个月的"承包"期内，他付出了很多心血，学生们发生了较大的变化，学习成绩和课堂纪律也有了明显的改变，最后这些学生以较好的成绩升入了中学。《天津日报》记者李文林撰写的文章《独腿爷爷和二十七个小淘气》刊登在一版，在社会上引起了较大反响。

刘庭台经常给学生们介绍在战争年代解放军叔叔爱学习的故事，鼓励学生必须用愚公移山的精神学习文化。他还跟学生们说，自己在失去左腿和右脚后，强忍着伤口的疼痛，下定决心，一定要学会走路的故事。他把这看成是一场新的战斗，必须要有泰山压顶不弯腰的精神。当他开始练习走路时，拖着一条没有脚的右腿和一条用牛皮做的左腿，站上几秒钟就会跌倒，他坚持扶着床沿、墙壁，一步一步地练。有时，一步走不好，就跌倒在地上，不知跌过多少跤。跌倒了，爬起来接着练习。脸磕破了，手碰破了，但是，这些都丝毫没有动摇他的决心。就这样，经过两年多的刻苦磨炼，他以顽强的毅力坚持练习，由会走几步、几十步到几百步，由拄双拐到拄单拐，由走平地到能上楼。

他放弃了上级安排疗养的机会，把荣军疗养院当成学校，把图书馆当课堂，把小人书画报当课本，请医生护士当老师，只用了一年半时间就学完了小学六年级的主要课程。他还多次申请要求转业为社会多做工作，经民政部批准被分配到天津市纺织品公司做打字工作，那时他只认识两千多个字，只学过3个月打字技术，一开始就遇上了不少困难。他靠顽强的毅力坚持，困难一个一个地被克服。刚克服了打字技术的困难，又遇到了打字机经常出毛病的新困难。他认为一个打字员仅仅会打字只是做好工作的一半，要想按时完成党交给的任务，还必须学会修理技术，每当工作空隙的时候他就研究揣摩打字机上的每个零部件，一个零件坏了，把它卸下来看几遍、几十遍，仔细查找到底什么地方出了毛病。日久天长，一些零件的性能被他摸透了。就这样，通过千年的刻苦钻研，他终于学会了打字机的拆卸、安装、修理等基本技术，最后成为一名优秀的打字员。他还根据自己的实际体会，参考有关资料，整理、编写了一万多字的《打字机检修大全》小册子。

刘庭台爷爷的经历让学生们个个听得入了神。学生们听着刘庭台爷爷讲解的战斗经历和工作经历，从心底里充满了对英雄的敬仰，更重要的是懂得了今天的幸福生活来之不易，他们决心刻苦学习，尽早掌握为人民服务的本领。有一次，学校在滨湖剧场召开"红领巾心向党"一年级少先队队前教育活动，学校请刘庭台为学生们进行革命传统教育，面对这些幸福的孩子们，他除了羡慕，更多的是感到要尽老一辈的责任。当他拄着双拐，在辅导员老师搀扶着走下主席台的那一刻，全场学生不约而同地起立鼓掌，有的学生还拉着他的手，不住地喊着："刘爷爷，下次还给我们讲您童年的故事，好吗？"这次队前教育活动给全体一年级学生们留下了难忘的印象。

2014年9月30日，在学校召开的我国首个"烈士纪念日"大会上，刘庭台佩戴着鲜艳的红领巾，与全校学生共同参加升旗仪式，并在国旗下讲话，他向学生们生动地讲述了中国人民解放军百万雄师渡长江的战斗故事。他说：成千上万的解放军战士为了全中国的解放，献出了他们宝贵的生命，革命烈士的鲜血染红了长江水，我们要永远铭记革命烈士的献身精神，倍加珍惜这来之不易的美好生活。

几十年中，刘庭台为本市各界人士和中小学生做报告不计其数。由于刘庭台不因残疾而退缩，发愤图强，战胜困难，为培养教育青少年作出突出贡献，被评为天津市关心教育下一代工作十佳标兵，被中共中央组织部授予全国离退休老干部先进个人。

他身残志坚几十年，保持着一名共产党员的光荣本色，继续奉献社会。虽然刘庭台已经离开了我们，但是他的故事、他的革命精神已经深深地镌刻在师生们的脑海，他用自己的革命经历告诉师生们"正是有了中国共产党的正确领导，才使中国人民翻身得解放，过上今天的幸福生活，要永远听党话，跟党走"的话语，将永远铭记在师生的心间。革命老前辈刘庭台永远是我们大家学习的榜样。

刘庭台爷爷参加学校的读书节活动

抗日战争时期革命老前辈刘鹏勇挑育人重担

刘鹏爷爷在读书节闭幕式上，讲延安时期的故事

1979年底，天津市演出公司经理刘鹏参加我校三结合教育委员会成立大会，至今已42年了。他在三结合教育工作中抓住了学生成长最重要的环节，开展艺术教育，为学生创造最优化的成长环境。他经常说：少年儿童是祖国的未来，我们都应该关心、支持少年儿童教育的工作。刘鹏正好居住在我所在的学校的附近——福林里，他的三个女儿都是毕业于岳阳道小学，非常感谢学校把他的三个女儿都培养成才，而且她们全面发展，各方面素质都非常优秀。大学毕业后，分别在各自的岗位上，为社会做贡献。他经常说：这都是三结合教育培养的结果，实施三结合教育有着深远的意义。

　　刘鹏和我谈及他的经历：他1929年12月出生在河北省白洋淀边的一个小村子，今年92岁。1937年7月7日日本侵略者发动侵华战争，历史上称七七事变，战火很快烧到了他的家乡。当时他只有8岁。日本侵略者在村北边建起碉堡据点，经常出来扫荡。有一次日本侵略者把村子围住，将老百姓集中到场上，小孩子也不放过，他本人也被赶到场上，如果谁不肯去，格杀勿论。日本鬼子架起了机关枪，寻找八路军战士进行残害。刘鹏的老师还有他舅舅都被日本鬼子拉到人群前，严刑拷打，开机关枪扫射，用刺刀刺死。他目睹了日本侵略者的凶残。日本侵略者还用化学药品洒在老百姓的房子上用火烧。为了躲避战乱，家里把刘鹏送到了开滦煤矿舅舅工作的学校。他接触到一些进步的大同学，经常和他们讲述对日本侵略者仇恨的心情。他们介绍冀东根据地的老百姓，过着民主、吃得饱的生活。他受到启发，开始明白打日本鬼子救中国的是共产党、八路军。他向往参加八路军队伍，在高年级同学的帮助下，他们投奔革命，参加到李运昌司令员领导的冀东军区。当时他仅12岁，为了提高文化及理论水平，部队送刘鹏到解放区去学习。当时环境恶劣，有解放区的交通站沿线护送过封锁沟，整整走了一个多月到达解放区河北阜北县，到"华北联大"学习。张家口解放后，他参加了晋察冀边区群众剧社，在剧团演戏、唱歌、搞宣传，参加土地改革。1949年天津解放，随军开进天津城，进行革命宣传，进入天津人民艺术剧院，就是晋察冀边区群众剧社前身。刘鹏一直在此工作，是文化战线上为革命做贡献的一名老兵。

　　刘鹏作为学生家长积极支持学校的工作，1978年学校开展新风尚文明小红花评比工作，他协助班主任高老师做红花评比栏。在学生中开展贯彻小学生守则、树精神文明新风尚。唐山地震后教室受损，学生上课困难，二部制上课，他腾出一间房在家里成立学习小组，每天有七、八个孩子来他家学习。学习小组互相监督互帮互助解决了父母都是双职工，没有精力监督辅导孩子学习的困难，就这样一条条红领巾胡同诞生了。

1979年底，在学校的组织下，刘鹏从班级一名普通家长，参加到由警卫连战士、512厂工人等12人组成的三结合教育委员会，参与到学校的各项教育活动中。42年来，三结合教育委员会像滚雪球似的，不断壮大，已经发展到300多人。刘鹏作为三结合教育委员会艺术教育部的常委，一直以来积极为提高学生的艺术素养开展工作。

20世纪80年代初，随着改革开放的春风，全国教育工作大会胜利召开，全社会支持教育掀起热潮，在三结合教育委员会的组织安排下，学校召开"三代同园庆六一游园大会"，活动地点在天津市干部俱乐部燕园。刘鹏和革命老前辈、老红军张富群，延安时期的老革命石坚、白堤、解放战争的英雄高鲁民、抗美援朝功臣刘庭台、抗日战争爱国将士吉鸿昌女儿吉瑞芝、作家袁静、路达以及校外辅导员郑天庸、关山等来到学生中间，给学生讲故事、演节目。

20世纪90年代，学校、家庭、社会三结合教育已经成为学校的办学特色，刘鹏参加一年一度的三结合教育联席会，与委员们探讨研究教育改革的主题。为了加强校园文化建设，三结合教育委员会提出应该创编校歌，刘鹏主动承担起这个责任。首先请三结合教育委员会顾问、天津市人大常委会副主任、原天津日报社总编石坚作词，石坚主任很快就把歌词写出来了："我们是跨世纪的新人，未来世界属于我们，团结、勤奋、求实、创新，三结合教育育新人，理想、道德、文化、纪律激励我们永远前进，好好学习，天天向上，准备迎接时代重任"。当时正是向21世纪迈进，歌词中既有邓小平同志提出少年儿童要做有理想、有道德、有文化、有纪律四有新人的要求，也有当年毛泽东主席向少年儿童提出的"好好学习，天天向上"的期望。校歌中既有学校的校训，也有办校理念。短短的65个字涵盖了那么丰富的内容。

拿着石坚同志作的歌词，刘鹏去拜访文化局老局长、延安精神研究会顾问曹火星同志，曹火星13岁参加革命，23岁到北京房山县农村革命根据地深入生活，创编了著名的歌曲"没有共产党就没有新中国"，至今经久不衰。我们的校歌也是那么铿锵有力，至今有成千上万的毕业生，唱着这首校歌走出校门，已工作在不同岗位上为社会做出贡献，还有五千多名学生，现在正唱着校歌在校努力学习。

为了提高学生们的文化艺术素养，刘鹏和三结合教育委员会艺术教育部的委员们紧紧抓住学校一年一度的读书节、校园艺术节、迎十一百灵鸟歌会及六一儿童节等重大节日开展多种艺术活动，弘扬中华民族传统文化，通过艺术活动熏陶感染，立德树人。读书节，学校邀请天津人民艺术剧院的艺术家郑天庸、赵连甲、宋慧春为学生排练传承红色基因课本剧"金色的鱼钩""过草地"等作品。通过排练提高了学生的表演能力，并从中受到教育，多项作品在市内比赛中获奖。

每到六一儿童节及重大节日，刘鹏就约请著名的演员到校为师生无偿的义务演出。著名歌唱家于淑珍、京剧表演艺术家李莉、康万生、男高音歌唱家王仲祥、藏族女高音歌唱家色朵卓玛、著名表演艺术家陈道明、郑天庸、马超、颜美怡、左杰、张金元等，都是刘鹏推举介绍给学校成为三结合教育委员会文化艺术教育部的委员。他们的精彩表演给学生们留下深刻的印象，为提高师生的艺术素养发挥了重要作用。

为了向师生进行革命传统教育，刘鹏利用升国旗、做国旗下讲话的时机，给学生们讲革命故事。他还请著名作家、天津市延安精神研究会顾问、著名歌剧《白毛女》作者杨润身来校，多次为师生讲革命传统，教育学生从小树立远大的理想，热爱党，热爱祖国，好好学本领，长大为社会做贡献。

20世纪90年代，由邵逸夫捐赠在大理道上建造的学校逸夫教学楼竣工投入使用。刘鹏组织了一批著名画家、书法家来校进行创作，将作品布置校园，王千老师书写的条幅，画家张锡武等绘出的一幅幅精美的国画，至今还悬挂在校舍里。刘鹏至今还年年来到学校与三结合教育委员会的同志们共议学校的教育教学工作。四十多年来，看到学校的发展，他非常自豪。刘鹏认为培育革命接班人做的事情，是他老共产党员的责任。在身体允许的情况下他将不断努力做下去，继续为三结合教育做出新的贡献。

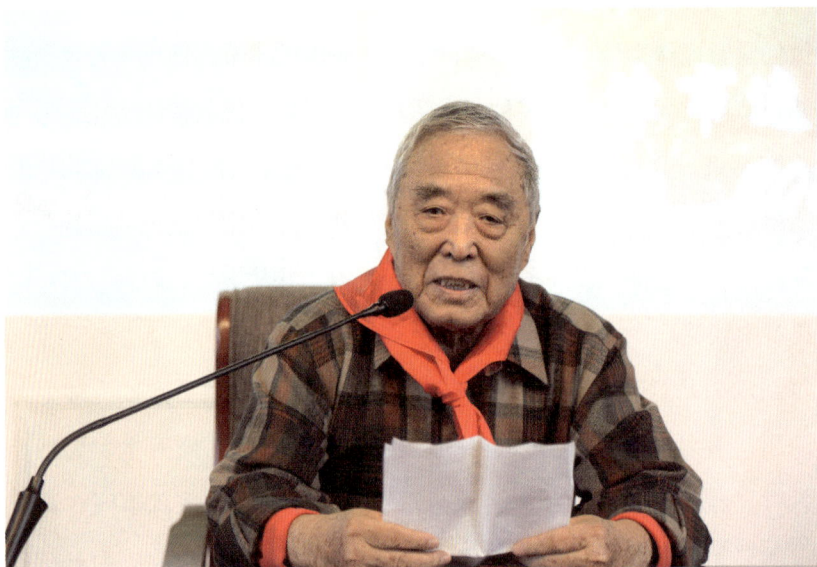

抗日战争时期革命老前辈刘鹏爷爷
给学生们上开学第一课《传承红色基因做新时代好少年》

脚踏实地　矢志不移

——著名播音艺术家、校外辅导员关山

著名播音艺术家、学校三结合教育委员会常委关山指导学生阅读红色书籍

儿童少年是祖国的未来，为全面提高学生们的素质，40年前我开始倡导学校、家庭、社会三结合教育，带领学校领导班子，坚持不懈地进行三结合教育的实践探索和研究，取得了丰硕的成果。一直以来，得到了社会各界人士的支持。关山老师就是这样一位校外辅导员，他坚定了要为学校三结合教育工作干些实事的决心，积极参加岳阳道小学和逸阳梅江湾国际学校的有关教育活动。

为了使教师和学生能很好地向社会学习，参与社会实践活动，在我的

关山参加学校少先队大队活动（1980年）

积极倡导下，早在20世纪70年代末就聘请各行各业的社会名流、能工巧匠，为学生进行品德教育、课外辅导、开讲座、练技能。如著名作家袁静、梁斌，餐饮业劳动模范李立庆，表演艺术家于淑珍、李莉、张志宽、郑天庸以及菊花状元叶家良等。学校还开展"叔叔阿姨我们学着做"专题活动，观看能工巧匠们表演，如：包茶叶一把抓、包粽子神手、装点心能手、折餐巾巧匠，学生们为他们的精湛技艺所震撼，为他们全心全意为人民服务苦练基本功的精神所感动。学校领导一方面尽最大努力为学生们创造提高课堂教学质量和向社会学习的条件，一方面实实在在并持之以恒地依靠热心公益的辅导员，把他们团结在学校周围，常年保持密切的联系。记得在1979年，学校召开庆祝六一儿童节大会，关山老师第一次来到学校参加活动，坐在老校舍小操场上临时摆出的长桌前，当时留下的照片背景除了一条字幅，就是旧瓦红砖墙。也就是在这次大会上，关山老师被聘为第一批三结合教育委员会委员。不少人问他：为什么和岳阳道小学、逸阳梅江湾国际学校的关系这么"铁"？他的回答是："我从王希萍校长和领导班子、教师们身上学到很多东西，为师生服务无比快乐。"关山老师与岳小结识前后，曾有数十所大、中、小学发给他各类聘书，但能够坚持至今从未间断活动的仅此一家。

　　据关山老师回忆，他的小学启蒙老师给予他的印象令他终生难忘，而王希萍校长的形象同样深深地镌刻在他的心中，和童年珍贵的记忆融合在一起，再也不会忘记。关山老师1934年出生于天津市子牙河畔的丁家，父辈给他起名丁威，出自《论语》"君子不重则不威"，意喻自重自尊自强。后因父亲工作调动，他家曾迁居到北京，小学就读于北师大第一附属小学，他非常喜欢上每周四的朗诵、讲演课。在老师的引导下，他的特长在学校的礼堂上尽情发挥，让全校师生拍手叫好。初中就读北京市重点中学——志成中学，课余活动小组很多，他参加了朗诵小组，听到中央人民广播电台齐越老师《什么是最可爱的人》的朗诵，让他震撼，壮人心怀。后来，他在学校朗诵节目时常常被北京人民广播电台少儿节目组录播。1956年，经层层筛选，他考入了中央戏剧学院，但因家庭负担过重，放弃了朝思暮想的"学院深造"，而正式调入天津人民广播电台从事播音工作。由于这是一个国家喉舌，属于机要部门，一律不得使用真实名字。从此取名"关山"。

　　他自1955年开始参加播音工作至今已经整整60年。退休前曾担任天津人民广播电台播音部主任，正高级播音指导，曾被评为全国"为新中国广播、电视播音事业做出卓越贡献的老播音员"之一，享受国务院特殊津贴。退休后他仍每周有两天给播音员培训班上课。在市场经济发展的今天，曾有多家企业打算以高薪请他做代言人，都被他婉言谢绝了。但是，对于他担任的三结合教育委员会委员的工作，学校随叫随到。就是到外地出差开会，他也要临走前和我打声招呼，现已形成了习惯。他说这主要是来自我和领导班子以及全体教师那种勤勤恳恳、朴实无华的工作作风和敬业精神对他的激励。正是由于全体教职工的共同努力，我校倡导的三结合教育历经40年，它从岳阳道小学出发又延伸到逸阳梅江湾国际学校，随着一幢幢现代化教学大楼的崛起，教育教学水平均以全新面貌展现，在天津市乃至全国都产生了重大影响。

他记得，在庆祝岳阳道小学实施三结合教育20周年的大会上，天津市教育局向全市中小学发出学习岳阳道小学学校、家庭、社会三结合实施素质教育的决定。大会上由他宣读了各级领导撰写的题词，当时他心情非常激动。正如领导题词所说：学校家庭社会三结合，品德智力体质全面发展，开拓创新，共同托起明天的太阳。

每一次的三结合教育工作会议和年终的联席会，我们都恳请委员们多提宝贵意见，为提高学生们的综合素质献计献策，促进学校工作再上新水平。每年春节师生们还要到各委员家中慰问，借此机会使委员们更了解学校、了解学生，加强与师生的沟通。关山老师说："如此以全副身心，殚精竭虑地投入教育事业，怎不叫人感动，怎不叫人钦佩，我必须脚踏实地地为师生们多做些实事。"

在1982年学校召开的首届读书节闭幕式上，关山老师坐在评委席上为参赛朗诵、讲故事的学生打分，由学校三结合教育委员会的委员袁静推荐，著名作家梁斌出席大会并为师生做报告，他以自己的经历启发鼓励学生们多读课外书，养成读书、写作的习惯。在这次读书节闭幕式上，关山给师生们朗诵了高尔基的《海燕》，引导学生们读书，演书，从中陶冶情操，塑造美好心灵，提高阅读能力，为全面学习打好基础。从这次读书节以后，学校一年一度的读书节始终坚持着。每届读书节的活动他都参加，一次没落过。届届读书节都有不同的主题："颂扬中华传统美德""毋忘国耻 爱我中华""重走长征路　继承好传统""弘扬践行社会主义核心价值观"等，内容丰富、主题鲜明、形式生动、寓教于乐。在每届读书节上，学生们要做读书活动汇报、读书演书、演讲、讲故事，关山老师则为学生们当评委，当场亮分，并做示范。此外，关山老师还和三结合教育委员会艺术部的委员刘鹏、郑天庸、宋慧春、李莉等与师生们一起编排课本剧"草原英雄小姐妹""金色的鱼钩""卖火柴的小女孩"等。与天津市人民艺术剧院的马超、左杰、颜美怡等一起指导学生诵读。开展读书节活动现已成为岳阳道小学和逸阳梅江湾国际学校的学校文化重要组成部分，成为全面提高学生素质、建设现代化的学习型校园的重要途径。

教师队伍建设是提高学校办学质量的关键，学校坚持组织各科青年教师学习小组活动。关山老师曾辅导语文教师进行提高朗读能力的系列讲座，讲解了提高朗读能力的关键以及如何把语文教材的内容准确表达出来，进行了教材的示范读，请青年教师们进行展读，按照朗读要求还共同进行了评读。此项活动的开展为关山老师与青年教师互动学习搭建了平台。2014年，按照学校的安排，关山老师还与逸阳梅江湾国际学校的语文教师马欣结成师徒对子，马欣老师非常谦虚好学，不管是撰写教学论文还是指导学生排练课本剧，遇到难题她都虚心登门请教。看到青年教师的不断进步，关山老师从心里感到由衷的高兴。

2019年11月24日晚，天津礼堂大剧场灯火辉煌。逸阳梅江湾国际学校迎来了属于自己的庆祝盛会——"砥砺四十载，筑梦新时代"庆祝三结合教育40周年文艺晚会。86岁高龄的关山老师是学校三结合教育委员会创立时的老委员，老前辈。他不顾自己身患重病，用多个日夜创编了新作品《我们心中的话》。晚会上，他强忍病痛用心用情地表演，用诗朗诵的艺术形式歌颂三结合教育40年的伟大成就。2020年11月11日，关山老师因病医治无效，享年86岁。

他常说："我作为一名校外辅导员，将继续尽职尽责，为培养教育下一代做出自己的贡献，并期望逸阳梅江湾国际学校在前进的道路上再接再厉，再上新水平！"

微信扫码看视频

配乐诗朗诵：《我们心中的话》关山、林东、孙阳演出

与三结合教育发展并肩同行的郭晓东

校级家委会主任郭晓东参加三结合教育委员会常委会

在我从教将近70周年的生涯中，自1979年开始致力于"学校、家庭、社会三结合教育"整体育人模式的改革实践，形成了集学校干部、教师、学生家长、校外辅导员三位一体的三结合教育团队，郭晓东作为首届三结合教育委员会委员，43年来，正是三结合教育改革发展实践中的并肩同行者。

我在刚刚调到岳阳道小学任校长的时候，就开始带领老师们深入企业、机关、街道、家庭、部队等各个领域，认真宣传党的教育方针政策，努力争取社会和家庭对学校的支持，积极聘请各行业的名人志士、模范精英做学校的辅导员。郭晓东是原天津邮电设备厂工会干部，曾任天津经济开发区天则经济顾问有限公司董事长。在最初建立的三结合教育委员会中，郭晓东担任校外辅导员、三结合教育委员会常委、家长委员会主任。从此郭晓东以强烈的事业心和责任感、以对学生关爱之情，以兢兢业业的工作态度，不辞辛劳地支持着学校的各项工作。

在三结合教育整体育人模式的初创探索中，学校办学条件比较困难，郭晓东不怕酷暑严寒、不忧路途遥远、不惧身体抱恙，将学校师生的利益置于自己的利益之上，一心一意为学校的建设、为改善办学条件奔波效力。艰难困苦，玉汝于成，在郭晓东的强烈责任心的推动与感召之下，在教育主管部门和社会各界的支持下，学校各方面的建设取得了令人振奋的成果。郭晓东脚踏实地、砥砺前行，为学校的建设立下汗马功劳。正是因为有像郭晓东这样一支招之即来、来之能干、任劳任怨、有事必办的团队，为学校三结合教育的开拓、发展打下了可喜的基础。

在我每次邀请校外辅导员与家委共同研讨学校的各项重大改革举措、学校教学计划、学生主要活动时，郭晓东总是倾注心血，积极提建议、想办法，为学校各项重大举措出谋划策，以极高的责任心与使命感，以严肃、积极、昂扬的精神面貌参与学校改革发展的各项工作。

雷锋曾说过："如果你是一滴水，你是否滋润了一片土地；如果你是一线阳光，你是否照亮了一分黑暗……如果你要告诉我们什么思想，你是否在日夜宣扬那最美的理想。"郭晓东践行着雷锋的格言，身体力行宣示着他最美的理想，那就是竭尽全力支持学校建设好，把三结合教育模式发展好。校园中每天都有着郭晓东忙碌的身影，他那坚定的神情，和蔼可亲的举动，获得师生深深的爱戴，发挥着榜样的力量。

为把学校建设好，郭晓东身体力行，把校园当成自己的家，校园绿化、维修整理都积极上阵。那时，学校还没有专业的草木维修工人，一次放学后的傍晚，学校里人影稀疏，郭晓东却迟迟没有离校，原来是他看见学校的一块绿化区杂草丛生，树木枝叶横斜，长势过快，影响了校园整洁美观的整体面貌。他当即去寻找大剪刀等工具，修剪起学校的花木。尽管技术不成熟，郭晓东仍是一丝不苟地认真修剪，上衣、裤子被泥土蹭脏也不管不问，直到天渐渐黑下来才意识到时间已晚。看着虽然艺术美感不足，但打理得整齐干净的绿化区，郭晓东抹下额头上的汗水，满意地停止了修剪工作。夜色笼罩的校园一片寂静，郭晓东席地而坐，露出了欣慰的笑容。郭晓东就是凭着这种实干精神竭尽所能地爱护、建设我们的学校。

为了把学生照顾好，让孩子们茁壮成长，郭晓东细心地、耐心地当好学生的倾听者与学生问题的解决者。一次，郭晓东在对某课堂教学质量进行查看时，发现靠窗的一位学生无精打采地半趴在桌子上，尽管任课老师在讲台上妙语连珠，这位学生仍是无动于衷，思绪不知飘荡到哪里去了。郭晓东见状，有些生气，但转念一想，学生不好好听课的背后一定是有原因的。课后，郭晓东第一时间询问了这位学生的班主任，详细了解了他的学习、家庭情况。老师反映，这名学生由于近期参加了学校组织的体育活动，课业时间被压缩，使本就学习比较吃力的他更受打击。郭晓东身为学校家长委员会主任，抱着了解情况、友好交流的目的联系到了学生的父亲，在深入的沟通中郭晓东知晓了学生身处单亲家庭，缺少关爱，逐渐在防御心态中形成了内向的性格。他用心良苦地告诉这位父亲应该注重对孩子的关爱和教育，家庭教育在一个人的成长中扮演着学校教育无法替代的重要角色，爱才是孩子成长进步的动力源泉。学生的父亲十分感激郭晓东的真诚建议。回学校后，郭晓东找到这位学生谈心，耐心地倾听学生的烦恼与困惑。他说："孩子，我来陪伴着你慢慢改变。"从此之后，经常看到郭晓东在大课间时与学生谈心的身影，以最诚挚的面容感染着朝气满满的孩子。郭晓东的真诚与热情感动了学生的心房，后经班主任反映，那位学生渐渐从无精打采的学习状态转变为积极向上的进取姿态，也从沉闷闭塞的性格变得尊师敬长、朝气蓬勃。郭晓东听后欣慰地笑了。

这仅仅是郭晓东与学生交往过程中的一件小事，以小窥大，郭晓东以拳拳呵护之心关爱学生如同关爱自己的儿女，让育人这项伟大事业随风潜入夜、润物细无声。他坚信，每个孩子都是一块璞玉，教育工作者的责任，正是倾注心血、慢慢呵护打磨，直至璞玉散发出属于自己的柔光。

为了把三结合教育协同育人模式发展好，郭晓东尽职尽责做好校外辅导员、学校家长委员会主任、三结合教育委员会常委的工作，不辞辛劳地为学校发展做出贡献。在学校的初期建设取得一定成果之后，郭晓东在学校举办的诸如爱国主义教育课、传统教育课、艰苦朴素助人为乐课、语言表达课、劳动操作课、安全教育课、文艺训练课等课上的精彩发言与指导都展现了我校辅导员的良好精神面貌。学校每年都要举办读书节，郭晓东也积极陪伴学生参与其中。在读书节上郭晓东深情朗诵了自己的读书笔记和读后感悟，身体力行为学生做出了榜样，博得师生的阵阵掌声。在热爱劳动教育课上，郭晓东经过精心的准备，为学生进行了一次生动形象的讲课，学生们都感到收获颇丰。在一年一度校园艺术节、百灵鸟歌会的准备上，郭晓东与其他辅导员、家长委员会成员们为让学生们展现出更为优秀的风采，不辞辛劳地进行指导。学生们用歌声唱出对伟大祖国的热爱，唱出心中的榜样："承载传统美德，唱响锦绣中华"。台下的郭晓东看着一个个朝气蓬勃的学生，露出了欣慰的笑容。郭晓东还深切关心学生们的科学活动情况，在课业压力较大时，帮助学生们共同进行活动器材的制作，为学生们减压。种种事例不胜枚举，在郭晓东的热情奉献、不懈努力之下，在三结合教育团队的齐心努力下，学校的教育环境不断得到改善，三结合教育模式不断完善。

经历43年的奋力实践，三结合教育模式不断深化发展，开启了新的探索征程。郭晓东在教育工作过程中从未停止过对于三结合教育实践的创新研究。在一年一届的三结合教育联席会上，郭晓东出谋划策、总结工作、研讨问题、为三结合教育的深入发展发挥了重要的助推功能，做出了不可磨灭的贡献。

郭晓东是三结合教育团队中的中流砥柱，是40多年来并肩奋战的同行者。在今后的三结合教育的深化发展中，郭晓东定会坚持开拓创新，与我们一起奋力前行，铸造更多辉煌！

郭晓东主任参加35届三结合教育联席会

德艺双馨的艺术家马三立和师生的深情

著名相声表演艺术家马三立给老师们上党课（1988年）

1985年，马三立先生表演单口相声，与教师们共庆首届教师节

　　大家都熟悉著名相声表演艺术家马三立，他的相声脍炙人口，耳熟能详，只要一想起他说的相声就让人从心底发笑。他钟情教育，关心下一代，和我校师生的深情更值得我们怀念。

　　马三立，1914年出生于天津的曲艺世家。马三立自幼读书，曾就读于天津汇文中学。家庭环境使他从小就耳濡目染，对相声艺术十分熟悉。在父兄的熏陶下，1930年开始登台演出，编创表演了一系列脍炙人口的单口小段：《逗你玩》《家传秘方》《检查卫生》《八十一层楼》《追》等等。他曾任中国曲艺家协会顾问、天津市曲艺家协会名誉主席等职。是五、六、七、九届天津市政协委员，也是一位德艺双馨的人民艺术家，被称作"相声泰斗"，深受社会各界及广大观众的热爱与尊敬。2003年2月11日在天津逝世，享年89岁。

　　晚年时期的马三立老先生，在掌声中，在人群中，一次又一次地说："我不是大师，不是艺术家，我只是个普普通通的老艺人，是个热爱相声、喜欢钻研相声的老艺人。"他经常走进剧场、学校、机关、工厂、部队等处演出。在快板大师张志宽的介绍下，马三立老先生于1984年走进了我当时任职的岳阳道小学，在三结合教育联席会上被聘请为三结合教育委员会委员。

　　1985年，在庆祝第一个教师节大会上，马三立老先生作为天津市优秀共产党员，为获奖教师颁奖并讲话。他讲道："作为共产党员就要勤勤恳恳、兢兢业业地为人民服务，为社会主义服务。"大会结束后，马三立老先生还和教师代表畅谈。教师们纷纷表示，要学习先生为人民服务的精神，在自己的工作岗位上，为学生服务、为家长服务，做学生喜爱、家长放心的好教师。

　　六一儿童节是孩子们的节日，马三立老先生不顾自己的身体状况，多次参加我校的六一联欢会。每一次登台为孩子们表演，他都精神焕发，表演为孩子们创作的新段子，会场里真是笑声不断。回到后台，略显疲惫的马老，却总是说："当孩子们把鲜艳的红领巾戴在我的胸前时，我就充满了动力。孩子们那一张张笑脸，就是祖国未来的希望。"

20多年来，马三立老先生一直是我校校外辅导员。学生们一届又一届毕业，可是老先生为学生们服务的热情却依然不变。他的热情深深感染着学生们，他的精神更激励着教师们。1997年，一个叫王媛的青年教师，刚刚走出师范学校，就来到了岳阳道小学任教。她对自己的工作迷茫、困惑。一次机会她认识了和自己相差近70岁的马三立老先生。

那是寒假的一天，小王老师带着孩子们来到了天津市职工疗养院，看望本班的校外辅导员——马三立老先生。还没有走进疗养院，小王老师就开始紧张起来。她知道马三立老先生那可是一位德高望重的老艺术家，自己看起来还是一个孩子。"他能接待我吗？他觉得我像一个老师吗？我带孩子们表演的节目他会喜欢吗……"小王老师紧张得手都在发抖。当推开门的一刹那，出现在小王老师眼前的，不是高高在上的艺术家，而是一位和蔼可亲的老人。老人很瘦很高，可脸上的笑容却依然灿烂。马老让小王老师和孩子们坐下，还给大家一人一块糖，孩子们给马老表演节目，马老也给孩子们讲了小笑话，气氛一下子轻松起来，小王老师也松了一口气。马老发现了，他对小王老师说："小老师，你叫什么名字？刚上班吧，别紧张，只要你热爱你的工作，努力去做，就一定能做好的。"这句话对小王老师触动很深。暑假到了，当小王老师再次来到马老面前时，马老一下子叫出了小王老师的名字。这使得小王老师很震惊，自己只是一个小小的老师，马老却依然记得。随后马老告诉小王老师，"你成熟了，成长了，这次和上次变化很大。为你高兴。我再送你四个字。"于是，马老拿出一个笔记本，在首页的位置，写下了"德才兼备"四个字，落款"八十五岁的马三立"。小王老师接过笔记本，觉得分量很重，它承载着一位老艺术家、老党员对青年一代的期望。于是小王老师，一直铭记这四个字，鞭策自己不断前进。如今的"小王老师"，已工作25年，成了一名天津市骨干教师。她的成长离不开马老的鞭策，离不开三结合教育委员会委员们的帮助。

相声大师马三立晚年还有一个心愿。他希望能通过自己的努力，让更多老人老有所为、老有所乐。于是在1995年，马老以天津市政协委员的身份提出了一份议案，呼吁热心公益的企业家为赡养老人出一份力。他公开宣称："谁愿意建一个老年公寓，可以无偿使用我的名字，我支持。"于是，"马三立老年公寓""马三立老人园"相继建成。虽然马老现在已离开我们，但他的精神仍在。这些年来，逸阳梅江湾国际学校的师生们，经常利用课余时间，去那些以马三立命名的"老人园"看望老人。和他们聊聊天、帮助他们干干活，将马老的精神传递下去，将三结合教育团队精神的接力棒传承下去。

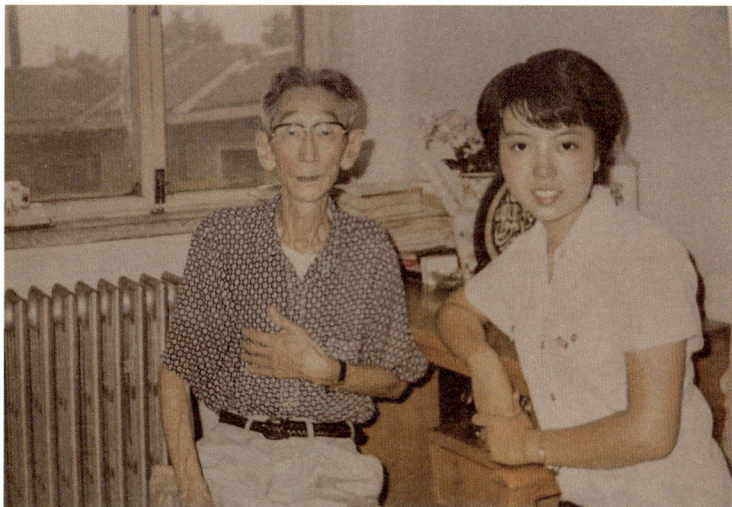

1998年王媛老师（现为教导主任）
到著名相声表演艺术家马三立家慰问，马老为其题字"德才兼备"

微信扫码看视频

群口快板：《逸阳英雄谱》
张志宽、胡鑫喆、杨莉演出

情系三结合教育的
著名快板艺术家张志宽

著名快板表演艺术家张志宽辅导学生说快板书。（1999年11月）

翻开我校实施学校、家庭、社会三结合教育30周年纪念画册，一组快板艺术家张志宽老师辅导学生学唱快板书和参加"庆六一"活动演出的照片映入我的眼帘。当时孩子们手持快板熟练演唱的情景至今让我记忆犹新。张志宽作为一名三结合教育委员会校外辅导员已经30多年了。下面是我记录下来的张志宽和我校学生之间难忘的故事。

张志宽第一次到学校参加活动，是在他到南沙群岛慰问解放军战士演出结束刚回津的时候。他接到邀请，就马上来到学校为师生演出，演出后受到大家的热烈赞扬。他说："我认为学校是培养接班人的场所，我们艺术工作者创造的精神财富，起到鼓舞人民、教育人民的作用，尽管演员不像老师那样直接教育学生，但演员的工作也起到教育的作用。中国文联授予我'德艺双馨艺术家'称号，更应支持学校的教育活动。"

记得那年我校召开纪念实施三结合教育20周年的座谈会，学校请他代表艺术教育部的委员讲话，恰逢中国曲协在北京也召开会议，时间相撞。可他毫不犹豫地请几位在津的曲协理事先行一步，他在参加了我校座谈会之后才去北京，对此许多人不理解。的确，一所小学的座谈会和中国曲协的会议相比，后者更为重要，所以有些人说他"不懂轻重"。张志宽向他们说明情况，将我校三结合教育委员会的委员构成，如数家珍地加以介绍。他说："委员中有老干部、有吴振、石坚、钱其琛等老领导，还有梁斌、袁静等老作家，有老红军、老八路、教育家、理论家、企业家、艺术家、劳动模范、先进工作者等三百多名。而这些名人都心甘情愿地为这样的一所小学做奉献，原因只有一个，他们都被学校干部教师的敬业精神和高质量的教育所折服。逸阳把我当成了学校的主人，学校很多工作都找我们三结合教育委员会的委员们商量，我很受感动。我感到了学校对我的关怀和重视，至今成为我工作、生活的重要的一部分。"我想，正是这些三结合教育团队的委员们尽心尽力，不计回报，甘于奉献的精神，才把大家凝聚在一起，把学校的每一项工作都当成自己的事情尽力做好。

张志宽在参加学校活动中经常琢磨着：作为演员，难道只能演出，就不能再为三结合教育做点其他方面的工作吗？他想，连著名导演、演员郑天庸、戏曲家李莉、著名播音员关山、林东等都把语文书里的课文《少年闰土》《复活节的晚上》《金色的鱼钩》等编写成课本剧，不但有助于教学，还参加市里比赛获了奖。我作为一名快板书演员，也一定能把课文编成快板书作品演唱。

在郑天庸等人的启发下，他认为快板书这种艺术形式完全可以和教学结合，引入课堂。快板书有很多特点，演出时不需布景，不需道具，可以一个人唱，也可以两个人、三个人甚至更多的人演唱。而且快板书的作品是韵文，会唱的是"快板书"，不会唱的是"叙事诗"。无论是当"快板书"唱，还是当"叙事诗"朗诵，对学生们熟悉课文，加深理解都是有好处的。于是他选择了语文课本中的古代寓言故事，如《拔苗助长》《刻舟求剑》《掩耳盗铃》《守株待兔》等进行改编。

为了把语文课本中的寓言故事改编成快板书作品，张志宽专门请教了他的师弟、中国北方曲艺学校担任快板书教学、既能唱也能创作的陈永忠老师。对此，陈永忠老师感叹道："为了逸阳学校的事，你真的不辞辛苦。"张志宽说："没错儿，给逸阳学校干活儿，就是给我自己干。"陈永忠老师受到了感动，二话没说就接受了"任务"。他们共同商定了改编的目录，除了课本上有的，还另找了一些，决定创作50篇寓言故事快板书。张志宽诙谐地说这是"自己愣赶鸭子上架"，一连十来天在家里"憋宝"。他爱人觉得可笑，戏谑说："大门不出二门不迈，大闺女似的。也就是逸阳学校的事能把你捆住。"他说"对了，我是个好动不好静的人，为逸阳学校的事我静了下来，走了脑子。"功夫不负有心人，他真"憋"出了《狐假虎威》《疑人偷斧》《刻舟求剑》等多件作品。后经陈家忠老师修改成为精品。

他说："逸阳学校实施三结合教育，目的就是全面推进素质教育。请一些老红军、老八路、老同志到学校是为了对学生进行革命传统教育、爱国主义教育；请一些英雄、模范人物是为了对学生进行爱人民、爱劳动、树立远大理想的教育；请部队、消防队官兵、公安干警、司法干部是为了对学生进行法制、纪律教育；请教育专家们，则是把逸阳学校教育改革的各方面的实践上升为理论，再以理论指导实践，实现立德树人的根本任务，办人民满意的教育。我亲眼见到被请的同志们都做了大量的卓有成效的工作，与他们相比较，我只是演唱快板书，就显得工作做得太少了。我是一名文艺工作者，应该在学生中普及一点文艺知识，扩展同学们的知识面。"

张志宽认为，演唱快板书用的是标准的普通话，如果教学生演唱快板书，对于推广使用普通话大有裨益。当他把这一想法向学校提出后，得到了大家的一致赞同。当时，在三结合教育委员会中专门设置了文化艺术教育部，并在歌唱家于淑珍、话剧表演艺术家马超和郑天庸导演等人的帮助下成立了少儿艺术团，学校还与和平区少年宫合作建立了艺术实验班，开展了有700多名学生参加的周末艺术辅导、培训活动。张志宽认为，逸阳学校有这么好的艺术教育的氛围，为他讲课创造了极好的条件。在这种情况下，他以寓言故事快板书为教材，开始为学生们讲授快板的艺术。

他说："讲心里话，给学生讲快板书，是我自己给自己找麻烦，但我自觉自愿。然而，我有一种担心，就是怕学生分心，影响文化课的学习。甚至想千万别'好心办错事'。"但他的担心是多余的，他在艺术实验班里讲课，这个班的学生不但没有影响学习，反而学习兴趣浓厚，知识面拓宽。毕业了，这个班成绩非常突出，有22名学生考入南开中学、耀华中学、一中等市重点中学。

实验班里有一名学生叫胡鑫喆，张志宽教他学唱快板书时，只有9岁，是三年级学生，没有一点基础。跟张志宽学了一段时间后，他既会打板、会演唱而且会写小作品了。在逸阳学校毕业后，以优异的成绩考入了耀华中学，其间还不断找张老师学习。张志宽教他学会了快板书大段子《三打白骨精》。读初中时参加天津市中小学文艺会演获一等奖。高中毕业报考清华大学，因快板书唱得好，清华大学以特长生看待，并在高考分数的基础上，给以最高50分的加分。但他没用这50分，因为高考成绩优秀，得分已超过清华大学录取分数线。后来成为清华大学艺术团的骨干，并担任了学生会干部，得到了全面发展。

长期以来，张志宽已经把自己视为学校的一名成员，每年的六一儿童节、百灵鸟歌会、读书节、元旦晚会、三结合教育联席会都来到学校，给大家带来精彩的快板表演，给师生留下了深刻的印象。

三十多年来，张志宽对学校的工作一片真诚，教育鼓舞了师生，为学生的艺术成长搭建了平台，为学校的发展做出了贡献，充分体现着三结合教育团队成员具有的诚心、爱心、童心、热心和进取心，体现着忠诚教育的敬业精神、真诚挚爱的爱生精神、甘为人梯的奉献精神、民主平等的协作精神和开拓创新的改革精神。

2020年9月，著名快板表演艺术家张志宽老师
出席学校三结合教育委员会常委会并作发言

郑天庸——一位三结合教育发展的历史见证者和积极参与者

2014年，著名导演、三结合教育委员会常委郑天庸
出席学校 " 好书相伴我成长 " 校园读书节开幕式

郑天庸是广为观众们所熟悉的表演艺术家，1935年生于天津，影视演员，不仅演电影、电视剧，还演过相声、小品。退休前是天津市人民艺术剧院导演、编剧，国家一级演员。2016年11月19日在天津逝世，享年81岁。

1957年，郑天庸高中毕业后考入天津人艺学员班，第二年就在天津的第一部译制片《堂·吉诃德》中担任配音。当年他22岁，剧院大胆启用他排演曹禺的《日出》，饰演胡四，他也因此剧而一举成名。多年来，郑天庸在荧屏中塑造了大批形象，曾在八十多部电视剧、几十部话剧、十多部电影中扮演角色。他先后主演过《大雨小巷》《乔迁》《龙嘴大铜壶》

《杨三姐告状》《赌王出山》《梅兰芳》《上海往事》《长征》《政府官员》等影视作品，《长征》中的龙云、《卧薪尝胆》中的文种、《楚汉传奇》中的吕太公、《英雄》中的无名老者、《蛐蛐四爷》中的余三爷等角色都为观众留下深刻印象。

自从1976年我调任岳阳道小学校长，1979年开始倡导实施学校、家庭、社会三结合教育并成立了三结合教育委员会以来，社会各界人士积极参与，郑天庸便是一位三结合教育发展的历史见证者和积极参与者。30多年来，他作为岳阳道小学和逸阳梅江湾国际学校三结合教育委员会的委员、常委、文体艺术教育部主任，在不同时期为学校办学条件的改善，为教师的培养提高，为促进学生的全面发展、特别是开展艺术教育、组织策划学校大型的文艺活动等方面干了许多实事，做出了突出贡献。

郑天庸曾说："我从上小学开始的几十年，就与岳阳道小学结下了不解之缘。岳阳道小学的前身是私立竞存小学，我的小学生活就是在这里度过的。"据天津近现代教育史记载，竞存小学建校于1911年，至今已有110年的历史。郑天庸于1945年入竞存小学学习。而他的大姐郑天恩于1942—1947年也在竞存小学上学，80多岁时仍能清晰地记得并流畅地唱出竞存小学当年的校歌。她优雅地唱道："竞存，竞存，世界人群，劣者长败优常胜，吾辈精神先自立，一生得业总由勤，学校名誉满津门。"

郑天庸于1982年从部队转业回津，便将儿子转学插班至岳阳道小学，父子俩于中华人民共和国前后同在一所小学学习，是难得的机缘。当时的岳阳道小学是在办学条件极度困难的情况下同意他的孩子插班学习的。这时，唐山大地震所造成的破损校舍只有6间教室，设备不足，连桌椅都不够，正处在争取社会各界支援学校的恢复阶段。从此，郑天庸便担任了班级家长委员会委员，以后又连续担任年级家委会委员、校级家委会委员。

孩子小学毕业后，虽然自己已不再是"学生家长"了，但是他认真履行"为学校教育服务"的诺言，坚定地表示：为学校教育服务"绝不做'飞鸽牌'的，要做'永久牌'的。"这样，他就又成为学校三结合教育委员会的委员、常委，文化艺术教育部主任。

根据学校、家庭、社会三结合教育"合力育人、和谐互动"的理念，无论是在三结合教育的初创探索阶段、逐步深化发展阶段，还是全面深化改革、进一步完善创新阶段，他都能在三结合教育委员会的统筹下，尽自己的最大努力，在协同育人的合作链条中发挥着应有的作用，也见证着三结合教育的历史发展。

在1982—1986年间，郑天庸和家委为了改善学校的办学条件，千方百计为校办工厂揽活儿，下工矿企业演出收些赞助费，然后用赞助费为教室挂竹帘、按灯管、修桌椅、装电扇……同时，请各方面专家委员为学生讲花卉的栽种与维护、凉菜的制作、京剧知识等，提高学生的动手动脑能力。

在实施三结合教育的起始阶段，校内外、包括一些家长和社会人士在认识上并不一致。据郑天庸反映："有些人看到学生们的课外活动多了，接触社会实践的机会多了，认为学生只有学科成绩好才是最主要的，其他都是'闲白儿''摆花架子'。但是学校从抓好学生的思想教育入手，在开展社会实践的同时，狠抓教师队伍的培养，聘请了几位在教学方面有经验的专家为教师辅导，着眼于教育教学质量的提高。当大家看到，教师们每天离校最晚，直至送走最后一批回家的学生。老教师王承芳不会骑自行车，下班后总要先走到我家辅导十几个家住附近的学生（即当时的家庭学习小组）以后再回家，她辅导学生只是作为教师的本分，从来不收分文。我还亲眼看到有一位教师为带学生参加活动，把只有五六岁的女儿反锁在家里。这种种无私奉献的精神无不令人感动。就这样，在全校师生的共同努力下，当学校的教学成绩显著提高后，人们服气了，三结合教育得到了发展与社会的认可。"

郑天庸和其他的三结合教育委员会的委员们为学校教师们多年来的辛勤工作所感动，更为学校所取得的成果而高兴。他与几位文艺界的委员刘鹏、张志宽、李莉商议：应该怎么表达对老师们的敬意呢？教师节快到了，能不能搞场义演，建立一个教育奖励基金？郑天庸一经提出，大家一致赞同，并得到天津市人民体育馆免费提供场地、公安和平分局义务提供大型活动治安保卫、安全局招待所免费接待演员住宿等多方面的支持。经过紧张的筹备，在1987年的教师节前夕，9月6日的下午和晚上，学校三结合教育委员会在天津市人民体育馆连续组织了两场义演。特邀请京津两地的艺术家们汇集一堂，同台演出，广大教育工作者和观众，不仅能够欣赏甜美的歌声，观看精彩的表演，更能感受到艺术家们为发展教育事业无私奉献的美好心灵。参加义演的有中国人民解放军总政文工团、海政文工团、天津市广播艺术团、天津市广播电视艺术团、天津市歌舞团、天津市杂技团、天津市京剧团、天津人民艺术剧院、天津市曲艺团、天津电视台、天津广播电台等艺术团体的艺术家们，有阎维文、左惠芬、王仲祥、孙丽萍、张志宽、刘亚津、李莉、康万生、颜美怡、左杰、李启厚、郭振清、关山、高岚等。第二次义演是在1988年教师节期间，同样得到众多艺术团体艺术家们的支持，著名演员陈道明、克里木、古兰丹姆、王谦祥、李增瑞、陈蓉蓉、赵振苓等参加了演出，受到普遍赞誉。根据当时教育事业发展的具体情况，演出的全部收入捐赠给学校补充办学基金。

三结合教育委员会的委员们、包括各级家委会的委员们主动为学校的发展作奉献的善举也深深地感动着郑天庸。在2013年举行的一次三结合教育座谈会上他深情地回忆道："我至今仍完好地保存着1986年3月出刊的《家长与孩子》小报的创刊号。这份小报由三结合教育委员会委员任树牲和几位委员亲自采写、编辑、印刷，是'钢板蜡纸手刻'版，现在虽然纸已泛黄，但却可清晰地看出委员们当时是怎样精心地套红制作和力求完美的版面设计。小报的创刊号设有创刊词、编者的话、希望与祝愿、兴趣活动之花、校内动态、小幽默等栏目，成为研究三结合教育发展的珍贵历史资料。在《家长与孩子》小报的'创刊词'中写道：'在学校、家长、同学们的支持下，《家长与孩子》同大家见面了。本报是宣传学校、家庭、社会三结合教育的工具，是传递学校教育信息，沟通家长、学校、学生互相联系的桥梁，传播教育先进经验的窗口，本报将报道孩子们生动活泼的学习生活，介绍学校的工作，反映家长们的见解和要求，做家长与孩子们的朋友，并竭诚为大家服务。'似这样的创刊词，在今天仍不失它的现实指导意义。从此这份小报不断改进，后来采用彩色胶印，每月出一期，每期4版，内容丰富，图文并茂，受到家长和孩子们的欢迎。"

在三结合教育的实践中，郑天庸作为积极参与者和有心人，用租借来的设备为学校拍摄了许多照片及视频，记录下了马三立、梁斌、宋西陵、袁静等三结合教育委员会老一辈委员们到学校和师生在一起的活动资料。这几位著名人士现在虽已仙逝，但他们为教育事业做出的贡献却永远铭刻在人民心中。如著名作家袁静骑着电动三轮车来校和孩子们一起维护苹果树的画面，相声大师马三立为老师和孩子们讲述旧社会艺人们的悲惨生活等，都成了不可多得的珍贵历史资料。

多年来，郑天庸还为学生们撰写了十几部剧本。1983年，为参加庆祝"引滦入津"大会演出，他专门编写了儿童塑像剧《送水》，由三年级学生演出后，获得普遍赞扬。1987年为学校创作了喜剧小品《我爱祖国语言美》，剧中以奶奶和上小学二年级的孙女珊珊的对话，诙谐幽默地赞扬了祖国语言的丰富多彩和推广普通话的意义，指导学生演出后，获得了天津市"我爱祖国语言美"专题竞赛一等奖。同年还编导拍摄了单本儿童电视剧《"秘密"采访》，在天津电视台播出。1989年下半年，在实施三结合教育10周年的日子，他精心编写了《深化三结合教育，培养一代新人》专题片剧本，协助拍摄完成后在天津电视台播放。片中展示了10年来三结合教育发展历史的珍贵资料，记录了实施三结合教育中感人的典型案例，表彰了为三结合教育作出贡献的优秀校外辅导员，归纳总结了实施三结合教育的收获、经验。1990年，他撰写的小品《找孙子》，揭露贪图金钱上当受骗的社会现象。1996年，他改编的小品剧本《明黄色的裙子》，反映了社会关爱困难家庭和残疾孩子的故事，给观众以深远的遐想。这一小品在当年的天津市春节联欢晚会上演出。

多年来，三结合教育与时俱进，郑天庸也在三结合教育发展的每一个阶段都能做出具有创新意义的实事。诸如在每年的读书节、艺术节过程中为孩子们辅导；为庆祝六一儿童节、十一国庆节、年终的三结合教育联席会等活动进行总体策划、组织排练节目；编写和指导排演课本剧成为在天津的首创，并获得市级奖励；为学校筹办建立了"红领巾电视台"，培养了第一批电视播音员，录制了播出节目；在学生中开展多方面的艺术教育；注重培训教师，提高教师的教学艺术；与学校的历届大队辅导员密切合作，亲如家人；为学校的改革发展及时提出一些建议；等等。

通过多年来参加学校的三结合教育活动，郑天庸总结自己突出的收获和感想，他的四点体会是："1.由只爱自己的孩子到爱学校里其他的孩子，爱所有的孩子，有了一颗热爱孩子的心。2.由不懂教育到懂得教育事业的重要，热爱教育，再到进入教育工作的门道，逐步掌握一些教育的规律，感受到教师工作的辛劳和光荣伟大。3.办好学校需要有像逸阳学校的领导那样爱学生、懂教育、干事业、甘于奉献、能够团结大多数的带头人。要有一批积极进取，奋发向上，辛勤耕耘、做到'学为人师，行为世范'的教师队伍。人民教师和我们艺术工作者一样都应当是'人类灵魂的工程师'，新时代的好老师必须坚守精神家园，带头弘扬中华传统美德和社会主义道德，自觉践行社会主义核心价值观，以高尚的道德情操和人格魅力影响、引导学生，当好学生健康成长的指导者和引路人。4.现代的学校必须走开放的路，一刻也离不开家庭和社会的支持、配合。办好一所学校要建立广泛的社会基础，要坚持让孩子们走出去，到社会实践中长见识，学本领。办好学校还必须具有改革的精神，不断深化教育改革，不断与时俱进。"

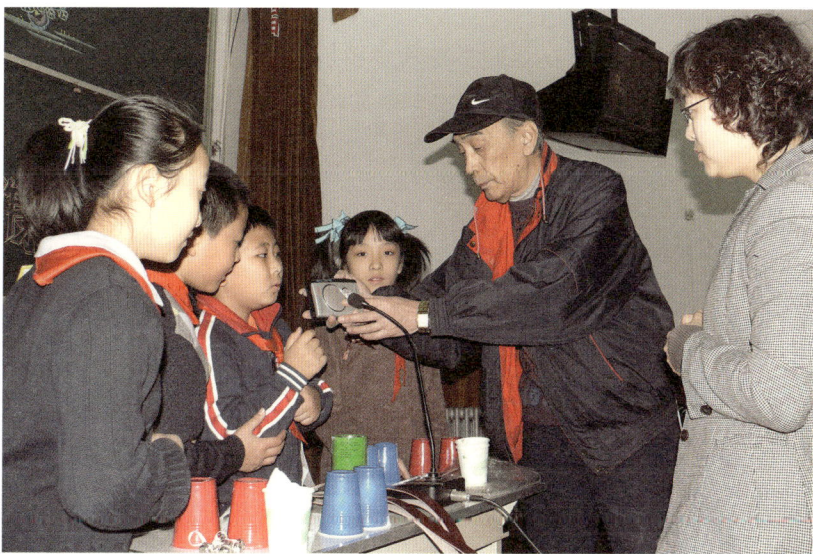

著名导演郑天庸指导学生排练课本剧

他说："不少人问我，你是搞表演艺术的，和教育不是一个领域，是什么原因把你这个大忙人拴在一所小学里？而且没名没利可图，一干就是几十年？开始时我也说不清，但逐步有了答案，那就是我爱上了教育事业，真正认识到教育事业特别是基础教育是为了'托起明天太阳'的事业，是为实现中华民族伟大复兴中国梦奠基的事业。多年来的实践参与，我见证着三结合教育的发展历程。三结合教育委员会成员由初建时的12人，逐步发展壮大为包括老干部、老军人、部队官兵、公安干警、劳动模范、科技、教育工作者、艺术家、企业家、各行各业的先进人物、学校所在社区以及学生家长代表共300多人，其组织设置逐步健全，职能机制日趋完善，实现了学校、家庭、社会合力育人、和谐互动，教育质量和办学水平稳步上升，受到了教育主管部门、社会各界和广大家长的广泛赞誉。实践使我坚定地认为，学校、家庭、社会三结合教育，在基础教育领域是最具生命力的，是教育园地里永不凋谢的鲜花。"

郑天庸，表演艺术家，我们永远怀念您！您为人民的教育事业、为"学校、家庭、社会三结合教育"的创新发展所作出的贡献，我们将永志不忘！

记校外辅导员、特级宴会设计师李立庆

全国劳动模范李立庆传授学生们劳动技能

李立庆是我校学校家庭社会三结合教育委员会常委，自1982年以来，担任校外辅导员已经将近40年了。他从一名饭店服务员成长为国家特级宴会设计师，多次被评为市级劳动模范和新长征突击手，现任天科赛象酒店采购部副经理。长期以来，他除了出色完成本职工作，还热心校外辅导员工作，积极参与学校的三结合教育活动。他说："我最大的心愿就是为培育祖国的花朵添上一捧沃土。"由于支持教育工作成绩突出，李立庆曾被评为全国少年儿童校外教育先进工作者。

早在1982年，他还是饭店服务员时，就被评为市级劳动模范和新长征突击手。也就是在这一年，他被岳阳道小学聘请为少先队校外辅导员，从此，加入了三结合教育团队的行列。他说："当时，我从心底里感到，能够成为王校长领导下的全国教育系统先进单位的校外辅导员，能够为教育事业、为培养国家的建设者和接班人做贡献，这是光荣而神圣的任务。"面对社会上一些家庭宠爱孩子，一些学生学习不认真、不愿参加劳动的现象，他感到一种责任感和使命感油然而生。他认识到:对少年儿童的教育，不仅要依靠学校，而且更需要家庭和全社会为他们创造良好的条件和环境。学校家庭社会三结合教育就是针对教育上存在的问题，充分发挥学校家庭社会多方面渠道的教育作用，形成教育的合力，共育人才。他决心一定要做好校外辅导员的工作，为提高学生的全面素质尽自己的一分力量。

在开始承担这一任务时，有许多具体问题摆在李立庆的面前。一是从来没有这方面的工作经验，对于校外辅导员的工作内容和工作方法不熟；二是自己从事的饮食行业工作时间长，要当好校外辅导员，只能从休息时间里去挤;三是父母年老多病，家务负担重，而且当时自己正准备结婚，接受校外辅导员的工作必须在时间和精力上作出更多牺牲。在矛盾面前，究竟是受聘于校外辅导员，还是忙于个人和家庭的事务？李立庆坚定地表示："我作为一个公民，有教育少年儿童一代的义务；作为一名劳动模范更应当责无旁贷地承担起培养下一代的重任，必须克服困难做好校外辅导员的工作。"就这样，他多年来为参加辅导学生的活动不知放弃了多少个休息日。为了熟悉教育工作的特点，掌握少年儿童的身心发展规律，改进教育方法，提高教育效果，他主动请教少儿心理学专家，学习教育理论，并学习长期担任校外辅导员的著名儿童文学作家秦文虎、吉鸿昌烈士女儿吉瑞芝等的工作经验，为自己做好辅导员工作奠定厚实的基础。

在三结合教育实践中，他深入到学生中间，逐步积累了一些教育辅导少年儿童的经验，与学生们建立了深厚的感情，不论自己的事情再多，工作再忙，心里总是惦记着学校里的孩子们。有时他到北京参加全国性大会，还利用会议空隙，及时向学校的师生们传递信息，把大会的盛况告诉他们，让大家共享荣誉和喜悦，以此来激励孩子们刻苦认真学习。

多年来的辅导员工作实践，使李立庆越来越深刻地感到，少年儿童是祖国的未来，为祖国培养合格的建设者和接班人，必须从小打下良好的基础，引导、培育他们从小树立正确的人生观、世界观、价值观，从小树立远大的理想抱负。但是要把这些道理阐释清楚，必须通俗易懂，生动活泼，让孩子们易于接受，并身体力行，这就需要采取适合学生年龄特点、学生乐于接受的形式和方法。因此，在对学生进行辅导时，他以自己的成长过程为例给学生们讲述自己是怎样从一名普通的饭店服务员，经过不懈努力，成为国家特级宴会设计师、提职为饭店经理，并当选为天津市人大代表的历程，具体地阐明要做合格的接班人，既要有理想抱负，又要从一点一滴做起，时时处处严格要求自己的道理。他还以自己是如何从一名初中毕业生，经过刻苦努力学习，考入了中国工运学院成为一名大学毕业生，以及自学英语，能为外宾服务当翻译，多次受到外宾赞扬的实例，向学生们讲述学习文化知识的重要性，以此激励学生们的学习热情和毅力。

他把大道理结合自身感受编成小故事，把深刻的理论与活生生的现实结合起来给学生讲，学生们听得津津有味、聚精会神，不仅明白了道理，还知道了如何落实于行动。一名三年级的学生在日记中写道："我的理想是当一名地质勘探者，听了李叔叔讲他的成长过程和他刻苦学习的事迹，使我明白了更多的道理，我要为实现自己的梦想而奋斗，为实现中华民族的伟大复兴而刻苦学习、全面发展。"

　　为了不断提高教育效果，李立庆总要抽出一定时间到学校参加少先队队会、跟班听课，及时掌握学生们的思想和学习情况，使自己的辅导员工作更有针对性。为了使学生们进一步开阔视野，增长知识，他用自己的奖金为学生们购买《小学生读古诗》等图书。当把图书送到孩子们手中时，大家高兴地鼓起掌来。一位少先队员主动地把自己的红领巾佩戴在李立庆的胸前，学生们说："李叔叔，您送给我们的不仅是图书，而且是您对我们的一片希望。"就这样，他和教师、学生建立了深厚的情谊，互相激励。在他暂时离开天津赴北京学习期间，一位教师告诉他："同学们见不到你这位辅导员，总是惦记着你，向我打听你的情况。"他听后激动地说："这简单的一句话，我深知其内涵、期望和分量。它激励我进一步做好辅导员工作，为教育事业贡献更大的力量。"

　　在担任辅导员的过程中，他突出地感觉到，一些学生的劳动观念薄弱，劳动技能差，有的学生在与他人接触中缺乏谦和与礼让，甚至唯我独尊。为了使少年儿童从小就树立劳动光荣、热爱劳动的观念和我为他人的奉献精神，增强自理能力，学会文明用语，养成礼貌待人的习惯，李立庆与学校商议，结合自己饭店行业的特点和工作实践，为学生开设了劳动技能和文明礼貌系列教育课程。

　　为了让学生们掌握一些劳动本领，在劳动技能课的辅导中，他把饭店中简单的冷菜拼摆和餐巾叠花作为课程内容的一部分，细心地讲解、示范，辅导学生们亲手操作，为他们创造劳动锻炼的机会。原料不够，自己拿钱购买；缺少工具，就从家里拿来让学生们使用。学生们学习起来态度认真，热情高涨，兴趣浓厚，很快就掌握了十几种冷菜的拼摆技术和餐巾的折叠方法。学生们用西红柿摆出了"大红灯笼"，用青椒摆出了"青蛙欲跳"，把松花蛋摆成了"小金鱼"，让火腿肠变成了"牡丹花"。他及时予以指导、评判。这些作品虽然还没有达到规范标准，但学生们的劳动技能提高了一大步。在他的辅导下，学生们还在天津市和全国教育整体改革现场会上作了精彩的表演，赢得了与会人员的充分肯定和热情赞扬。在一次由和平区教育部门举办的"小巧手"烹饪比赛中，学校获得了第一名。

劳动技能课不仅使学生们在劳动技能上有了很大提高，而且给学生们以文明礼仪的熏陶。一位学生家长向学校反映说："自从学校开设了劳动技能课，我的孩子不仅热爱劳动了，而且在家里招待客人时端茶水都有了规矩，更懂礼貌了。是孩子促进了我们家的文明建设，让我们的家庭充满文明之风。"对学校开设劳动技能课和李立庆进行辅导的情况，《今晚报》在第一版专门予以报道。

如今，李立庆经过进修学习、实践拼搏，已经成为国家特级宴会设计师。宴会设计师属于新兴行业，涉及多个服务领域，是一个高端时尚的职业，需要具备很高的综合能力素质和敏锐的沟通力以及严谨的执行力，需要掌握中西方宴会礼仪、宴会饮食文化、心理学、空间花艺、色彩学、市场营销、创意策划、团队协作、流行文化等多方面知识。其工作职责是根据客户需求，协助客户利用各类资源，包括时间、场景、人物、舞美道具、空间搭配等，策划执行宴会，满足客户举办宴会的目的。目前，李立庆在天津市的一家五星级酒店担任管理工作，虽然工作十分繁忙，但仍然关心着学校的改革发展，关心着学生们的全面成长，经常到学校参加三结合教育活动，为学生全面发展和健康成长不断作出新的贡献。

以艺术的魅力提高学生综合素养的
校外辅导员宋惠春

著名表演艺术家、三结合教育委员会常委宋惠春老师在指导学生们诵读

艺术教育具有陶冶情操、培养良好的思想品格的作用。艺术可以充分开发学生的潜能、培养创新思维，促进学生身心健康发展。经学校三结合教育委员会常委、原在天津人民艺术剧院工作的刘鹏经理推荐，20世纪80年代末，宋惠春开始担任我校的校外辅导员。

宋惠春一位从事文化戏剧、影视表演、导演、配音、教学等工作50余年，现已79岁的著名表演艺术家。30多年来，她作为学校三结合教育委员会委员、校外辅导员，孜孜不倦地坚持把艺术教育融入小学的课堂教学之中，以艺术的魅力引导学生在学习和掌握相关的知识、技能、技巧和参与、欣赏、鉴赏中，潜移默化地进行品德教育、文化艺术教育。

宋惠春是天津市人民艺术剧院的一级演员、中国戏剧家协会会员、中国电视艺术家协会会员。曾主演话剧《以革命的名义》《报童》《日出》《霓虹灯下的哨兵》《红岩》《蔡文姬》《钗头凤》等50余部。导演歌舞剧《哪吒小队》、电影《津门桃花党》、电视剧《刘少奇》等多部。她多年来在大中小学、文化局、电视台担任艺术课教学工作，培养了许多专业艺术人才。1978年荣获天津市文化局专业艺术团表演成绩显著奖；2007年荣获中华人民共和国文化部从事话剧工作50年以上表彰奖；2011年荣获中国优秀艺术选拔赛一等奖。

在参加学校三结合教育活动担任校外辅导员的30多年间，她悉心辅导学生，排演了许多不同形式的节目，如：童话剧、课本剧、讲故事、朗诵诗歌、寓言、童话及全市性大型活动的献词等，在本市和全国获得了许多大奖和一等奖。从而为社会培养和输送许多艺术人才打好基础。

在每年一度由学校组织的"读书节"活动中，她为全校学生表演有教育意义的节目，如：《卖火柴的小女孩》《胖墩儿挨打》《你、我、他》《家教四则》《妈妈的故事》《丑小鸭》等，还为《金色的鱼钩》配音。那精彩的表演深深地震撼了孩子们的心灵，他们有时会情不自禁地泪流满面，有时会一阵阵的捧腹大笑……

她还为青年教师讲课，指导他们如何根据不同的体裁采取不同的朗读方法以及如何在课堂上提高学生的朗读能力等。

在三结合教育实践活动中，她体会之一：读书是一门学问。她说："在培养学生读书的过程中，使我悟出一些有关的道理。感受到读书的意义，读书的收获，读书的快乐等。读书的方法，有多种多样，一般说来，有无声读和有声读两类。而无声读中又有默默阅读和静心赏读之分。有声读又有小声吟读、轻声背读和大声朗读、有声有色的演读之分。有声有色的演读，是读的最高层次，它是一种进入角色、亲身体验的，最生动、最深入、最富有艺术魅力的一种形式。我把这些体会讲给学生，让他们体验其中的快乐。"

她经常采用两种演读方式辅导学生：一种是一人拟声演绎几个不同角色的演读，《你、我、他》小故事，就是这种类型。另一种演读，是学生亲身扮演角色。如：在给学生们排练课本剧《金色的鱼钩》《王二小放牛郎》《小红帽儿》时，这种活灵活现的演读，不仅是"嘴读"，而且还是"身读"和"脑读"。即全身心地"读"，让学生真实地进入人物的生活里，亲身体验，入境入情，感受更加真挚、强烈，印象更加深刻，甚至于一生也难以忘怀。

她的体会之二：把艺术教育要融入课堂教学之中，对学生成长具有深远意义。主要表现为"五提高"：

1.提高理解能力。学生在学习课文时，无论怎样讲解，怎样朗读，都是停留在抽象的思维和感性的理解阶段，通过排演课本剧，将课文的内容置于特定的某种环境之中，将故事的细节加以剖析，各个人物具体形象活化，各种人物的语言个性化，不同角色的感情色彩得到渲染和强化。总之，使抽象的文字知识，变成鲜活的生动形象，使其增强了一般教学中所不具备的艺术魅力和感染力。这种通过直观形象的感觉刺激，远远超过间接感触所能达到的理解力。

2.提高表达能力。一般性的语文学习，只停留在讲解、阅读、朗读、背读等阶段，学生的表达能力必然会受到很大局限。一旦进入人物化的演读——表演，再加上形体动作，进入角色的感情之中，其表达的方式，将会多种多样丰富多彩起来，内心世界的真情，将会淋漓尽致地充分倾泻出来，例如：在表现《卖火柴的小女孩》悲惨生活的最痛苦之处，就会催人泪下，泣不成声。其表达能力将会达到一个情感的极致。这是在一般教学中无法攀登的表达巅峰。

3.提高思维能力。一般来说，思维能力有五个方面。具体地讲：就是"五度"（即广度、深度、密度、高度、适度）这种基本功在课堂上是难以得到训练的。但是，通过辅导孩子排演课本剧，就可以得到显著的提高。如：在排演《二小放牛郎》《金色的鱼钩》时，对场景的设置，各色灯光的使用，各种不同人物服装的设计，整个故事情节的安排、发展，从低潮到高潮，一环扣一环，主角和配角命运的险恶与安危，感情的起伏与跌宕等等，紧紧相连，不能分割，既要完整，又要紧凑；既要变化，又要简练。这里把所有发生的事情和形象的描绘，都浓缩到一个舞台上，就会涉及眼界展宽的广度思维，层层入里的深度思维，严谨的密度思维，立意高远的高度思维，合情合理的适度思维等，这种思维能力的提高，可以使学生在写作中，收到思考全面、布局合理，文思敏捷、思路畅通的效果。

4.提高创造能力。创造能力的提高，需要丰富的联想和想象，它是一个从生活到艺术的飞跃过程。而学生在一般课堂上学到的知识，与他自己经历的实际生活常常是分离的。当艺术融入教学中时，是将实际生活艺术化，反过来说，是将艺术生活化，所以，将这种虚虚实实、真真假假融入一体，让观众看了听了难分难解、如临其境。这就需要高度的创造力。学生在艺术化的熏陶中，在身临其境的生活环境中，不仅得到了直接的体验，品尝了艺术生活的滋味。在导演的指挥、示范演示下，一招一式学到了真真实实的东西，熟能生巧，积累多了，也就自然会产生创造力。

5.提高思想素质。就写作的文章而言，立意高远才有感召力、生命力。

古今中外，凡属名篇没有不达到一定高度的。就人的素质而言，乃是人的思想、修养的高度。

高度是什么？是立足点，也是人的胸怀、修养和素质。高屋建瓴，才能势如破竹。高度，可以从角色的变换中而得到体现。也就是说，学生在扮演各种不同角色时，就会有着不同的体验。"如果我是哥哥、姐姐、父母、老师、主任、校长等角色，就会设身处地地想想自己的责任和义务，身上担子有多重。"这种各色各样的高度思维即角色思维方式，不仅在扮演的角色里得到体现和感受，也会自然而然地带到他们的社会生活里面去。

在全面深化教育改革的新形势下，要求我们必须加快发展学校的艺术教育。党的十八届三中全会在《全面深化改革若干重大问题的决定》中关于"深化教育领域综合改革"部分特别提出：要"改进美育教学，提高学生审美和人文素养。"为此，2014年1月教育部专门发出的《关于推进学校艺术教育发展的若干意见》中明确要求："艺术教育对于立德树人具有独特而重要的作用。学校艺术教育是实施美育的最主要的途径和内容。艺术教育能够培养学生感受美、表现美、鉴赏美、创造美的能力，引领学生树立正确的审美观念，陶冶高尚的道德情操，培养深厚的民族情感，激发想象力和创新意识，促进学生的全面发展和健康成长。落实立德树人的根本任务，实现改进美育教学，提高学生审美和人文素养的目标，学校艺术教育承担着重要的使命和责任，必须充分发挥自身应有的作用和功能。"宋惠春老师作为校外辅导员，将进一步贯彻有关文件精神，发挥自己的专长，带领学生立足艺术实践，并指导教师们把艺术融入学校教学之中，推动了学生心灵世界全面健康地成长，评为三结合教育40年突出贡献人物。

记师生敬仰的校外辅导员"中国菊艺大师"叶家良

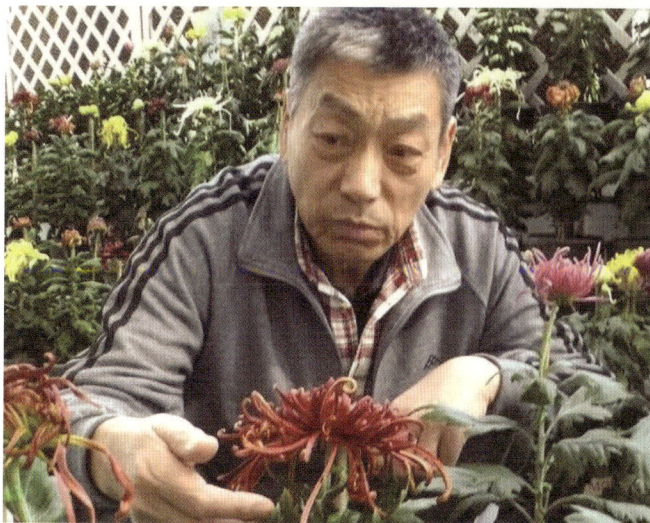

全国劳动模范、菊花状元叶家良大师自20世纪80年代至今，坚持为学生讲园艺知识

　　叶家良是天津水上公园的花卉技师，他的骄人成绩源于多年对菊艺不懈的追求。2004年天津市水上公园成立了叶家良菊花研究发展中心。这是全国首个以个人姓名命名，并由个人主持的花卉科研培育基地。菊花研究发展中心在保留近600个优良菊花品种的基础上，致力于引进国内外其他优良菊花品种，并进行栽培试验与研究。叶家良与国内外菊花组织进行交流与合作，形成了覆盖天津、辐射国内外的集约化菊花科研和产销基地。

　　从1985年开始，学校聘请叶家良为三结合教育委员会委员、校外辅导员，至今已有30多年。这期间他曾多次为教师们讲述他的工作经历，和教师们亲切交谈，鼓励教师们敬业爱岗，努力成为优秀教师。他给学生们讲述自己如何克服困难培育菊花新品种的故事，还组织学生们到他所工作的水上公园菊园参观、实践，以此增长学生们的见识，这也使他成为学生们敬仰的校外辅导员。

　　在天津市"菊花状元"叶家良爷爷的菊花圃，留下了师生分辨种子、记录培育菊花新品种过程的身影。逸阳梅江湾国际学校的教师带着学生到这里参观，进行社会实践活动。每当这时，叶家良总是细心地给学生们介绍菊花的品种、习性，讲解育花知识，更给他们讲述如何做人、如何看待人生，传递着社会主义核心价值观、人生观。他给学生们讲述自己少年时代的学习环境，对老师的恩情念念不忘，以他一身正气的奉献精神感染着学生，在学生心目中树立起高尚的做人楷模。

　　又是一年秋风劲，不似春光，胜似春光。2021年的金秋九月，神州大地处处是丰收的景象：梨酥枣脆柿子黄，橘红蕉长稻米香。我们迎来了第四个"中国农民丰收节"，也是全面建成小康社会后我们迎来的第一个丰收节。

　　在这个意义非凡的丰收节来临之际，叶家良爷爷又来到学校，带领学生们踏上了"庆丰收 感党恩"劳动主题系列教育之旅，召开了主题班会。此次班会上，叶家良细心地给学生们介绍菊花的品种和习性，更耐心地给学生们讲述自己少年时代的学习经历。通过叶爷爷深入浅出、生动有趣的讲解，学生们不仅学习了劳动知识，提升了劳动技能，更享受到劳动所带来的乐趣，培养了学生们树立热爱劳动、尊重劳动的意识，可谓是收获满满。通过此次班会，我校的劳技教师们也收获颇丰：在今后的劳动教育中努力为学生创设劳动氛围，注重引导学生在劳动过程中收获体验感与成就感，通过学习工匠精神，进一步培养学生们的动手能力和劳动观念。

叶家良一件件感人的故事在学生幼小的心灵里扎下了根。他从小就喜爱菊花，与菊花结下了不解之缘。10岁起就向花卉师傅学艺，上中学、下乡插队期间也从未间断过对菊花的研究，至今已40余年。他多年孜孜不倦的求索，练就了"看芽知叶、看叶知花、观花知名"的绝活，被国内菊艺界誉为"菊花状元""活菊谱"。

培育新品种，每年交替杂交，要求十分严格，丝毫不能乱，需要有高超的艺菊本领。他天天围着菊花转，从人工授粉这个最关键的技术入手，从冬季选芽、插芽到春夏养护，花蕊萌动，他如同钉子般蹲在花旁，参照实物通过观察、分析、研究，无论刮风下雨还是身体患病，他从不间断，掌握每一朵菊花生长特性的第一手资料。用他的话说"事业成功，就要视时间如黄金，视时间如流水，水过不复回"。为一万余盆花，浇一遍水需要3个小时，夏天每天浇两遍水。每天早晚将窖缸的水放满，再和职工一起提着6至8千克的水壶一盆盆地浇。平常人数数时从一数到几千上万都可能不耐烦，何况是负重浇水，工作的单调可想而知。他的腰累弯了，双腿患上了严重的关节炎，同志们都说他要花不要命。其实他的心里最清楚，谁不知道累，可是，大自然的光合作用会使一个品种上午和下午的叶面产生变化，如果不观察花生长的每一个环节，一旦弄错了，损失极大，更失去了掌握看叶知花本领的机会。就是凭着这样辛劳的付出和执着，叶家良成为全国菊艺栽培领域的行家里手和知名人物。叶家良爱岗敬业、无私奉献的工作精神时刻激励着逸阳梅江湾国际学校的教师们。有一次，教师们聚集在学校的报告厅里，进行集体师德培训。大家聆听着叶家良的经历，无不为他心有宏愿、志在终身艺菊的精神所感动。

有一年，正赶上叶家良代表天津市准备参加无锡菊展，他的妻子突然因脑缺血症住进了医院。为了养好菊花，在菊展上拿出新品种为天津人争光，叶家良一天班也没歇，没守护过妻子一天。当接到医院给他妻子做脊髓检查通知单，需要签字时，他才匆匆赶到医院。可是，7月的天如同孩子的脸，说变就变，凌晨1点时突然刮起大风、雷电大作，非常疲倦，处于迷糊状态中的他被惊醒，马上想到花圃里的1万盆菊花，于是他把爱人托付给同房的病友，冲向花圃，冒雨整整忙了一天一夜。他疲倦的身子经大雨一浇，高烧了好几天，但他仍然坚守在岗位上。平时他也很少有时间去看望年迈的母亲。谁不想多与家人欢聚，谁不想照顾好老人、妻子和孩子，可为了事业他什么也顾不上，每当想起这些他都内疚得流泪。

在叶家良成功的背后，是他超出常人的付出。长年在潮湿的花窖中工作，劳累伤神。1993年，他患上了糖尿病，挺胖的人瘦得变了形。组织上看到他蜡黄的脸，硬逼着他到医院做检查，因时间拖得太久，他的糖尿病严重到已经有4个加号，必须住院治疗。许多人在探望他时劝说道："你已经这么大的名气了，又是多年的劳模，还是早点儿退休吧，组织上会给予你特殊照顾的。"同志们的关心，他理解。但他心里明白，不实现培育出足够多菊花品种的夙愿，他不可能离开菊花事业。他一方面积极配合医生治疗，一方面偷偷从医院坐车到花圃，组织徒弟养好菊花。病情稍一稳定，他立刻回到了岗位。

他和教师们说："我视菊艺如生命"。菊艺如同一条生命线，时刻牵着他的心，不管有多少酸甜苦辣不顺心的事儿，只要一看见菊花他就全忘了。叶家良的这句话，可以说教师们人人都耳熟能详，深刻地印在每位教师的心中。教师的工作何尝不是在天天培育祖国的花朵？教师的职业特性决定了教师必须是道德高尚的人，承担着立德树人的神圣使命。教师是开启学生智慧大门的领路人，是人类灵魂的工程师，在育人过程中必须率先垂范，用自己的道德情操去感染学生、影响学生、带动学生。教师必须是以德施教、以德立身的楷模，是为人的标杆。做新时代的好教师就应当坚守精神家园，自觉践行社会主义核心价值观，当好学生健康成长的指导者和引路人。

忘我的工作终有收获。据统计，叶家良培育的菊花新品种在中国菊展和其他全国性菊艺展评中共获得各类奖牌二百二十余个，其中金牌六十余个，银牌一百余个。在全国菊展、菊花新品种评比中，天津新品种菊花艳冠群芳。"露水秀珠""繁霜艳秋"和"霜艳风姿"，获得金奖。其中，叶家良历经三年培育而成的"露水秀珠"，更是凭借其株型挺拔、花朵饱满、花色纯正、线条清晰等特点，在众多获奖菊花中脱颖而出，获得组委会特别颁发的唯一一个"金牌大奖"。叶嘉良被推举为中国菊花研究会副理事长。

叶家良表示，作为三结合教育委员会委员、校外辅导员，他将进一步加强与学校的联系与合作，为落实立德树人根本任务，为培养德智体美全面发展的优秀人才，为实现中华民族伟大复兴的中国梦作出自己的贡献。

与三结合教育结下深远情结的家委——任树甡

20世纪80年代初就担任三结合教育委员会家庭教育部常委任树甡工程师出席2020年常委会

建设好家长委员会充分发挥家长委员会的作用，是实现家校合作，学校和家长和谐互动的组织保证。任树甡是铁道部第三设计院一名普通的工程师。他的孩子是1983年秋进入岳阳道小学学习的。家离学校很近，孩子上下学很方便。孩子在学校良好的教育下，成长进步很快。入学后不久，在当时的班主任老师和家长们的推荐下，他当上了班级家长委员会委员，还成了学校里的三结合教育委员会委员，家庭教育部的成员。他当时的想法是：为了自己的孩子，一定要干好这份"工作"。所以班里有任何活动，他都全力参加。如：班内需设立图书角，他把家中儿童书籍捐到班里。为了美化教室环境，他把家里的各种花卉、盆景也摆放到了教室的窗台上。教室后面墙上布置的小红花评比栏，也是他夜晚精心设计绘画的。总之，凡是他能干的，都尽最大努力去干。

　　时间久了，任树甡对班主任老师的教育工作逐步有了理解，感受到教师育人工作的辛劳。他开始从关心自己的孩子，渐渐地也关心上了班上的孩子，慢慢地爱上了这个班集体，孩子们都是那样的天真、可爱！班里开中队会，他和孩子们一起参加。开故事会，也有他的身影，并给学生们讲各种有趣的故事，学生们听后开怀大笑。任树甡和师生的感情越来越深，越来越体会到，爱自己的孩子，必须热爱班上所有的孩子，热爱这个班集体。这样的爱才真挚，这样的爱才更有意义。后来，他由班级家委，又"晋升"为校级家委。再后来，又成为学校三结合教育委员会一名常委。由于学校定期召开各种三结合教育工作会议，他从中受到了很多教育和培养，对三结合教育的思想理念，有了新的认识，上了新的台阶。由于对三结合教育工作的理解、热爱，促使他更加全身心地投入三结合的教育工作之中。

　　他本人热爱文艺，发挥个人文艺才能融入教育。他就利用自己业余时间，为孩子和学校编写了各种歌曲、舞蹈、诗朗诵和儿童故事等，在六一、国庆、教师节和元旦等节日时演出。他曾多次为学校参加区、市级故事演讲会编写过儿童故事。如他编写的《孔雀落水》，表现了孩子们心灵美的寓意，由任一鹏同学参加市级演讲，并荣获奖项。他曾编演过《欢庆六一，歌颂党》小歌舞和《三结合共育"三自"花》舞蹈，表现了孩子们自理、自学、自强的"三自"精神。为迎接教师节的到来，孩子们演出过由他编写的《金风送爽感恩教师》。为了表现孩子们为贫困地区少年儿童献爱心捐款的义举，他还编写过诗朗诵《爱的传承》，刊登在学校《家长与孩子》小报上。他根据每年开展"爱眼日"活动的要求，专门写了学生在学校卫生老师的指导下，天天做眼睛保健操活动的纪实报道：《都有一颗明亮的眼睛》，荣获市级二等奖。为了帮助低年级学生记住并理解三结合教育理念，他写的《"三自"拍手歌》朗朗上口，易唱易懂，曾在全校表演传唱，并获奖。总之，为了孩子们健康成长，用文艺形式感染陶冶他们的情操，起到了一定作用。

　　由于他对三结合教育的积极投入，也感动着他的爱人。他的爱人对学校的工作，同样大力支持，夫妻共编《家长与孩子》报，并积极地投入其中。每年的三月底四月初，是他为孩子们编演庆"六一"文艺节目的忙季，而此时也正是春季，当时家里还没有暖气，需要拆卸取暖炉的烟囱，但为了工作他只好过了"六一"再拆。放下家中活，去干学校事，是他最大的快乐。

　　任树甡印象最深的就是在1982年2月，学校提出了创办《家长与孩子》小报。当时的学校办学条件有限，只能手刻蜡版，手推油印。刻蜡版一事便落在了他爱人之手。爱人克服了家中困难，认认真真地细心手刻，直到深夜才全部刻完。当时他问她累吗？她轻轻地揉了一下手指说："就是累点，为了早日把小报送到家长和学生手中，心里也是高兴的！"第二天，她又和其他家委一同手推油印。这些事虽然时间已过去了38个年头，但回忆起来仿佛就在昨天。她对三结合教育的支持还有一件事使我们终生难忘，并有所感慨。那是在1986年的9月，全国少数民族首届文艺汇演，在天津民族文化宫举办。当时由任树甡编导的儿童歌舞："采蘑菇的小姑娘"代表学校参选，并通过区级、市级层层选拔，最终被推选参加全国首届儿童少数民族文艺汇演。他想，能参加全国首届少数民族的会演，这代表着学校的荣誉与光荣，是件大事，是他们大家的梦想，一定要全力演好。他们演出的舞蹈是彝族舞，需要民族服饰，特别是头饰和各种服装上的配饰，限于当时学校资金确实困难，制作出四套彝族服装和头饰，需要时间、钱财和精力。而这时离参演时间只剩下不到一个月，他把困难和学校的实际情况和他爱人讲明后，爱人不但理解，而且毫不犹豫地从家中找出各种布料（当时年代买布需要布票）。由他设计，共同裁剪缝制，他又到古文化街购买了一些各色花边绢花等，用旧铜电线去掉线皮制成手镯、耳环，用旧纸盒制作彝族姑娘的背筐等道具，仅仅用了一个星期就制成了四套彝族服装头饰。当孩子们在学校的音乐教室里试穿演出服时，我和老师们都赞不绝口，听到校领导的称赞，他们多个日夜的辛苦劳累顿时一扫而光。他们如期参加了全国首届少数民族文艺汇演，并荣获了二等奖，给学校带来的是荣誉，而他们感受到的是幸福和欣慰。

在几十年的三结合教育道路上，他们艰辛地努力地前进着，做了一些他们能做并应该做的事。1992年，三结合教育委员会被评为天津市劳动模范集体，他作为其中的一员感到快乐和幸福。现在，他的孩子早已毕业了。他如今也到了爷爷辈分。但至今他还是心甘情愿地，不离开三结合教育工作。孩子虽然早已离开学校，但他本人与三结合教育的情结却系的更紧。黄金有价情无价，三结合教育情结永不了。

任树甡单位有一些同事风趣地问他："老任，你这么样去学校工作，学校给了你多少钱和好处？"他笑着说："都是义务自愿的，是不叫自来的'教育工作者'，你没有投入其中，不理解其中因缘，也不可能理解。我和学校三结合教育的情感是用多少金钱也买不到的，三结合教育的情结，系住了我们的身心。

许多年来，任树甡经常说，他目睹了王希萍老校长和她们的同事们，对自己事业的忠诚，对教育的辛勤耕耘，不辞辛苦，为教育事业奉献一生的高尚品质。他们团队的工作风格，无穷的人格魅力，都一直深深地打动和鼓舞着大家。他也由不懂教育到热爱并投入其中，不是一天半天能讲清的。今天任树甡也有了孙辈，望着孙辈，体会着新一代孩子们的健康成长，他更感到自己的责任重大。今后如果有能力，有体力，三结合的教育工作，他还将继续。

为了孩子们能在三结合教育的阳光沐浴下茁壮成长，为早日实现中华民族伟大复兴的中国梦，他与三结合教育的情结，永远不了。

微信扫码看视频

京剧戏歌《我爱你，逸阳》
李莉、康万生等演唱

记情系三结合教育
师生喜爱的校外辅导员李莉

著名京剧表演艺术家李莉将京剧引进校园

　　李莉老师作为一名著名京剧表演艺术家，她经常对大家讲："王希萍校长能吸纳我到学校参加三结合教育工作，师生也称呼我为老师，我感到非常地幸福，也感到责任的重大。"李莉是天津市京剧院国家一级演员，曾获全国京剧电视大赛最佳演员奖，曾任天津市政协常委，享受国务院特殊津贴，是首批非物质文化遗产传承人。曾以优秀剧目赴美参加第七届中国京剧节。李莉自退休以后，仍发挥余热，承担天津市京剧团艺术家委员会的工作。指导培养青年演员。并在北京市戏剧学院及南开大学艺术系作指导。

　　李莉老师与学校三结合教育结缘已有三十多年了。20世纪80年代中期，她被聘为岳阳道小学校外辅导员，并成为学校三结合教育委员会的常委、文化艺术教育部成员。转眼间三十多年过去了，她经历了这不寻常的三十多年。学校规模不断扩大，办学条件不断改善，到和平区政府、和平区教育局投重资建设的逸阳梅江湾国际学校常德道58号新校区，新校规模不断扩大，教师队伍素质和办学效益不断提高，李莉老师心里有说不出的高兴，她为自己是三结合教育委员会的成员而感到自豪。

2016年1月30日，天津市逸阳梅江湾国际学校要召开依靠三结合教育推进民办教育发展总结展示会。著名京剧表演艺术家、学校三结合教育委员会艺术部常委李莉老师听到这个消息，专程从北京赶回天津参加大会，并与天津市京剧团著名演员魏以刚共同表演京剧表达对各级领导、老师们及三结合教育委员会各位委员们感激之情。

三结合教育委员会开始组建的阶段，学校办学条件很困难，李莉老师与艺术教育部的其他成员著名导演郑天庸、快板艺术家张志宽、演出公司刘鹏经理等组织其他表演艺术家康万生、左杰、颜美怡等下工厂车间义演，特别是在天津市体育馆免费提供场地的情况下，李莉和艺术家陈道明、克里木、赵振岭、郭振清等汇集一堂搞义演，他们把演出的全部收入捐赠给学校发展教育。

在三结合教育初始阶段，李莉老师总感到自己从事的专业和教育有距离，真是有劲使不上，做的工作太少了。因此那一年，当三结合教育委员会被天津市总工会评为市级劳动模范集体受表彰时，她表示："今天当我与学校共同分享喜悦之时，深深感到内疚，觉得自己没有尽到教育学生的责任。只是在学校庆祝会、艺术节上进行演出才算是做了点事情。每次学校的联席会、教育研讨会王校长都请我去参加，认真听取意见和建议，我已经把自己当作学校的一员，自觉地为教育做点工作已成为自己工作的一部分，恳切希望老师们有事来找我，我一定会努力完成。"

20世纪90年代末期，学校的思想品德课，进行改革实践，加强学生的自主参与。二年级教材中有一段表现小猴子过河不遵守公共秩序全部被翻到河里的童话故事。思品教师于老师想通过指导学生排演课本剧增强趣味性。课本剧在表演船行驶着过河时，要有船、有水，表演时有难度。于老师就打电话请求李莉老师帮助，李莉老师接到电话后，马上登车赶到学校帮助排练。为了让同学们表演的6只小猴子活泼可爱，她让同学们学看猴戏的动作，反复练习。小猴子过河台上要有船、有水，她就和思品课于老师商定，进行大胆的尝试，利用京剧虚拟动作来解决，经过她一伸一示简单的身段表演，就把老艄公划船过河表现得淋漓尽致，非常逼真。效果很好。充分地体现了小猴子不遵守划船的规定，侥幸的认为船上多一个人没什么了不起的，结果大家都翻到了河里，是老艄公把他们一一救起，对他们进行教育。这段表演对学生触动很大，活动形式符合低年级小同学的年龄特点，印象深刻。这节思品课后来在全市展示时一致获得兄弟学校领导和同行们的好评。

李莉老师得知这个成功的消息，受到极大的鼓舞，使她发挥自己的优势参与到消息的教育教学活动的积极性一下子调动起来了。她与语文老师们请教，仔细的查阅四至六年级语文教材中有关历史故事的内容：《将相和》《草船借箭》《赤壁之战》等课文，通过唱京剧、讲历史，介绍文中主人公，引起了同学们学习历史的兴趣。她还带领同学们走进图书馆，读有关历史方面的课外书《昭君出塞》《郑和下西洋》《戚继光》《岳母刺字》《穆桂英挂帅》……通过读历史故事学习传统文化激发学生们爱国之情。

她引导京剧进学校进课堂，将祖国的传统文化京剧艺术进行传承。四年级学生张昕媛演出《贵妃醉酒》参加全国和平杯京剧节比赛，排练中李莉老师亲自示范指导、帮助化妆，她们还合影留念，使这名同学深受感动，比赛中她获得了全国少儿组银奖的好成绩。

在庆祝三结合教育三十周年的文艺晚会上，李莉与师生共同编导以京剧的形式歌唱三结合教育取得的辉煌成果。李莉嗓音清脆、刚劲唱念激昂表演文武兼备。与艺术家这样近距离的接触，她那扎实的功底，对京剧艺术的敬业精神深深地感动着老师们，大家说："李莉老师对艺术教育的热爱和无私奉献精神是我们每一位教师学习的榜样。"节目排练中老师们不仅学会了戏曲，更向李莉老师学习了对艺术的追求。从排练中的一个个细节，看到了她做人的标准，在她身上，传递着社会主义核心价值观、人生观。排练中也同时让老师们享受着艺术的魅力，进一步坚定了老师们在学生中搞好艺术教育的决心。使同学们也在艺术实践中提高美的鉴赏能力，受到美的熏陶。推动学校一年一度的艺术节活动水平不断得到提高，一批批小歌手、小乐手、小舞手艺术苗子脱颖而出。这其中有着像李莉、关山、郑天庸、张志宽、宋慧春、吴季麟这些三结合教育委员会艺术部辅导员们不可磨灭的功绩。

李莉老师常说，三十多年在人的一生中是一个不短的时间，三结合教育能在三十多年中持之以恒是一件多么不容易的事。以王希萍校长带领的领导班子及老师们对我们总是那么亲切、那么热情、那么信赖，我与学校与三结合教育结下了不解之缘，总想为学校做些能做的事情，因此只要学校有任务，我只要有不赴外地演出的情况下，一定积极参加，如赶上外出，回津后就和学校及时沟通。三结合教育工作已成为我生活中不可缺少的一部分，我也在三结合教育委员会这个集体中不断受到启发，不断地充满朝气。她经常说："实践证明，有王希萍校长倡导实践的学校家庭社会三结合教育是落实立德树人培养社会主义现代化建设合格人才的必由之路。"李莉老师表示，为促进三结合教育进一步发展，为早日实现教育现代化我将继续做出自己的贡献。

学生心中的榜样徐文华

全国劳动模范，党的十九大代表徐文华给同学们讲先进事迹

  天津市河北区环境卫生管理局一所李公祠扫道组组长徐文华是逸阳梅江湾国际学校三结合教育委员会委员、常委，在参加三结合教育活动中，为学生弘扬劳动精神，传承劳动美德，是学生心中敬仰的模范榜样。

  徐文华1989年10月参加工作，他热爱环卫工作，把天津当成自己的第二故乡。他以自己脚踏实地、默默奉献的精神，在河北区环卫局扫道工作一线，书写着一名优秀共产党员的辉煌篇章。他以饱满的工作热情、扎实的工作作风、优异的工作成绩，赢得了普遍好评：2008年被国务院授予"全国优秀农民工"荣誉称号，2011年被评为天津市优秀共产党员、天津市第二届道德模范、天津市"时代先锋"提名奖，2013年被评为全国"五一劳动奖章"

获得者。近年来，先后获得全国劳动模范、全国环境卫生行业优秀人物等多项荣誉称号，是党的十八大、十九大代表、天津市政协委员。

习近平总书记在全国教育大会上明确指出，"要在学生中弘扬劳动精神。教育引导学生崇尚劳动、尊重劳动，懂得劳动最光荣、劳动最崇高、劳动最伟大、劳动最美丽的道理，长大后能够辛勤劳动、诚实劳动、创造性劳动。"徐文华作为我校的校外辅导员和我校三结合教育委员会常委，他多次到学校结合自己的成长经历教育引导学生崇尚劳动、尊重劳动、热爱劳动，协同学校共育德智体美劳全面发展的新时代好少年。

他教育学生要树立正确的人生观和价值观，要通过诚实劳动创造人生价值和社会价值，要以此作为自己毕生的追求和价值取向。他说："一个人有什么样的追求，就会付出什么样的行动。一个人把什么样的人物作为自己崇拜的偶像，就自然会向他的偶像去学习"。他告诉学生们，自己小时候最爱看的电影、小人书是雷锋、焦裕禄、刘胡兰、董存瑞的故事，战斗英雄和共产党员的光辉形象自然成了自己崇拜的对象；热爱劳动、全心全意为人民服务也就很自然地成了自己的价值追求。长大后他当了一名环卫工人，为农民工培训的第一堂课，讲的是国家主席刘少奇接见掏粪工人时传祥的故事。时传祥的故事，深深地打动了他，从那时起，他立志做一名像时传祥那样受人尊重的环卫工人。于是他秉承着"宁愿一人脏，换来万家净"的环卫行业精神，投身环卫一线，脚踏实地诚实劳动。经过30多年的不懈努力，从一名只想着养家糊口的农民工成长为一名全国五一劳动奖章获得者和优秀共产党员。他的每一个鲜活的实例，指引着学生要走人生的正道、要用自己的劳动去创造人生业绩，成为一个有益于社会有益于人民的高尚的人。

他结合自己的成长经历激发学生热爱劳动的兴趣，培养学生创新劳动的能力。他给学生讲道：小时候在农村长大，放学后和暑假里都要去地里挖野菜，虽然开始也是一种无奈，渐渐地当他看到了家里养的猪和羊个个长得膘肥体壮，一种成就感便油然而生。后来来到天津打工，当了一名环卫工人。环卫工作很枯燥、很辛苦，风天一身土，雨天一身泥，伏天一身汗，雪天一身冰；春扫尘埃夏推水，秋收落叶冬推雪。每当他把道路清扫干净后，看到市民在他刚扫的道路上经过，驻足欣赏街边美景、脸上露出笑容时，他便感到无比的幸福和自豪。尤其是全运会火炬传递的那一刻，他作为河北区第一棒火炬手，漫步在自己每天清扫的道路上，那种幸福感和成就感，无以言表。他默默地辛勤劳动幸福着他人，也幸福着自己。

每一项工作都要不断创新，平凡的环卫工作也不例外。对于他来说有时一个姿势的改变，一件工具的简单改装，都能大大提高劳动效率，可以得到意想不到的收获。他给学生举例：在快速保洁中用的垃圾夹，由于夹口小，承重力小，遇到大件垃圾或略重一点的垃圾就无法夹起来，他在垃圾夹的顶端加装了一个弯钩，这样就使垃圾夹多了项"钩"的功能，大大提高了工作效率，这样的用心劳动在日常工作中随处可见。也使他在2013年市容园林系统保洁员技能大赛中获得第一名的好成绩。

他通过讲解自身经历培养学生在劳动中勇于克服困难和挑战自我的信心和勇气。他告诉学生们做任何事情都会遇到这样或那样的困难，只有勇敢地面对困难、克服困难才有可能战胜困难，否则将一事无成。他回忆自己刚来到保洁队时遇到的第一个困难，就是每天半夜里起床。因为他的工作就是为了让市民早上一出门就有一个干净整洁的卫生环境，所以他每天都是凌晨2点半的就得起床。这对他当时只有20多岁的年轻人来说，可是一个不小的挑战。为了能够按时到岗，不影响工作，他买了三个闹表放在床头。冬天下雪的时候，他拉着满车的垃圾，脚下一步一滑，举步艰难，他就在脚上缠上草绳来防滑，上坡时走不动了，他就走S形。有时早上拉着满车的垃圾，突然车胎扎了，大早上也没修车的怎么办？他就自己学着修车，渐渐地不仅掌握了修车技术，方便自己了，还能帮助别人。

他说到了自己的上大学经历，让学生们惊叹不已，纷纷表示一定要更加努力地学习。1989年，21岁的徐文华高考落榜，他凭着"榜上无名、脚下有路"的信念，从河北省景县农村来到天津打工。2008年，工会组织和单位把他送进了天津大学网络教育学院进修学习，可当时他高中毕业近20年了，高中知识忘记很多。他便借了同事家女儿的高中课本，一边复习一边学习大学知识。从电脑只会开机不会关机到最后大专毕业时自己从电脑上打出8000多字的毕业论文，圆了自己的大学梦。其中的困难和辛苦可想而知。他用他的经历教育学生，只要付出肯定会有收获。

他认为，个人的成长提高除了技巧和能力，关键还要有认真负责的工作态度和责任感，他给学生分享了一个个特殊时期的特殊事例，用他的经历诠释着责任和担当。2003年的"非典"让所有人都心惊胆战，人们对倒垃圾都惊恐躲避。而保洁队员要每天直接接触生活垃圾，尤其是被医疗垃圾感染的可能性很大，有个别队员选择离开了这个岗位。可在那个特殊的时期，一旦垃圾堆积，百姓意见大，领导着急。这时，他竟然主动承担了两份工作，并拉上妻子一起干，一些犹豫不决的队员看到他的这份心就留了下来。2010年1月，一场50年不遇的大雪突然降临天津，当时他正在老家探望病危的母亲，第二天，当他从电视里得到这一消息后，不顾家人的反对和交通中断的困难，毅然搭上了一辆私家车及时赶回天津，投入到清雪工作中。清雪工作顺利完成了，可他和母亲的离别竟成了永诀。当别人问起他为什么这么做的时候，他毫不犹豫地回答，这是一名环卫工人应该具备的责任感和担当。

他用自己一个个鲜活的经历向学生讲述了平凡的人只要辛勤劳动、诚实劳动、刻苦钻研就能获得成功，引导学生要从小不怕艰苦，培养良好的劳动习惯、踏实肯干、勇于探索、发挥自己的聪明才智，坚持在平凡的岗位上也能作出不平凡的贡献。

记得在一堂生动的"绿色低碳新主张 共建文明新时尚 垃圾分类我先行"为主题的环保教育课上，他倡导少先队员践行垃圾分类的新时尚。讲解过程中，徐文华与孩子们亲切互动，用自己精心准备的教具分类垃圾桶小模型和一些难以辨别的垃圾实物，为学生们进行生动的讲解。在提问环节，学生们积极参与，用所学知识回答了一个又一个关于垃圾分类的小问题，他耐心地为学生们解答一个又一个问题。在活动环节他还为学生们发放了小礼品，鼓励学生小手拉大手在生活中践行垃圾分类新时尚。在活动中，徐文华还深入浅出地为学生们介绍了党的十九届五中全会内容，详细为学生们解读了2035年远景目标中有关生态环境的内容，激励学生们从垃圾分类的小举动开始，成为2035年远景目标见证者和参与者，从小树立环保意识，争做新时代的好少年。

徐文华同志时刻关心学校工作，把学校的事情当作自己的事情，特别是在劳动教育和思想品德教育方面，只要有时间他就来给孩子们做一堂生动有意义的教育课。同时每一次来校后他还要深入班级和学生亲切交流，让不同年级的学生都体会到"劳动光荣、奉献最美"，让每位学生都能充当"劳动小能手"，用自己的双手创造幸福。在五一劳动节，每个年级都要召开劳动教育的主题班会，同时学校秉承三结合教育理念，开展"小手拉大手 亲子劳动展风采"家庭亲子劳动实践教育活动。近年来我校学生多次在市级、区级劳动技能大赛中取得多个一等奖、二等奖的好成绩。

徐文华同志对党和国家的热爱，对我校师生起到了思想教育引领的作用，让学生们感受到了榜样就在身边的力量。师生们将努力学习徐文华同志的英模精神、劳动精神、奉献精神，把劳动教育与德育、智育、体育、美育相融合，纳入育人全过程，全面提升综合素养。

让学生享受音乐美

——校外辅导员吴季麟为三结合教育做奉献的故事

天津市少儿艺术团原指挥、我校三结
合教育委员会常委吴季麟老师在三结
合教育联席会上指挥我校师生大合唱

吴季麟指挥为教师作培训报告

在岳阳道小学和逸阳梅江湾国际学校，经常看到一个活跃在师生中的身影，而在更多情况下，人们看到的是他正以急缓有序、手势清晰，极富乐感地指挥着学生合唱团进行排练和演出的潇洒背影。他，就是天津儿童艺术剧院艺术室原主任、著名的乐队指挥、三结合教育委员会文化艺术部的校外辅导员吴季麟。人们亲切地称他"吴指挥"。吴季麟自退休以后，仍发挥余热参与本市很多的社会艺术活动。他现担任中国合唱学会理事、中国民族管弦乐学会理事、天津市合唱专业委员会副主任。

一、辅导学生合唱队，创作适合学生的歌曲

吴季麟于1984年成为岳阳道小学的一位学生家长。当年，随着他的孩子入学，他也就成为发挥自身特长，热心辅导学生唱歌的校外辅导员，并成为学校三结合教育委员会的常委、文化艺术教育部成员。转眼间，近40年过去了，随着时间的推移，吴指挥和学校师生的情谊越来越深厚，在指导学校开展艺术教育方面持续地发挥着重要作用。

他热爱学生，热心辅导学生唱歌，在课堂内外，他觉得和孩子们在一起从心底里就有一种说不出的愉悦。他说："教育是播种爱的事业，音乐教育不仅是爱的教育，更是美的教育。我要通过音乐教育，让孩子们学习音乐知识，陶冶性情，让他们美好的理想在歌声里展翅翱翔，让校园充满歌声，使校园生活更加丰富多彩。"

他看到近些年来社会上歌曲创作繁盛，歌唱祖国的、歌唱农村的歌曲很多，但儿童歌曲匮乏，一些成人的歌曲在孩子们中间流传，无论是歌词还是曲调，都很不适合少年儿童的年龄特点。他也听到一些家长反映，有位学生的家长曾经在私家车里经常放自己喜欢的歌曲，孩子坐在车上也学会了，声嘶力竭地喊着唱。也有的孩子爱唱"情歌"，甚至学唱一些低俗的歌曲，家长还觉得孩子很可爱。现实的状况不得不引发吴季麟更多的思索。他坚定地说："我认为这实在是不伦不类，作为一名音乐人，我觉得某些成人歌曲，首先歌词就不适合孩子，而且那么高的音调对于正在发育中的孩子，如果经常用错误的唱法肯定会使声带损伤！"他不无感慨地表示："孩子过早地演

唱成人的歌曲我是不赞成的。孩子当然最适合唱孩子们自己的歌。童年只有一个，唱儿童歌曲也是童年时代特有的快乐。我们必须考虑为孩子们创作一些优秀的儿童歌曲，不仅在音域上要适合孩子，从旋律到配器，从歌词到歌曲形式都需要适合孩子的年龄特点，更加有益于孩子的身心健康，让孩子们有兴趣，长精神。当然如果成人歌曲当中有音域和歌词都比较适合孩子的也不是不可以尝试，重要的是要有选择地去唱，要让每个少儿阶段的孩子都能唱着适合他们的歌快乐地成长。"

他认为，儿童歌曲创作中，歌词主题要使学生一听就明白，词句通俗、形象、顺口，能反映少年儿童的思想感情和生活情趣。歌曲应该"简短、易懂、好记"。曲调方面要形象、鲜明、流畅，情绪与歌词内容一致。他逐步选择具有多方面内容、多种音乐性质、多种风格及有特色的曲调，扩大孩子的音乐眼界；并力求使曲调和词意结合，结构统一，曲调的节奏和其他表现手法的应用，都能较好地表现歌词内容。

在不断地实践中，他和教师们认为：小学音乐教育是实施美育的重要途径，是培养学生想象力和创造性思维能力、进行思想道德教育和小学生健全人格教育的重要手段，音乐给学生创造一个轻松愉快的学习环境和艺术氛围。在小学音乐教育中，培养学生的学习兴趣尤为重要，音乐教师应该把握音乐课程的基本理念，要遵循"以音乐审美为核心""以兴趣爱好为动力""注重个性发展"等原则进行教学，促进小学生德、智、体、美、劳全面发展。

吴季麟和学校音乐组的教师们都感到，天津市的中小学学生的合唱水平，和一些先进省区相比，还有一定差距，加强中小学学生的合唱水平任重道远。必须在已有基础上积极开展学校合唱团活动，使学校合唱团的演唱水平再上一个新的台阶。多年来，吴季麟专门为孩子们创作了歌颂教师的《烛光》、歌颂校外辅导员袁静的《袁奶奶的苹果树》、孩子们喜爱的《我们的春天》等十几首歌曲。他创作的《天之上》，旋律优美，表达了孩子们对自然的渴望。

2014年和2015年学校合唱团在师生的共同努力下，在吴指挥的精心辅导下，在天津市中小学文艺展演集体项目合唱专场比赛中，均获得了市级二等奖的优秀成绩。

二、指导音乐教师们提高教学能力

提高学生的合唱水平，关键在教师。为了进一步提高音乐教师的合唱教学水平，特别是提高教师的合唱指挥能力，吴季麟利用周末和暑假，对教师进行了系统的指挥专业培训。不仅让教师们充实了音乐理论知识，提高了合唱指挥水平，更让学校音乐学科组的教师们进一步领略了大师级指挥的风采，开阔了视野。

他针对学校的音乐教师迫切需要提高指挥水平的愿望，亲切地告诉教师们："指挥是一个乐队的灵魂。在音乐方面的创作过程，第一度创作是作曲；第二度创作就是指挥，指挥不仅仅是合唱团中的领导者与组织者，而且是一个表演者，是合唱团中音乐艺术表现的再创作者，是合唱团的支柱与灵魂，指挥得当才给了乐曲以灵魂和思想；第三度创作是听众，是他们听过音乐后的感受。因此，指挥的职责绝不是打拍子，指挥的职责是艺术上的组织者，要通过艺术手段，做到恰如其分，防止多余的动作，要节奏准确，合唱的每一个声部声音都要准确，乐队演奏要协调。作为指挥还要表现'美'，指挥本身的形体要美，但是如果'花里胡哨'搞'五花八门'，并不能塑造美的形象。作为一个合唱队的指挥，必须具备较高的艺术修养素质、文学造诣及较高的艺术审美鉴赏素质，这样才能使合唱团的训练达到科学性、思想性及艺术性内在与外在的完美协调统一。"

吴季麟多次组织教师合唱团，参加市区各类比赛，教师们自己实践，提高自身艺术素养，更好地组织、指导学生参加学校每年一度的百灵鸟歌会、校园艺术节等活动。

他认为：音乐教育是培养小学生的审美观点和提高小学生审美能力的重要途径，要通过美的教育来培育小学生的道德情操，学生的审美素质提高了，他们就能辨善恶、识美丑、明是非，从而使他们成为一个有修养、身心健康的人。音乐教育的过程是通过艺术实践产生的艺术形象来陶冶人的情操，净化人们的心灵，进行思想品德教育，培养审美、创美的能力。通过合唱队的排练，协同合作演唱一首歌曲，还能促进学生之间的交流，增强协同合作能力，充分感受到音乐带给他们的快乐。在排练合唱的过程中，可以增强小学生的群体意识和培养他们珍惜集体荣誉、严守纪律的良好品质。要把一首合唱歌曲演唱好，要靠每一个声部唱好，要靠每一个学生去感受个人与集体的协调性，认识到自己是集体中的一员，必须服从集体，不能个人突出。只有每个人都找准了自己在集体中的位置，尽心尽力地完成好自己的角色，才能给人以完整的美的享受。音乐教育还可以通过生动的音乐想象激发起小学生丰富的想象和联想，从而培养他们的想象力。在学校的音乐教育中，依靠艺术的魅力，每唱好一支歌对小学生的教育是不能低估的：这些歌曲可以起到"润物细无声"的教育作用。让每个小学生在音乐的天地里健康成长，并受到良好的教育，是音乐教育工作者的神圣使命。

一个成熟的合唱团，除了要有很高的歌唱技巧、科学的发声方法之外，还需要具备深厚的音乐理论修养。在对教师的培训过程中，吴季麟能从最实际的、最实用的知识入手，一边讲解一边引领教师实践。每次培训活动都是边讲、边练、边指导，使教师们真正学到了实用的理论和技能。教师们在吴季麟的指导下，教学能力、指挥水平都有了很大提高。他们说.："吴指挥对艺术教育的热爱和无私奉献精神，是我们每一位教师学习的好榜样。看着吴指挥对乐队和合唱团的指挥，突出的感受是：手势清晰，线条准确，极富乐感，对作品的分析和理解深刻，处理细腻，有很强的表现力和感染力。我们能够近距离地向在我市有影响的指挥家学习，是我们的荣幸，也是我校学生的荣幸。"有的教师说："吴指挥讲起课来诙谐幽默，深入浅出，课下平易近人，他的教学情境深深地印在了我们的脑海里，成为我们每一位教师心目中的偶像。"大家纷纷表示，作为音乐教师必须具有符合要求的各种音乐素质以及音乐教育教学的能力，才能完成对学生进行素质教育的任务。

三、为促进三结合教育的发展无私奉献

吴季麟在1999年退休后，仍然参加很多项社会艺术活动。他先后担任天津草原情合唱团、天津市群众艺术馆群星合唱团、天津辰星民族乐团等一些知名业余文艺团体的指挥、艺术总监工作。并带领这几个团体先后参加全国性比赛获得四项金奖，参加本市各项音乐领域大型比赛获得六项金奖。被业内外人士戏称为"得奖专业户"。吴季麟经常受邀到本市企事业单位、街道、学校，热心辅导基层的群众业余文艺活动，获得了广泛的欢迎及好评。

"草原情合唱团"所演唱的歌曲都是以歌颂草原的内容为主，吴季麟作为"草原情合唱团"的指挥，当每次指挥《我和草原有个约定》时都使他感动不已。他常常向人们讲起这样一个感人故事:合唱团的团员都热爱草原，眷恋草原。当内蒙古自治区成立60周年大庆的时候，全团都去内蒙古参加了一个重大的演出。一位患癌症的知青那时候病已经很重了，但是他一定要去，要再看一看草原。他觉得这一次去恐怕是他最后一次看看草原了。他最大的心愿就是在送他走的时候不要放哀乐，而要放一首《我和草原有个约定》

。当真的为他送行的时候，这一场面让大家都掉下了热泪，更加怀念这位战友。这曲《我和草原有个约定》代表着天津知青对草原的眷恋和热爱，经常萦绕在大家的心中。当合唱团参加各项比赛活动时，团员们说：吴季麟的指挥对蒙古族歌唱艺术具有独特的把握，他对传统曲目进行再创作，灌注了新的活力，使"草原情"的曲目具有鲜明的艺术特色，使"草原情"的歌声也更具有感染力。

在吴季麟先后担任岳阳道小学和逸阳梅江湾国际学校校外辅导员的近40年间，也有不少学校请他去做音乐辅导，而且有的明确提出要给予一定报酬，但是，对这些聘请，或者被他拒绝，或者时隔不久就中断了联系。而只有三结合教育使他情有独钟。他说："辅导和指挥学生们唱歌，也是很辛苦的，需要付出时间和精力。比如，为参加天津市中小学文艺展演活动而排练《天之上》歌曲，必须推掉其他社会活动，每周至少要有两三次到校辅导，就这样坚持了两个月的时间，才在比赛中取得了好成绩。"

有人问吴季麟："为什么能像这样做到为促进三结合教育发展而无私奉献？"他爽朗地说："一是在40年与学校的合作中，与学校领导、师生建立了深厚的感情，这种感情是无法割舍的；二是由王希萍校长倡导实施的学校、家庭、社会三结合教育是贯彻党的教育方针，培养德智体美劳全面发展高素质人才的必由之路，学校的办学成果充分证明了办好人民满意的教育不仅需要学校的干部、教师努力工作，还要深化改革，实行开放办学，依靠广大家长和社会力量，形成合力。为促进三结合教育的发展作出一些奉献，我将乐此不疲。"

方寸映天地　德艺铸师魂

——记三结合教育委员会常委徐明教授

著名邮票设计家、画家、三结合教育委员会常委徐明老师指导师生绘画

徐明是一位热情、干练又多才多艺的艺术家，擅长邮品设计、绘画、音乐、摄影等，同时又是一位热衷公益事业的爱心人士。曾九次设计与毛泽东主席相关的"封、片、张、折"等作品，如为毛主席视察天津正阳春烤鸭店设计的纪念封等。另外，由徐明设计的国际数学大师陈省身的纪念邮票、京剧大师裘盛戎的纪念封、人民音乐大师王莘的纪念邮资明信片都由国家邮政局、国家集邮公司发行，并受到专家学者、集邮爱好者们的一致高度评价和赞誉。

我和徐明相识于20世纪90年代，那个时候他30多岁，我60来岁。多年来，我们一直在探讨"学校家庭社会三结合教育"的实施与创新发展，2000年我校开展了一次爱国主义教育活动——访问毛主席的次子毛岸青和儿媳邵华，此项工作由徐明配合学校联系完成。由于和平区教育局安排我参加当时正在举行的教育工作会议，故由时任岳阳道小学校长石铁珊、副校长林月珠、少先队大队辅导员陈志红带着我亲笔写给毛主席次子毛岸青、儿媳邵华的慰问信，与徐明一道前往。访问中，学校的少先队员代表给毛岸青叔叔、邵华将军佩戴了红领巾，深富情感地宣读了我亲笔书写的慰问信。这一瞬间被擅长摄影的石铁珊校长用相机记录了下来。参加此次爱国主义教育活动的师生代表还与徐明一道参观了毛主席纪念堂、人民大会堂、武警天安门国旗护卫队荣誉室。参观毛主席纪念堂时，徐明邀请毛主席的嫡孙毛新宇将军讲"少先队员要好好学习做革命事业合格的接班人"。这件事虽然已经过去20年了，但依然让我记忆深刻，荡气回肠。

2018年，徐明正式成为三结合教育委员会常委。多年来，他为学校的发展做了大量的工作，提出了许多建设性的建议，身体力行多次义务为学校师生举办艺术讲座，向师生示范中国山水画的创作过程，带领美术教师进行美术研修活动。徐明勤奋、认真、谦和、真诚的品质，更是影响着每一名逸阳人。

在三结合教育的实践中，徐明作为积极参与者，在促成三结合教育"大教师队伍"的形成工作中，有自己独到的见解。徐明说："教师是学校发展的决定因素，是不断提高育人质量的关键，三结合教育理念下的'大教师队伍'建设下的'大'，不仅指教师队伍的'大'，职能的'广'，更重要的是教师格局要'大'，作为人民教师，只有拥有更大的格局意识，更高的思想站位和更广阔的视野，才能够做好教育工作，而要做到格局'大'，就要保持较高思想觉悟，开阔的文化视野，要让自己融入当今国际社会，融入时代发展之中，有不用扬鞭自奋蹄的工作态度。"徐明常告诫老师们说："干工作如同干事业，干事业，就要有思想与境界、理想与信念的奉献精神。"

徐明不仅是三结合教育委员会常委，也是学校美术组全体教师的师傅，多年来，他在提高教师专业素养、促进学生的全面发展、特别是对学校开展的艺术教育，做出了突出贡献。2018年9月4日，美术组全体教师拜徐明为师，在有关领导、教育专家及全体教师的见证下，学校隆重举行了拜师仪式。事后不久，徐明听了所有美术教师的课，对教师们课前充分的教学准备工作、课上良好的教态、熟练适当的教学媒体运用、师生间开展的积极互动等方面给予了充分的肯定。同时，通过听课他也发现了教师们在教学中存在的一些问题，诸如教学中语言不够清晰，说话声调较平，语速的掌握欠妥，提问的准确性不够等。他明确地指出了教师们的板书水平有待提高的问题。为此，徐明组织了以听课评课和提高板书水平为主题的讲座，在讲座中徐明特别强调了书法是美术教师的基本功，能写一手好字是教师的亮点名片。通过师徒交流互动，徐明和教师们确立了以书法和中国画训练为切入点，以全面提升教师业务素养，带动教育教学质量的提高为目标的研学策略，通过讲座教学示范、团队互帮互学和个人训练，定期组织外出写生集训等研学方式，使教师团队形成了浓厚的业务学习氛围。

　　为了让美术组的老师们学习书画少走弯路，徐明冒着酷暑去图书城，自己出资为教师们选购适合自学的书画范本和字帖。2020年的暑假前，徐明主动与我联系，一方面汇报团队工作，一方面为落实教师外出写生的培训计划，这些活动都得到了学校的大力支持，在写生活动中，徐明有针对性地对教师们进行具体指导，并在合作中活学活用绘画理论与技法，从而使老师们获益匪浅。在盘山脚下创作中，在徐明的指导下，师徒们用了一天的时间创作了一幅泼墨泼彩山水画，大家都觉得非常满意，不料由于水头过大，画纸上的墨色染到了空白处，眼见一幅好画即将成为废品，正当大家茫然之时，徐明沉着应对，边改边讲怎样根据当前的墨色调整画面，经过他的重新布局，"沾卷"的地方被瀑布水口所取代，使得画面云起氤氲，更觉得生动自然，比之前的效果更好了。通过这次意外的救画，让徒弟们领略了只有掌握过硬的绘画技艺才能应变得体，处事不惊。徐明跟老师们说："在日常教学中，如果教师们能够帮助学生把画救活，对学生将是莫大的启迪，并会受益终身。"如今的这幅精品之作，被展现在逸阳的贵宾厅内，徐明的山水画《泰山秋月》荣获天津市第一名。

　　2020年1月下旬开始，由于爆发新冠疫情，老师们开始了线上教学，由师傅进行严格把关，反复点评，有的教学方案甚至批改过三次，做到了教学上的严谨，使学生们听得懂、听得会。通过微课，徐明发现徒弟们的人文底蕴还有待提高，为此专门搞了一次提高人文素养与身体素质的讲座，徐明从音乐和绘画的关系谈到了自己在创作中，很多绘画灵感都源自音乐的启发，古人讲要向"画外求画"，就是这个道理。拜师三年来，老师们在教育教学工作、教师业务能力上都有了显著的提高。特别是在师德素养和政治思想上有了质的飞跃，2020年9月，在徐明的倡导和引领下，全体美术老师都积极写了入党申请书并学习了中国共产党党史，表达了他们积极靠拢党组织的强烈愿望。

徐明看到我带领全校党员上交"特殊党费"助力新冠疫情防控的报道之后，向我表示作为逸阳党总支一名特殊的党员愿意和学校党员们一同交纳特殊党费。以实际行动支持抗击新冠疫情斗争。当得知学校有部分学生家长参加了援鄂抗疫医疗队，徐明立即和徒弟们商量，应该为驰援湖北的医护人员奉献爱心，经过磋商，确定由徐明领衔，师徒9人创作一批国画作品，代表学校向驰援湖北凯旋的英雄表达崇高的敬意。创作期间，徐明提出此次爱心活动一定要体现政治思想性强、学校荣誉性强、创作艺术性强。因此对徒弟们的每件作品，徐明都认真把关，悉心指正，亲自为其修改，耳提面命的教学，使大家受益匪浅。在学校的全力支持下，此次捐画活动不仅奉献了爱心，传递了正能量，学校赢得了良好的社会声誉，更使徒弟们的师德水平有了较大提升。

"爱书爱字不爱名，求真求实不求荣，多思多想不多怨，争苦争累不争功"，是徐明经常挂在嘴边的句子。徐明对老师们说："作为一名人民教师，要想完成教书育人任务，就要有理想信念，只有把信念传达给学生，让他们树立正确的人生观、价值观，才能培育出社会主义事业的建设者和接班人。"

2020年12月，为参加建党一百周年"永远跟党走 筑梦新时代"全国少年儿童邮票创作设计大赛，徐明多次对美术教师进行现场培训指导，耐心讲解邮票创作技法，对学生作品进行点评修改。利用假期和美术教师们采用线上、线下相结合的多种方式对学生进行全天候指导，协助学生在家完成邮票设计创作。经过近一个月的紧张工作和徐明的严格把关与筛选，学生们从不同视角描绘建党百年来的变化。作品《农业免税》表现了国家惠民助农政策、《科技强国》表现了国家科技发展的高速度、《天空之城》展望了2035美好愿景。学生们还将自己天马行空的想象、科技的发展画在了邮票上，《少儿科技梦》《未来·希望之光》便是他们对科学的好奇和理解。反映我们的祖国在风雨中前进取得一个又一个胜利的作品《奔跑5G》《圆梦百年》充分展现了祖国日新月异的变化，用优美的邮票设计作品为建党百年献礼。

在徐明的指导下，学生们在邮票设计创作中展现的飘扬的党旗、雄伟的长城、快速发展的城市建设、精神焕发的少先队员……构成了一幅幅充满童趣却又不失真诚的画作，这些创作让我深深感到：爱党、爱国不再是一句简单的口号，充分体现了三结合教育的思想理念，是少先队员们发自内心的呼唤，邮票设计我校取得了优异的成绩并荣获全国团体第一名，天津市第一名。徐明参展的邮集《一代伟人毛泽东》荣获全国银奖。

面对徒弟们的质疑，老师们问："培养我们不收分文，您是如何做到的？"徐明回答说："是母亲哺育了我，是老师教育了我，是党培养了我，是同志们帮助了我，是上山下乡锻炼了我，使我成为一名少先队员、一名共青团员、一名新长征突击手、一名优秀中共党员、一名优秀政协委员。我的成长、我的成绩，都要回报给我的祖国，回报给我的三尺讲台和学生们。"他经常向老师们深情地说："王希萍校长带领团队坚持实施学校、家庭、社会三结合教育四十多年，无论从初创到逐步探索，从注重抓好德育到学校整体改革，从制度建设到完善体制，从积累经验到创新发展，还是从教育实践到理论研究，都是我国基础教育改革与发展同步进行的，所以能为三结合教育奉献自己的一份力量，我是非常荣幸的。"

孙志敏主任与科学素质拓展课程改革

原天津市青少年科技中心主任、三结合教育委员会委员孙志敏指导学生做石膏塑形

孙志敏主任成为三结合教育团队的成员，是在21世纪初她离开市直机关到青少年科技中心工作不久。她欣然接受聘书后愉快地表示："我了解咱们学校'三结合教育'的宗旨，从内心极为认同，我能加入这一团队，太荣幸了，一定要为学校的改革发展尽自己的最大努力。"作为三结合教育科技劳动教育部辅导老师，她这一干，就是二十几年。她与逸阳学校的感人故事深深地感动着师生，激励着师生。

作为三结合教育委员会的委员，只要学校有活动，她都积极出席。当时，她还担任着青少年科技中心主任的工作，她经常和同事们强调要深入基层，自己应该带个好头。2013年，她退休了，有一天，她和我聊天，她说："回望我的职业生涯，心中竟然生出些许的遗憾。记起恢复高考时，我已经在铁路部门工作两年了。当时，那可是人人羡慕的岗位。但我没有犹豫，报名参加了高考。五个志愿，全部填写的师范院校。就这样，我以河北区第三名的成绩考入天津师范学院（现在的天津师范大学）。记得到单位的人事科领取录取通知书时，科长非常惋惜地说：'你考这么好的成绩，志愿没有报好。'他哪里知道，我自幼的理想，就是做一名教师。"

孙志敏说："作为一个青少年科普工作者，哪里是我的讲台呢？在那特定的时期，一些人审视科普活动，都认为它毫无用处，以至于有些小学连科学课都开不齐。所幸的是，王校长领导的学校给我提供了一席之地。"

当孙志敏接到学校聘请她做科学素质拓展课程教师的通知后，十分激动，马上考虑应该将怎样的课程呈献给学生。她感到，自己毕竟在青少年科学普及领域耕耘了十几年，深谙青少年科普涉及的科学知识是学生学好"理化生"科目的重要基础，只是不被人们所认知罢了。很多学习成绩优秀的小学生升入中学后，物理成了学困科目，严重干扰他们的学业。最有效的方式就是在小学阶段经过自己动手体验，构建物理概念。这就更加坚定了自己助力搞好学校科学素拓课程教学的决心。

在科学素质拓展课的改革实践中，每次活动她都将实验的教具、材料一桶又一桶地搬到学校。记得有一次清晨六点，她就跑到学校，大家都感到非常不解，原来她是来观察学生的实验作品，更主要的是担心实验的电源是否关闭。她说就是为了这事，一夜也没睡好。这种无私奉献的精神感动着学校的干部和师生，她的教学活动受到了学生们的欢迎，得到了家长和老师们的赞扬。

孙志敏认为，青少年科普教育有其自身的规律和特点，那就是要贴近学生的学习和生活，在传播科学知识的同时，激发学生学习数理化的兴趣，并有效提升他们的学业水平。

孙志敏根据学情，将科普活动设计成有授课计划、教案、评价体系的"科学动手做"课程。课程计划确定：第一部分为与力学有关的"动手做"课程，包括：第一周，质量与重力（测力计实验）1学时；第二周，重力与重心（探究不倒翁为什么扳不倒）2学时；第三周，平衡鸟制作与探究1学时；第四周，浮力（1）真假王冠鉴定1学时；第五周，浮力（2）潜水员的制作与探究1学时。第二部分为与测量和光学有关的"科学动手做"课程，包括：第六周，纸盒的设计与制作1学时；第七周，为绒球量体裁衣1学时；第八周，平面镜成像的观察与探究1学时；第九周，万花筒的制作、探究1学时；第十周，贪婪的钱匣子制作1学时；第十一周，贪婪的钱匣子探究1学时。第三部分为与电学有关的"科学动手做"课程，第十二周，纸电路的设计——串联还是并联2学时，第十三周，导电还是不导电——导电球的设计与制作2学时。

孙志敏的课程改革实验是成功的。从2015年的1个班40名学生，到2021年的5个班196名学生。她主持开发的"科学动手做"课程得到学校领导、老师、学生和家长的一致认可和赞扬。

师生清楚地记得，孙主任带领学生做完平衡鸟实验，学生理解了重心有时在物体之外；做完了阿基米德真假王冠鉴定实验，学生惊呼，这还真能测出来；做完了贪婪的钱匣子实验，学生明白了当物体与平面镜不平行时，依然遵循平面镜成像规律；画对了就能点亮一盏灯的纸电路设计，让学生理解了串并联电路。对这些物理学的难点，学生通过动手操作悟出了其中奥秘，为将来学习物理打下了坚实的基础。孙志敏认为："学好物理的关键不是提前补课和大量刷题，而是从小学阶段开始构建正确的物理概念。这就是看得见，摸得着的科学素质。"

　　在课程改革实验中，孙志敏将科学素质拓展课程和道德与法治课深度融合，把"立德树人"贯彻始终。她说："全面落实立德树人根本任务是三结合教育的宗旨，也是我们科学素质拓展课程的终极目标。科学素拓课中的思想道德教育往往是隐形的，有一种春风化雨润物无声的效果。"

　　他在教学中有计划地讲好科学家的故事，传承科学家的精神。她认为：中国科学家的成长与现代中国的命运和发展息息相关，从"科学救国"、"科学报国"到"科学强国"，从23位两弹一星功臣科学家到黄大年、南仁东、钟扬为科学事业的忘我奋斗，都是活生生的教材。她在讲"屠呦呦与奇妙的结晶世界"课程中，当学生为得到一朵自己亲手生成的水晶玫瑰而欣喜若狂时，她告诉学生屠呦呦的青蒿素就是用这种方法提纯的，是屠呦呦首先发现用低沸点的乙醚来提取青蒿素，才使得青蒿成为拯救百万生命的良药。在"光纤窥视镜"的科学动手做课程中，她讲了光纤之父高琨经过怎样的坚持，才将被世人嘲笑的"痴人说梦"的设想变成了现实。高琨数十年如一日坚持不懈的精神教育和感染了学生们。

　　在科学素质拓展课程中，孙老师注重培养学生团结协作的团队精神。她说：科学课程是以动手操作为主的课程，这就给学生提供了合作的机会。她因势利导，在课程的实施过程中注重团队精神的培养。如在"彩虹瓶的制作"课上，她向学生展示近年来诺贝尔获奖者的情况，指出在信息时代，任何一个称得上成果的东西，都不是单打独斗能完成的，全部都是不同专业、不同国籍科学家合作的结果。她将每六位同学分成一个科研小组，完成不同颜色的凝胶制作，在最后的环节需要把自己做的单色凝胶分享给其他同学，再从别的同学那里分享到另一种颜色的凝胶。在一次给低年级学生做课中，她发现一个女孩子做出的蓝色凝胶特别透亮，舍不得分给别人，当然也得不到别人做的其他颜色的凝胶。孙老师当时有意识地没有提醒她，等到别人的彩虹瓶都五光十色了，她才赶紧把手中的凝胶分享给其他同学。孙老师说："这应该是实实在在的团队精神教育吧。"

2021年是中国共产党成立100周年，她思索着怎样在课程中融入红色基因，先后开发了一系列与党史有关的"科学动手做"活动，将传承红色血脉融入科学素质拓展课程，开发了一系列与党史学习教育活动有关的专题课。系列课程之一《党史里的色彩》，从南昌起义周恩来和众将士们的红领带，到井冈山朱毛会师毛泽东穿的一身黑衣服；从中国工农红军第一套灰军装，到聂荣臻寻访西柏坡乡亲寻得槐花染黄绿的秘方成就了八路军的绿军装。让学生们从军装颜色的变化中了解党的历史，课堂上还原当年红军用油茶果壳染灰军装，八路军用槐花染绿军装的全过程。当学生们举着自己亲手染的作品时，切实感受到了"世界上没有哪个党像我们这样，遭遇过如此多的艰难险阻，经历过如此多的生死考验，付出过如此多的惨烈牺牲。"系列课程之二《金箔贴红船》。这是一堂引人入胜的科学素质拓展课程，孙老师在讲述"开天辟地、敢为人先的首创精神，坚定理想、百折不挠的奋斗精神，立党为公、忠诚为民的奉献精神"是中国革命精神之源的基础上通过挖掘细节把红船故事说到学生的心里去。她给学生讲红船的故事，结合小学科学课关于金属延展性的课程内容，让学生体验纳米级的金箔的"薄"，教给学生学习中国传统工艺，在黑漆盘子上贴一个24K金的金灿灿的红船，并贴上"1921—2021"的字样。这些成品既可以作为科学素拓课的成果陈列在学校，又可以带回家去做装饰。系列课程之三《人民就是江山》，孙老师为学生讲解了在解放战争的淮海战役中人民群众踊跃支前的故事。通过动手做一个独轮车，告诉同学们在淮海战役时期独轮车是主要的运输工具，淮海战役的胜利是人民群众用小车推出来的！当学生拿着自己亲手制作的独轮车欢呼雀跃时，她做了这样的课堂总结："亲爱的同学们，我们做了'独轮车推出来的胜利'活动，你们是不是记住了'人民就是江山'这一至理名言？""你们是祖国的未来，民族的希望。将来无论你们做什么职业，一定要记住今天这个活动带给你们的启迪，人民就是江山！做公务员，要全心全意为人民服务；做科研人员，要做一个人民的科学家；做商人，不欺诈老百姓；做医护人员，要尽心尽力为患者着想。因为只有这样，你们才能成就自己，度过一个圆满和成功的人生。"

2021年六一前夕，她参加了学校迎接建党100周年庆祝六一儿童节大会，当她戴着红领巾，站在主席台上和孩子们一起高唱队歌时，不禁热泪盈眶。她深有感触地说："多少个白天的奔波，多少个灯下的备课。年逾花甲不言老，不辞辛苦，不图名利。所有的这一切，都是值得的。因为培养共产主义事业的接班人是我们每一位党员的共同目标。"

后 记

在喜迎中国共产党百年华诞，党的十九届六中全会胜利召开之际，记录着我与团队实践、探索三结合教育42周年的《学校·家庭·社会——"三结合教育"育人之路》一书出版了。我要衷心感谢42年来，进行三结合教育实践探索中，给予我帮助的良师益友顾明远、王宗敏、徐广宇、张武升、张秀岩、余强基、王毓珣、邢真、陈雨亭、张健昌等众多专家和师友，特别是张秀岩研究员80多岁高龄还为本书的出版倾力相助。

感谢天津市政协原主席、天津市关心下一代工作委员会主任、天津市华夏未来少儿文化艺术基金会理事长邢元敏同志拨冗为本书作序。

感谢中国书法家协会副主席、天津市文联副主席张建会同志题写书名；感谢天津市逸阳梅江湾国际学校的教师、学生、家长及三结合教育委员会的各位委员为本书提供了大量鲜活的素材。我要对学校的行政领导班子、三结合教育团队的同仁们道一声你们辛苦了，你们为本书的出版做出了无私的奉献。感谢学校信息中心电教组的教师以及天津电视台、天津和平区传媒中心提供了大量影像、视频素材；感谢天津金辰安泰实业有限公司热心教育，慷慨支持；感谢天津人民出版社的鼎力支持。由于出版时间紧迫，对三结合教育委员会的成员难免有疏漏之处，在此表示歉意。书中不妥之处敬请指正。

王舒萍

2021年10月1日